21世纪普通高等院校系列规划教材

市场营销案例分析及实践实训

SHICHANG YINGXIAO ANLI FENXI JI SHIJIAN SHIXUN

主　编　何　亮　陈　锐　李剑虹
副主编　吴智萍　杜民帅　宋敏莉

参　编　段素元　陈舜丽　左亚兰
　　　　黄　晶　李　倩　杨　凤
　　　　韦常春　陈清华

西南财经大学出版社
中国·成都

图书在版编目(CIP)数据

市场营销案例分析及实践实训/何亮,陈锐,李剑虹主编.—成都:西南财经大学出版社,2019.8
ISBN 978-7-5504-4101-9

Ⅰ.①市… Ⅱ.①何…②陈…③李… Ⅲ.①市场营销学—案例—高等教育—教学参考资料 Ⅳ.①F713.50

中国版本图书馆 CIP 数据核字(2019)第 175397 号

市场营销案例分析及实践实训

SHICHANG YINGXIAO ANLI FENXI JI SHIJIAN SHIXUN

主编 何亮 陈锐 李剑虹

责任编辑:邓克虎

封面设计:杨红鹰 张姗姗

责任印制:朱曼丽

出版发行	西南财经大学出版社(四川省成都市光华村街 55 号)
网　　址	http://www.bookcj.com
电子邮件	bookcj@foxmail.com
邮政编码	610074
电　　话	028-87353785
照　　排	四川胜翔数码印务设计有限公司
印　　刷	四川五洲彩印有限责任公司
成品尺寸	185mm×260mm
印　　张	12.5
字　　数	286 千字
版　　次	2019 年 8 月第 1 版
印　　次	2019 年 8 月第 1 次印刷
印　　数	1— 3000 册
书　　号	ISBN 978-7-5504-4101-9
定　　价	30.00 元

第一章　市场营销与市场营销学

知识要点

（1）市场营销学是一门建立在经济学、行为科学、管理学基础上的应用科学，具有综合性、边缘性和应用性的特点，属于管理科学的范畴。它的研究对象是以消费者需求为中心的市场营销关系、市场营销规律和市场营销策略。

（2）市场营销是指企业或组织在市场经济的背景下，以满足消费者需求为前提所从事的创造和交换产品或价值的系列过程或活动。市场营销立足消费者的需求，一般包括营销环境分析、制定营销战略和选择营销工具等环节。

（3）本章内容主要涉及市场营销的基础知识和市场营销学的框架体系，具体包括需求、市场、市场营销、市场营销学和市场营销学的基本框架体系。

案例

品味小小山东蟠桃　叩开神奇营销大门

一、千年蟠桃村　遭遇新问题

山东省有一个蟠桃县，这个县千百年来一直盛产蟠桃。由于该县独特的地理环境和历史习惯，当地村民祖祖辈辈大都专门种植和销售蟠桃，几乎不从事其他生计。该县有一个蟠桃村一直都是蟠桃县中的产量大户，所以被称为“蟠桃之乡”。但是，蟠桃村当年的产量却不尽如人意，村民们发现今年其他村的桃子普遍收成较好，产量超过往年，适逢旺季，其他水果也正通过各种渠道涌向消费市场，老百姓对水果的选择越来越多，因此村民们开始担心当年蟠桃市场价格会下跌，他们害怕仅仅靠卖桃子可能无法维持生活。于是，蟠桃村的村主任赶紧把村干部们召集起来开会商量对策，看看大家能不能想出什么办法来解决村民今年的生计问题，寻思怎么为快成熟的蟠桃找到更多的销路。

在碰头会上，大家一致认为应该先到基层摸清情况，了解一下今年蟠桃收成的现状以及大家遇到的困难。于是，大家分头行动，各自开始调查。一部分村干部到村民家中，详细了解今年的蟠桃产量以及目前大家遇到的问题，询问是否愿意、能够改做其他农活；另一部分村干部则分散到临近几个村落去实地查看他们的蟠桃收成情况，并做了详细记录。几天后，村主任再一次召集碰头会，交流摸底的情况。最后，大家从汇总的信息中发现：一是村民大多只会种植蟠桃，也只愿意种植蟠桃，不会也不愿意从事其他农业活动；二是其他村今年的蟠桃收成大都比自己村的好，不存在收成普遍减少的问题。

市场营销的思维模式代表了人们思考、分析和解决问题的共性。市场调研是市场营销活动的开端，是制定市场营销战略的前提。蟠桃的营销当然也开始于市场调研，包括对宏观的经济政策、环境、文化和风俗等的调研以及对微观的各村蟠桃生产情况、经济状况和村民想法等的调研。

二、市场大舞台 营销来唱戏

（一）调研先敲门 战略是灵魂

村干部和果农们进行了大量的走访调查，包括当地的发展历史、风俗文化、蟠桃特色、水果消费者的购买心理和习惯、普通百姓对于该县蟠桃的看法以及往年的销售情况等。综合比较调查结果，他们发现，该县所盛产的蟠桃以形美、色艳、味佳、肉细、皮薄和汁多等特点著称。而且从村里一位老人家口中挖掘出当地民间流传的一个关于蟠桃的神话传说：相传该村有一个被玉皇大帝册封过的蟠桃果园，这个果园的蟠桃都属于又大又甜且品相完美的上上品。村民们每年定时将这些蟠桃拿来向王母娘娘进贡。每逢农历四月十五，王母娘娘都会在论功行赏的群英会上用从这个果园进贡来的蟠桃款待各路神仙，奖励有功之臣。这个传说越传越神、越传越远，蟠桃村的蟠桃的名气因此也越来越大。

随着改革开放的不断深入，人们的经济收入也不断增加，老百姓普遍不再只是满足于温饱，转而进一步寻求营养和健康，甚至更高层次的精神享受和情感交流。而且中华民族自古以来就是一个礼仪之邦，从古到今就有礼尚往来的文化习俗。人们无论是逢年过节、探亲访友还是慰问病人，都希望找到一种既实惠又寓意美好的礼物来馈赠亲朋好友。蟠桃本身就具有生津止渴、补血益气和活血化瘀等功效，再加上流传在民间的千年神话故事所赋予的美誉，自然就成了送礼佳品。去年，该县还举办了一场蟠桃义卖活动，以公益的名义向偏远山区的留守儿童捐献了一笔蟠桃收益作为善款，获得了远近乡亲们的一致好评，同时也对该县的蟠桃美誉度的提升起到了极大的促进作用。就本县而言，大家也了解到县委、县政府正在为今年全县的蟠桃丰收发愁。往年蟠桃主要在农贸市场或者水果超市进行销售，与其他水果同台竞争，今年其他地区的水果大多丰收，想必会掀起新一轮的价格战来增加销量，这对于蟠桃的正常销售是非常不利的。

村主任四下打听之后，得知县上今年可能新出台一些帮扶政策来帮助当年收成不好的村子开展宣传活动和搭建销售渠道。而且，由于该县种植蟠桃历史悠久，再加上依山傍水的优美环境，逐渐形成了一个独特的旅游区域，每年都会吸引大量游客前来赏桃、品桃和买桃。眼看今年旅游旺季又快要到了，反复掂量之后，大家一致认为，今年的买卖还是要围绕蟠桃来做。但是今年的买卖必须要打破常规，出其不意，从整体上、思维方式上跳出蟠桃做蟠桃。但关键是面对这个思路，通过什么方法和措施把桃子卖出去？大家商议后制定出了一套详细的蟠桃售卖方案。一场空前绝后的蟠桃营销大戏开始慢慢拉开序幕……

（二）桃子变礼物　产品出奇兵

蟠桃本是一种水果，和其他水果相比也并没有太大的本质区别。那么，怎样跳出蟠桃做蟠桃呢？

该村村委会中碰巧有一个山东农业大学的大学毕业生。作为大学生村干部，他思维开阔、意识超前。那个大学生村干部代表村委会邀请其母校老师对村里的蟠桃营销进行指导，经过山东农业大学的专家以及果农、村委会和相关人员的反复讨论，该村决定另辟蹊径，抓住当下消费者日益增长的情感需求，把蟠桃当作礼品来卖。于是，他们在农业专家的指导和帮助下，运用科技手段对村里种植的蟠桃进行了一系列科学、合理的改良：通过光合作用分别把“福”“禄”“寿”“禧”四个字印到每个桃子的果皮上，等桃子成熟后再把“福”“禄”“寿”“禧”四个蟠桃装成一盒，并且设计了精美的传统中式礼盒包装，把桃子以整盒为单位进行售卖。这样，桃子从产品变成了礼品，从纯粹的水果变成了包含深情厚谊的一种美好和祝福。

（三）礼轻情意重　价格有真意

商品的定价既要考虑商品本身的成本、质量等因素，又要考虑市场上消费者的接受程度和竞争者的定价因素。

那么，经过礼盒包装的礼品桃应该定一个什么价格呢？他们经过调研和分析确定这些桃子的目标去向应该是城镇里面的大型旅游饭店、高级超市或医院门口等，所以换一种思路，对于蟠桃礼盒的定价不能简单地按照传统的水果来定价，而是应该按照礼品来定价。俗话讲：情义无价。在中国这样一个重情重义的地方，人们把感情看成无价之宝，送礼还情的时候老百姓绝不会在乎价格，所以他们最后把每盒桃子的价格定为99.99元，既在百元之下，又以谐音寓意长长久久。

（四）酒好也怕巷子深　渠道开拓当先锋

传统的蟠桃大都通过农贸市场进行销售，这种传统模式不但形式传统、单一，而且销量有限，更重要的是这根本不适合礼品蟠桃的销售。

区别于以往单一的销售渠道，如今的“福禄寿喜”礼盒采用了多渠道销售。按照“跳出蟠桃做蟠桃”的思路，村委会对礼品“蟠桃”这一商品进行了重新定位，因此改原来的“传统性密集分销”策略为“多渠道选择性分销”，在此基础之上根据目标消费群的规模和购买特征来选择不同的分销渠道。

村里组织了一批得力的干部外出重新开拓礼盒销售渠道。根据重新定位后的目标市场以及目标消费者的不同特征，他们首先是向县城、市里甚至省城的大型宾馆、饭店、大型超市、火车站和飞机场等场所免费铺样展示其礼品桃盒。通过组织参观和举办商品说明会等方式，让中间商了解产品的生产规模、产品特点，向中间商说明礼品桃盒的优势以及他们从中可能获得的利益。村委会还把销量和中间渠道商的利润捆绑在一起，然后进行铺货，签订特约代理或经销合同，合同内容涉及礼盒的批量大小、送货时间和销售折扣等，同时统一了市场零售价格。此外，村委会还制定了渠道奖励制度，依据中间渠道商的产品销售能力和数量进行额外奖励，设定区域独家代理权等。在渠道的开发与建设当中加强渠道管理，基于渠道建设中可能出现的一系列问题，密切关注渠道反馈，强调渠道内部的中间商之间的管理、监督和奖惩机制以及终端消费者情况反馈机制。

除传统渠道之外，村委会先后和三家大型著名农产品售卖网站签订鲜果购销合同，努力尝试蟠桃“上网触电”。

（五）促销工具齐上阵　八仙过海显神通

蟠桃变成了礼品，蟠桃的市场已经打开，一系列促销工作渐入佳境。

特别值得赞赏的地方是，该村还首次专门请山东农业大学的专家对该县的蟠桃进行了营养价值的鉴定，对蟠桃所含维生素和矿物质等有益元素进行了科学测定，出具相关证书。并且在礼品盒里面放上宣传单页，广泛传播蟠桃的价值，让消费者切实了解蟠桃的实用价值和情感内涵，提升蟠桃在消费者心目中的形象。接着，村委会还在一些相关网站以及当地的电视台进行宣传来提升蟠桃的知名度。然后，村委会组织了数次讲座，以及通过试吃和免费赠送等方式来宣传蟠桃的营养价值，增强市场的渗透效果。另外，他们还开展了“买十送一”和“买送换”等相关促销活动来开拓礼品市场、扩大消费需求。

三、柳暗花明话蟠桃　市场营销开新花

在市场营销的过程中，营销战略是纲，纲举目张。围绕市场营销战略可以选择一系列的战术来实现战略构想，完成营销目标。这里的战术是指相对于战略的可具体实施的行动方案。在本案例中，我们可以看出蟠桃村执行的行动方案包括了产品再造、消费者心理定价、渠道管理以及促销等方法、措施和手段。

在这个“跳出蟠桃做蟠桃”的思想指导之下，蟠桃的销售一天天见好，销售火红势不可挡，该村的所有老百姓笑逐颜开、欣喜若狂。

桃子还是那个桃子，村庄还是那个村庄，小小的桃子千百年来不曾改变，一次危险却开启了无限商机。蟠桃村的市场营销思维方式可圈可点，蟠桃危机的化险为夷是否也可以给后来者带来更多市场营销方面的思考呢？

参考文献

［1］何涛，王林．市场营销实务项目化教程［M］．北京：科学出版社，2014.

［2］李剑虹．市场营销学案例分析及综合训练［M］．成都：西南交通大学出版社，2012.

［3］李剑虹．高等学校市场营销案例教学的实践与思考［J］．中外企业家，2017，

557（3）：192.

补充阅读

［1］吴健安，聂元昆．市场营销学［M］．5版．北京：高等教育出版社，2014.

［2］中国教学案例网．“平凉金果”无人问津，奈何？［EB/OL］．（2017-01-26）．http://www.cctc.net.cn/Head/CourseForArticle/Browse? CourseID=243.

分析讨论题

1. 本案例包含了哪些主要的市场营销知识点？这些知识点怎样构成市场营销学的知识体系？

2. 请用SWOT方法分析蟠桃村所面临的市场环境。

3. 尝试使用波特五力模型分析该村的蟠桃所面临的竞争环境。

4. 该村为蟠桃制定的营销战略是什么？该村使用了哪些营销工具来实现他们制定的营销战略？

实践实训

√把学生们任意分成若干小组，以小组为单位进行实践实训和评估。

√任选一家当地的企业或组织，进行走访，重点了解其营销理念、消费者需求、营销战略和促销手段等市场营销的状况。

√对取得的一手资料和二手资料进行分析，理解市场营销的概念和内涵，运用Word、Excel、PPT工具形成文字报告。

√开展课堂陈述或小组之间进行分享，老师进行评估。

第二章　市场营销环境分析

知识要点

（1）市场营销环境是指存在于企业营销管理职能之外的各种影响、制约企业营销活动的因素。分析这些因素的目的是帮助企业扬长避短、寻找营销机会和避开环境威胁。

（2）分析市场营销环境时，可以利用 SWOT 分析法和市场机会与环境威胁分析法来分析和评估企业的市场环境，从而将企业归类。针对企业的类型与它所面对的机会和威胁，企业营销部门应该制定切实可行的对策。

（3）按照不同的环境因素，可将企业营销活动影响的直接性与间接性分为宏观营销环境因素和微观营销环境因素。宏观营销环境因素包括人口环境、经济环境、政治法律环境、社会文化环境、科技环境等；微观营销环境因素包括企业内部环境、供应商、营销中介、顾客、竞争者与社会公众等。

（4）市场营销环境是一个动态的系统，它处在不断的变化中。当企业面对市场机会时，在慎重地分析和评估的基础上，做好进入市场的准备；当企业面临威胁时，根据实际情况，可采取对抗、减轻或转移策略。

案例

Costco 在华艰难扎根记

一、零售业的竞争法则：优胜劣汰

市场营销环境是存在于企业营销系统外部的不可控制或难以控制的因素和力量，这些因素和力量是影响企业营销活动及其目标实现的外部条件。一般可将这些因素分为宏观营销环境因素和微观营销环境因素。宏观营销环境因素包括人口环境、经济环境、科技环境、政治法律环境和社会文化环境等；微观营销环境因素包括企业内部环境、供应商、营销中介、顾客、竞争者与社会公众等。通常情况下，宏观营销环境因素决定微观营销环境因素。宏观营销环境因素中的五个方面相互作用，对企业营销活动产生制约和影响。这些力量与企业形成协作、竞争、服务、监督的关系，直接影响和制约企业营销活动。宏观营销环境因素和微观营销环境因素共同构成多因素、多层次、多变的企业市场营销环境的综合体。

中国传统零售行业在过去的几十年里占据线下渠道，走入百姓生活，为社会便利与和谐居家提供了生活保障。而近年来随着互联网的崛起，在零售业中出现了一些新势力，比如天猫和京东等，在很大程度上冲击了零售行业的发展。例如，在中国实体零售业态整体出现萎缩的大背景下，身为传统零售业一员的超市类业态，自然也就难以独善其身。

2016 年，沃尔玛超市关闭了合肥长江路店、无锡青石路店、巢湖健康东路店和淮北人民路店等 11 家门店，且都是三、四线城市门店；家乐福超市关闭了广州金沙店、新乡平原路店和温州汤家桥店 3 家门店；百佳超市的广东 4 家超市和成都 3 家超市相继停业；华润万家计划关闭 68 家门店；永旺超市的青岛延吉路店正式停业；大润发超市山东潍坊的潍一广场店正式关闭，成为大润发进军中国内地市场 19 年关店的首个案例。

中国零售业的市场营销环境正处在不断的变化中，虽然看似整体凋零，给很多传统零售企业带来了威胁，但营销环境也是一个动态的系统，只要有威胁，必然也少不了机会，正所谓“乱世出英雄”。在现实生活中，机会和威胁往往是并存的。就像一枚硬币的两面，一面的存在以另一面的存在为前提，且在一定条件下可以相互转化。如果企业不注重市场环境的分析，它失去的不仅是新的市场营销机会，而且可能遭到变化了的市场环境的威胁；如果对环境威胁十分重视，积极地寻求规避威胁的对策，不仅可能消除威胁，而且可能将威胁转化为企业发展的新机遇。

二、分析零售业现状，助力在华发展

在中国传统零售行业面临互联网新势力冲击的环境下，好市多（Costco）却在全球电商的入侵中逆势而起，给整个雾霾的天空中带来了一抹亮光。它的崛起甚至让沃尔玛“慌了”。一家企业很难独占市场，它们往往都会面对形形色色的竞争对手。在竞争性的市场上，除有来自本行业的竞争外，还有来自代用品生产者、潜在加入者、原材料供应者和购买者等力量的竞争。早在 2017 年 9 月初，Costco 官方就确认将在中国上海开设中国内地第一家店。

（一）明确机会威胁，快速成长

在微观环境分析中，企业首先要深入分析企业自身的内部环境。企业的内部环境条件涉及人员条件、技术条件、生产条件、资源条件、管理条件和企业文化等。Costco 是美国最大的连锁会员制仓储量贩店，是会员制仓储批发俱乐部的创始者，主要在城市相对偏远位置设立门店，并以高质低价出售精选特质商品，会员费是其主要盈利来源。

企业要成功，必须在满足消费者需要和欲望方面比竞争对手做得更好。为此，企业必须加强对竞争对手的研究，了解对本企业形成威胁的主要竞争对手及其策略。只有知己知彼、扬长避短，才能在顾客心目中确定其所提供产品的地位，以获取战略优势。Costco 自诞生以来，一直致力于以最低的价格提供给会员高品质的品牌商品，并以其风格独特的卖场和独一无二的会员服务，使会员充分享受购物的乐趣，超市的主要盈利也基本来自会员费。多年来，Costco 从诞生地美国老家一路扩张至全球 71 个国家和地区。其中因为消费习惯、采买模式等原因，大部分扎根在了美国老家，而加拿大则是它最大的国外市场，可以称为第二个家了，主要扎根在首都渥太华附近。Costco 在日本和韩国则分别开了 25 家店和 12 家店。针对中国市场的战略部署已基本完成，为下一步进入中国大陆市场指明了方向。

（二）成功试水中国，奠定良好基础

Costco 在很早以前就有进军中国的想法。但是，作为一个外来超市，要在陌生的市场环境中生存也不是一件容易的事情，聪明的 Costco 自然不会莽撞行事。在决定进入之前，它已经悄悄地办了很多件大事。

1999 年，Costco 在北京设立了办公室。营销中介是微观营销环境的重要组成部分，主要是指协助企业促销、销售和经销其产品给最终购买者的机构，包括中间商、实体分配公司、营销服务机构等。得力的营销中介也给 Costco 帮了不少大忙。2014 年，阿里巴巴赴美上市期间，Costco 方面与“阿里巴巴”达成了战略合作协议并于当年 10 月登录天猫国际，以海外旗舰店的形式试水中国跨境电商。首家跨境旗舰店开业 3 天仅坚果一项销售量就超过 3 吨。在线上起步且取得了不俗的战绩，以闪电般的速度把脉了“中国零售业”的线上环境后，2015 年 8 月 Costco 授权佳市得总部落户武汉东湖综合保税区，并在该区设立了第一家实体体验店。2016 年 1 月 23 日，Costco 授权店登陆武汉，试水线下零售。

2017 年 9 月 8 日，Costco 正式宣布首家实体店入沪，明确了来华扎根的态度，并确定了进入中国大陆第一间实体店开业时间表。2017 年 9 月 13 日，Costco 登陆天猫商城开设第一家本土旗舰店。

三、明显水土不服，扎根十分艰难

Costco 来华已成定局。然而，看似水到渠成的背后，Costco18 年来所担心的问题至今仍未能彻底消除。神秘的“中国零售业”除了市场巨大的吸引力之外，还潜藏诸多不确定因素，市场的风险也并不是能够一一预见的，营销环境给企业带来的机会与威胁总是同行的。水土不服是自古以来所有外来企业扎根新市场的通病。Costco 即将扎根上海，它的扎根之路看上去并不会一帆风顺。

（一）理想看似美好，机会十分诱人

1. 当地采买模式

供应商是影响企业市场营销微观环境的重要因素之一。在北美乃至世界其他市场，Costco 的价格是当地同等产品中质量最好且价格最低的。Costco 用包销协议、极度诱人的大订单作为筹码进而疯狂压低全球各地的供应商与合作品牌方给出的批发价格。大规模采购可以显著压低进货价和周转费用的商品与服务，而节省费用的途径之一就是在当地采买。Costco 经过多年的经营，早已与所在地的供应商们建立了良好的合作关

系，大部分商品可以在当地采买。选择供应商的标准主要有商品质量合格、价格低、交货及时和整体服务好。当地采买模式意味着 Costco 的采购价格更低，能给顾客带来更多的优惠；同时也意味着运输时间减少，为供货的及时性提供了有利条件。如果没有这些资源作为保障，Costco 就无法正常运转。

2. 当地消费习惯

顾客需求是企业生存的源泉。顾客既是企业市场营销活动的起点，也是市场营销活动的对象和终点，这是企业最重要的一个环境因素。企业必须紧紧围绕消费者的需求这个中心内容来开展各种市场营销工作。在满足消费者需求的同时，企业还必须了解顾客的消费习惯。消费习惯是指人们在长期经济与社会活动中所形成的一种消费方式。只有在满足顾客需求的同时兼顾顾客的消费习惯，企业才能更好地开展营销活动，获取更多的利润。

Costco 的特征之一在于它是仓储式商店，也就意味着它售卖的商品都是大容量包装的，可以做到“囤货式”购买。而这一特征也刚好符合北美人的需求特点和消费模式，完全匹配了北美居住区那种独立别墅所具备的家庭仓储空间。

3. 高会员费模式

社会文化环境是宏观营销环境的重要组成部分。社会文化环境是指一个国家或地区的民族特征、价值观念、生活方式、风俗习惯、宗教信仰、伦理道德、教育水平、语言文字等的总和。其中，价值观念是指人们对社会生活中各种事物的态度和看法。在不同文化背景下，人们的价值观念往往有很大的差异，影响消费者的需求和购买行为。

在北美乃至全世界其他各大市场，Costco 的主要利润来源仅限于其会费，而其货品利润仅仅用于维持日常运营。

每个进入 Costco 进行购物的消费者，需要持有会员卡或者同伴持有会员卡。执行会员每年需要交纳 120 美元的费用，非执行会员的年费为 60 美元。相比其他超市没有会费的会员模式或者几美元的会员模式，Costco 的会费明显高出许多。在 Costco 产品的高质量、低价格的驱动下，Costco 会员有超高的忠诚度。会员的续订率达到了 90%，每年都能为 Costco 贡献一笔稳定的利润。高会员费门槛带来高质量、低价格的产品，这种模式得到了消费者的认可，形成了一种价值观念。

（二）现实异常艰难，威胁处处可见

供应商与顾客行为分析是企业微观营销环境分析的重要内容。就顾客行为分析来说，一般从顾客购买行为的影响因素、心理过程和购买决策过程等方面着手。购买行为的影响因素主要包括文化因素、社会因素和个人因素等；消费者心理过程分析通常从顾客感知和购买动机着手；购买决策过程通常有问题辨识、信息搜寻、方案评估、购买决策和购后行为五个阶段。要扎根中国，对其供应商环境和顾客行为环境进行分析是必不可少的。对 Costco 来说，中国的零售生态环境并非完美，现实异常艰难。

1. 本土采买困难

供应商分析是企业微观营销环境分析的另一个重要内容。供应商对企业营销业务

有实质性的影响。供应商的供货周期影响企业生产计划安排；供应商产品质量影响企业产品质量保证；供应商产品价格影响企业产品成本、销售定价、利润。

如果 Costco 能够实现本土化采买，将会更有利于开展营销活动；如果 Costco 不实现本土化采买将会“很头痛”。

第一，关税问题。关税使得 Costco 的进货成本增加。另外，农产品方面存在来自世界各地的病虫害和卫生检疫标准变化带来的不可控因素，如日本核辐射食品、进口疫区牛肉、转基因食品等。这也会使 Costco 的进货成本增加。

第二，库存问题。纯进口商品无法在与中国内地的零售商超同等产品竞争中保持其批发商的价格优势，导致北美地区因为低频、批量采购而形成库存周转时间仅有 29.3 天的优势将荡然无存，库存压力因此会被放大。

截至目前，Costco 在中国仍然是一家进口商品超市，Costco 暂时还无法实现本土化采买。

2. 消费习惯难改变

因为 Costco 与一般的零售商超相比，其核心关键词是仓储、批发，意味着该类型商超是基于低频、批量采购、高客单消费的中产阶级家庭的消费特点而设计的。远离市区，临近高速公路、港口、机场的优势在于其提高物流周转效率和降低地租成本的双重考虑，在中国内地的选址也符合这一特点。

在中国内地，绝大部分中大型商超选址位于闹市区、居民楼 3~5 千米的范围，而最后 1 千米内则有便利店与社区店，市中心商业区与住宅区的分界十分模糊，因此在人流高密集度和区位近的优势下保证了中国城市传统商超与便利店的高频消费。低频、批量采购的模式对于绝大部分中国中产阶级消费群体而言，交通工具并不是问题，最大的问题在于批量采购所需的大容量家庭仓储空间并不具备。中国家庭 2~4 名成员居住的公寓楼并不适合北美居住区那种独立别墅所具备的家庭仓储空间，大包装产品无法塞入一般中国家庭的冰箱，中国家庭厨房冰箱的生鲜冷藏空间与 Costco 所售的产品包装并不匹配。

消费习俗是人类各种习俗中的重要习俗之一，是人们历代传递下来一种消费方式，是人们在长期经济与社会活动中所形成的一种消费习惯，具有长期性的特点。中国居民公寓楼是不具有大容量家庭仓储空间的环境居住特色，并不会因为 Costco 的到来而发生改变。

3. 会员费太高

Costco 之所以决定来中国扎根，一个非常重要的原因在于其登录天猫国际后销售业绩远远超出了其企业战略层的预期设想。众所周知，会员制仓储式超市购买优惠商品需要缴纳高额的会费，而 Costco 几乎是同行中会费最高的，但在天猫上消费者不需要花一分钱。

2016 年，Costco 利润下降 5.7%间接导致 2017 年全球会员资费上浮调整。2017 年 6 月 1 日调整后的 Costco 会费显示，基础会员年费为 60 美元（约合 408.5 元人民币），而更高级拥有年度消费 2%最高返现 750 美元的执行会员年费为 120 美元（约合 817.1 元人民币）。

换言之，想要在 Costco 真正买到便宜货，是必须依靠会员卡且基于大批量消费的基础上才能达成的。但北美的经验和成功的秘诀是建立在已经树立起数十年的口碑，消费者开着皮卡车去 Costco 一买就是几百美元的基础上形成的，如果初入中国内地就沿用这种高门槛的政策，其结果是显而易见的。2016 年 Costco 的年营业收入为 298.6 亿美元，其中绝大部分来自会费的收入。在不同文化背景下，人们的价值观念往往有很大的差异。中国消费者长时间沉浸于零会费的会员模式或者低会费的会员模式中，已经形成了一套独有的价值观念，价值观具有稳定性的特点，他们无法接受并认可 Costco 这种高会费的会员模式。

（三）环境险象丛生，Costco 何去何从

1. 纵然实现本土化采买，阻力也颇大

如果 Costco 不能实现本土化采买，那么，高兴的只能是沃尔玛了。已经来华 20 多年的沃尔玛显然走在了前面：山姆会员店中不乏与中国供应商合作的特选产品，甚至还能找到类似上海 UTC 行家旗下代理的瑞士军刀品牌入驻的身影。

那么，如果 Costco 后续同样开始本土化采买策略，又将遇到哪些阻力呢?

第一，时间成本。由于来华时间晚，寻找合作供应商需要耗费极大的人力、物力和时间。而选择供应商的原则之一就是供应商产品的质量，所以寻找愿意合作的同时又要保障其产品品质达到 Costco 的入驻标准并控制在行业实体零售甚至电商零售价格水平线以下的供应商，难度并不小。

第二，竞争者阻击。竞争者一般是指与本企业提供的产品或服务相似，并且所服务的目标顾客也类似的企业。一般而言，企业要面对四种类型的竞争者：愿望竞争者、类别竞争者、形式竞争者和品牌竞争者。沃尔玛来华 20 多年，且拥有大量供应商资源，同时又是京东的股东之一。而眼下，中国内地能够拥有大批量自营采买能力的电商和实体公司，都刚好处在同一阵营。尽管阿里巴巴完全具备这个潜力，且作为 Costco 的合作方，从理论上看可以助推其一臂之力，但至少当下沃尔玛和京东的联合将会对 Costco 造成不小的压力。

第三，更多竞争者。若 Costco 成功转型本土化运作，随着中国中产阶级消费群体数量的急剧暴涨，国内大中型外资、合资以及本土商超将迎来最大的挑战。腾讯、阿里巴巴的电商平台必然也将加入一场史无前例的商超混战中。

竞争是商品经济的基本特性，只要存在商品生产和商品交换，就必然存在竞争。企业在目标市场进行营销活动的过程中，不可避免地会遇到竞争对手的挑战。因此，对竞争者的分析是企业微观营销环境分析的重要内容。只要 Costco 来中国，已经来华的其他商超就不可能坐以待毙、熟视无睹，因此，Costco 必须密切注视他们的任何细微变化，并采取相应的对策。

2. 即使迎合消费习惯，问题仍然很多

当低频、批量采购的模式无法在本土维持时，消费形态即刻只能演变为中高频、中低量级的消费形态。但这种形态依然会有许多问题。国内用户的高频、少量的消费习惯已经被电商平台养成，加上区位的劣势带来的交通与时间成本问题使得 Costco 在

高频消费这条路上很难走通。如果 Costco 这种仓储式批发超市无法做到周期性的大量出货，对于其货品周转，尤其是生冷冰鲜食品的损耗将带来极高的成本问题。

3. 会费模式是否改变，也是进退两难

若实体沿用天猫模式，采取降低门槛甚至零门槛的方式会对 Costco 造成直接的损失，这显然是 Costco 和全球其他地区消费者所不愿意看到的。但若通过高扣点以牺牲价格优势为代价，那么又无法对电商平台和传统商场形成口碑优势，这将是 Costco 眼下最头疼的一个问题。

这是 Costco 扎根中国需要面对的现实问题。环境是企业生存发展的空间，企业作为社会经济组织，不可能脱离环境而开展市场营销活动。企业开展市场营销活动，是在各种复杂且不断变化的营销环境影响下进行的。这些环境的变化既给企业带来了机会，又可能给企业造成威胁。营销环境对企业营销活动的影响是至关重要的，处理好与营销环境的关系，是企业生存与发展的前提。Costco 要想站稳脚跟，它需要将与其核心竞争力密切相关的种种环境因素，包括内部优势、劣势、机会和威胁等，联系起来分析，才能得出如何适应中国环境的对策，并依此制定相应的发展战略。

参考文献

[1] 朱思码. 美国连锁超市 Costco 入华，至少还得翻过三座大山 [EB/OL]. (2017-09-14). https://www.pintu360.com/a36439.html.

[2] 中国商网-中国商报. Costco 借道电商入华 国人会对会员制超市“感冒”吗? [EB/OL]. (2017-09-21). http://www.sohu.com/a/193538548_393779.

[3] 陈颖. 企业营销活动与营销环境分析 [J]. 合作经济与科技，2015 (6).

[4] 肖院生. 市场营销实务 [M]. 大连：东北财经大学出版社，2015：24-26.

补充阅读

[1] 王华. 基于 SWOT 分析无人超市营销策略探析 [J]. 现代国企研究，2018 (16)：36.

[2] 刘洁. 市场营销环境 [M]. 北京：机械工业出版社，2016.

分析讨论题

1. 市场营销环境包括哪些内容？本案例中涉及哪些营销环境？

2. 在零售业实体店整体低迷的情况下，为何 Costco 还敢来华开设实体店，请用 SWOT 分析法和市场机会与环境威胁分析法的相关原理进行分析。

实践实训

一、任务目标

通过该任务，使学生掌握SWOT分析法，能够运用SWOT分析法分析企业市场环境。

二、任务描述

企业在复杂的环境中，面对的机会和威胁也是复杂的。请以当地的某一连锁超市为例，分析其在营销活动中需要面临哪些环境。

三、实训步骤

1. 企业外部环境分析，列出环境中的机会和威胁。

2. 企业内部能力分析，列出目前企业的优势和劣势。

3. 绘制SWOT矩阵。

4. 进行组合分析，帮助管理者制定战略。

四、实训材料

教师向学生指定当地市场上某一连锁超市为研究对象，学生以小组为单位收集该超市的相关资料并做分析。

五、考核记录表

将对学生任务完成情况的评价填入表2.1中。

表2.1　任务完成情况评价要素表

组别：　　　　　　　　　　　　　　　　　　学生姓名：

序号	考核点	分值（100分）	得分	累计积分账户
小组评价		共计30分		
1	态度与纪律	5		
2	出勤情况	5		
3	参与调研时与人沟通的能力	6		
4	参与讨论的积极性	6		
5	团队合作表现	8		
本人评价		共计30分		
6	收集信息的能力	10		
7	SWOT分析法运用的正确性	10		
8	市场机会与环境威胁分析法运用的正确性	10		
教师评价		共计40分		
9	对营销环境知识的掌握	20		
10	对营销环境分析法的掌握	20		
本次实训分数小计				

第三章 消费者市场和购买行为分析

知识要点

(1) 不同学科从不同领域提出了不同的购买行为模式，具有代表性的模式包括经济学模式、需求的驱策力模式、社会心理模式以及“市场营销刺激”与“购买者行为反应”模式。

(2) 分析消费者的购买行为，主要采用消费者购买行为模式。了解“购买者黑箱”，即“5W1H 理论”（什么、谁、哪里、何时、为何、如何），是掌握消费者购买行为规律性的关键。

(3) 消费者市场是指所有为了个人或家庭消费而购买产品和服务的个人与家庭所构成的市场。消费者购买行为是指消费者为满足个人或家庭生活需要而发生的购买商品的决策或行动。

形成并影响消费者购买行为特征的主要因素有文化因素、社会因素、个人因素和心理因素。

根据购买的介入程度与品牌差异的大小，可将消费者的购买行为分为 4 种类型：复杂型、和谐型、习惯型和变换型购买行为。

消费者在决策过程中可以扮演发起者、影响者、决策者、购买者和使用者等角色。

购买活动包括确认需求、收集信息、评价方案、做出决策和购后行为。企业在营销中，应该对整个购买过程进行营销努力，以实现企业的交换目标。

(4) 组织市场包括生产者市场、中间商市场、政府市场和非营利性组织。

生产者市场的购买类型有直接重购、修正重购和新购；购买决策单位被称为采购中心，一般由使用者、影响者、决策者、批准者、购买者和守门者等角色组成；对购买行为产生影响的因素主要有环境因素、组织因素、人际因素和个人因素；其购买行为经历如下 8 个阶段：提出需求、确定需要、确定产品规格、物色供应商、征求建议、选择供应商、发出正式订单和绩效评价。

需要了解任何关于产品或服务的信息，视线范围内有可以寻求帮助的工作人员，他们会给你讲述细节，根据你的需求提出建议。另外，宜家有很多服务类型虽然是以自助形式存在的，但同时工作人员又会向你提供相应的帮助和支持。“可无”——宜家将工作人员的性质定位为“支持者”而非服务人员，在这里你可以得到最专业的意见和帮助，但同时消费者被保留了私人的空间，预留了人际交往的舒适范围。消费者在购物的过程中不会被打扰和冒犯，没有工作人员会向你推荐商品，更没有人高喊减价促销的口号。宜家规定其门店人员不得直接向顾客推销，而是由顾客自行检验来决定，除非主动咨询。宜家认为，没有人比顾客自己更愿意帮助自己，因此，宜家将营销的信息全面公开和透明，引导顾客扮演非传统角色，采用顾客自选的方式进行购货，鼓励顾客参与购物的全过程，从而打破了消费者的顾虑，节省了消费者的时间。

（五）创造丰富关联　立体顾客体验

关联体验是指包含感觉、情感、思维和行动体验的，超越个人体验范围的，综合各种体验模式的，并且联系到自我实现以及社会文化的体验形式。“关联体验的特点在于它是体验者本身与某一团体或者文化相联系所产生的特殊体验，且注重个体本身与团体之间的联系及相互作用。”① 体验者注重他人及团体的认可和好感以便建立联系，进而建立个人对品牌的认可和偏好，同时与同样关注该品牌的他人形成紧密的关系。关联体验要求体验营造者在整个传播过程中保持品牌核心观念的一致性，在凸显自身品牌特点的同时创造共鸣，使客户对品牌或企业产生联想。

宜家注重与消费者建立长久稳固的联系，并希望以此建立贴有宜家标签的客户群。为此，宜家做了诸多尝试。

最为突出的就是会员制度。宜家相信，和那些不常逛店、只要一来就买很多的顾客相比，经常来店、每次不一定买很多东西的顾客更有价值。所以，宜家采取了很多鼓励措施，吸引会员经常来宜家逛逛。

周一到周五，会员到宜家能够享受免费的咖啡；周一到周四，会员可以带着家里的照片、图纸，来门店找宜家的设计师进行免费的家装咨询；每周有面向会员开放的宜家家居装饰讲座，会员可以通过电话或者网上报名参加活动。

宜家每年都会淘汰 1/3 的旧款商品。在任何一款商品停止生产之前，宜家都会通知买过或者是有过购买意图的会员。比如买过某个柜子的会员，宜家会询问是不是需要换柜门或者其他配件；否则，等停产了就只能全部换掉了。事实上，大到一个系列新款，小到一套碗碟的新商品，以前购买过类似商品的会员都会收到来自宜家的“温馨提示”。

从会员刷卡的记录中，宜家可以确切地知道某个顾客所购买的商品，这样可以帮助宜家有效地推出新的市场和服务；在对顾客的分类中，宜家可以知道某一类产品适合怎样的顾客，也可以根据这个信息来改变门店产品的布局。

比如很多顾客基本上要买的商品，布局就非常显眼，对每一个进入宜家的顾客来

① 约瑟夫·派恩，詹姆斯·吉尔赛. 体验经济［M］. 夏业良，等译. 北京：机械工业出版社，2002：38.

说，这不一定是他想买的，但他必须要花更多时间去找他要买的东西，更有可能第一眼就买下了他原本不想买的东西，这样销量就上去了。

更重要的是，宜家在推广会员卡的同时，让会员的思维正在变得越来越“宜家化”了——家的装修是“宜家”风格，因为有设计师提供免费咨询；家的软装是“宜家”风格，因为有专门的家装培训；甚至连你爱喝的咖啡、爱吃的肉圆也都是“宜家”味的。会员会发现自己是全球消费群体中的一员，这里所有的人都对商品价格、设计风格甚至是环保有共同的追求。

事实上，拥有宜家俱乐部的会员卡不难。走进宜家的会员店，想用会员价格买到会员产品，你在填好一张宜家俱乐部会员登记表格之后，就会得到一张红黑底色的卡，上面写着“IKEA　FAMILY”，然后你就可以去收银台刷卡买单。你就可以为同样的商品少付几元到几百元的会员差价。并且，这样的申领过程是完全免费的，所以，为什么不马上申请办一张宜家俱乐部的会员卡呢？

此外，宜家开展的是差异化定制服务。对于不同身份背景的客户通过系统的界定和筛选，以便进行区别化的营销活动计划。例如，针对年轻的单身群体除了相关产品的定期直邮宣传及线下活动以外，还会根据单身人士居住的特点进行定制服务。另外，根据不同人群的特征，宜家策划主题丰富的沙龙聚会。在这些活动中，身份特质相同的人会聚在一起通过不同的主题各自分享经验，建立情感。而宜家作为纽带性的存在贯穿始终，产生深远影响。

三、“本土”宜家　为中国而改变

（一）嫁接中国本土　出现“水土不服”

正如许多跨国公司评价中国那样，中国在宜家的眼里无疑是一块巨大的蛋糕，虽然宜家对中国情有独钟，但中国并没有对宜家偏爱有加。

由于中国的整体消费水平相对落后，本来是一家“家居便利店”，依旧想靠低价策略进入中国大众市场的宜家被误解了。宜家在中国消费者的眼里成了时尚，甚至是“贵族”的象征，这对于宜家所有高层管理者是一次不小的打击。

对于宜家这样一个“外来者”，它的独特或者说具有欧洲特点的经营风格多多少少偏离了中国大众的消费习惯。尤其是心理上，中国老百姓对它的北欧文化还有些不适应。于是，“本色”与“本土”如何融合，成为宜家在中国发展不可忽视的问题。

宜家是否能为中国而改变？怎么改变？

（二）兼顾中国特色　努力“入乡随俗”

为了避免和减轻在中国的水土不服，宜家在坚持自身特色的同时，也吸收了“中国本土特色”，并将顾客群锁定为中国的白领阶层。

1. 重新定位

在欧美等发达国家，宜家把自己定位成面向大众的家居用品提供商。因为其物美价廉、款式新颖和服务周到等特点，受到广大中低收入家庭的欢迎。

但到了中国之后，市场定位做了一定的调整，因为中国市场虽然广泛，但普遍消费水平低，原有的低价家具生产厂家竞争激烈接近饱和，市场上的国外高价家具也很少有人问津。于是，宜家把目光投向了大城市中相对比较富裕的阶层。宜家在中国的市场定位是“想买高档货，而又付不起高价的白领”。这种定位获得了较好的效果，原因如下：IKEA 作为全球品牌满足了中国白领人群的心理；IKEA 卖场的各个角落和经营理念上都充斥着异国文化；IKEA 家具由顾客自己拼装，免费赠送大本宣传刊物，自由选购。以上这些特色已经吸引了不少白领阶层的眼球，加上较出色的产品质量，让宜家在吸引更多新顾客的同时，稳定了自己固定的回头客群体。

宜家在中国市场的重新定位及品牌推广取得了成功，以至于很多中国白领把“喝星巴克的咖啡，用宜家的家具”作为一种时尚。

2. 人员服务

中国的消费者不习惯缺少服务的购物过程，对于宜家没有“销售人员”只有“服务人员”的“省钱”模式还不能接受。他们认为家具厂商在商店里就应该热情服务，在购买家具等大件时更是应该将免费送货作为商品的附加价值。

于是，宜家为了适应中国消费者的习惯，配备了更多的送货车辆，并且降低了送货费用。另外，考虑到中国消费者的交通问题，宜家将在中国市场的退货日期从 14 天延长到 60 天。

3. 大众路线

在终端上，宜家作为一个低成本的领导厂商，极为重视在销售中发挥价格的作用，灵活运用体验营销、信息营销等营销方式，以提高顾客对宜家的认识。

除此之外，宜家为了在中国站稳脚跟，不断通过降价行动来改变原来在中国消费者眼中的“贵族”形象。从 2003 年 9 月起，宜家对 1 000 多种产品全面实行大幅度降价。通过降价策略，中国巨大的消费潜力被释放了出来，一种名为佛宾的小凳子降价后，当时中国两个宜家商场比法国 12 个商场还卖得多。

4. 改变习惯

宜家在对中国市场进行调研的时候发现，中国老百姓除了搬新家外，一般很少购买新的家具用品来改变现有的居住环境。针对这种现象，宜家颇具匠心地推出了“改变很简单”的口号，旨在帮助和鼓励广大普通民众通过改变一成不变的生活习惯，创造更美好的生活环境和舒适空间。

宜家告诉消费者，改变不是很麻烦，一点小小的变化可能就会成为点睛之笔。于是，宜家也配套地推出了一些不太贵的新品，比如可以花时间将封闭的阳台收拾出来，放上宜家的摇椅。傍晚，坐在摇椅上享受夕阳，享受生活。

参考文献

［1］陈婕. 现代体验营销策略研究［D］. 苏州：苏州大学，2016.

［2］王书岗. 体验营销理念在企业营销策略中的应用［D］. 兰州：兰州交通大学，2015.

［3］陈丽丽，冯革群，马仕峰，等. 营销 3.0 背景下体验式营销模式研究——以

宜家为例［J］. 生产力研究，2015（4）：109-112.

补充阅读

［1］吕迪格. 容布卢特. 宜家创业史［M］. 张千婷，译. 北京：机械工业出版社，2007.

［2］http://www.ikea.com/cn/zh/（宜家中国官网）。

分析讨论题

1. 根据案例分析宜家是如何成功实践“市场营销刺激”与“购买者行为反应”模式的？

2. 影响消费者购买行为的因素有哪些？宜家的“本色”和“本土”策略考虑了其中的哪些因素？

3. 在宜家购买家具时，消费者在决策构成中都扮演了哪些角色？宜家的体验式营销在消费者购买决策过程的不同阶段都有何意义？

4. 从消费者需要产生的过程来看，宜家的营销模式对这一过程有何推动作用？

5. 宜家在中国市场的改变利用了消费者市场的哪些特征？宜家是如何利用的？

实践实训

一、安排消费者购买行为的实践训练。

二、在授课教师的指导下，利用课余时间，深入商场和集市，仔细观察消费者购买行为和消费者购买过程，然后写出观察分析报告及心得体会。

三、实训指导

1. 观察消费者购买行为和购买过程的实践准备。

2. 能熟练自如地运用所学的知识进行观察分析。

3. 认真写好观察分析报告及心得体会。

四、考核记录表（供参考）

将对学生任务完成情况的评价填入表 3.1 中。

表 3.1　任务完成情况评价要素表

组别：　　　　　　　　　　　　　　学生姓名：

序号	考核点	分值（100 分）	得分	累计积分账户
小组评价		共计 30 分		
1	态度与纪律	5		
2	出勤情况	5		
3	参与调研时与人沟通的能力	6		
4	参与讨论的积极性	6		
5	团队合作表现	8		
本人评价		共 30 分		
6	收集信息的能力	10		
7	消费者购买行为分析的正确性	10		
8	消费者购买过程分析的正确性	10		
教师评价		共 40 分		
9	消费者购买行为知识的掌握	20		
10	消费者购买过程知识的掌握	20		
本次实训分数小计				

第四章　市场营销调研与预测

知识要点

（1）市场营销调研与市场需求预测是市场营销的前提，为营销管理者决策提供了依据，是企业进行有效决策的重要保障。

（2）市场营销调研是针对企业面临的特定的营销问题，采用科学的研究方法，系统、客观地收集、整理、分析有关市场营销各方面的信息，并合理预测未来市场需求，为营销管理者制定、评估和改进营销决策提供依据。

（3）市场营销调研包括消费者调研、产品调研、价格调研、渠道调研、促销调研等方面。

案例

宝洁公司“润妍”的没落

一、宝洁公司简介

宝洁公司始创于1837年，是世界上最大的日用消费品公司之一，总部位于美国俄亥俄州辛辛那提市。通过坚持用细微但有意义的方式来美化消费者每一天的生活，宝洁公司得以180多年保持持续的增长。宝洁公司在全球80多个国家和地区设有工厂或分公司，所经营的60多个品牌的产品畅销180多个国家和地区，其中包括美发、健康和美容、织物与家居护理、婴儿、女性和家庭护理等产品。

宝洁公司通过旗下品牌服务全球50多亿人。1988年，宝洁公司落户中国广州，并成立了宝洁公司在中国的第一家合资企业——广州宝洁公司有限公司，从此开始了其中国业务发展的历程。宝洁公司大中华区总部位于广州，目前在广州、北京、上海、成都、天津、东莞和江苏等地设有分公司及工厂。宝洁公司进入中国30多年以来，中国市场成长为宝洁公司全球发展速度最快的市场之一。宝洁公司也一直通过在环保以及社会责任等方面的一系列努力切实履行对中国社会可持续发展所负有的责任。目前宝洁公司在中国拥有8 000多名员工，超过98%为本土员工。

二、瞄准中国市场

1988年，海飞丝作为宝洁公司第一款产品率先进入中国市场，并取得巨大成功，同时给还在使用肥皂的中国人带来了洗发水、洗衣粉和沐浴露等洗护用品。除了新产品，还有汰渍广告片以及在各种场合对比洗衣效果的广告。这种科学实验般的广告效果让宝洁产品深入人心。宝洁公司依据大众化的产品和清晰的产品定位，获得中国日化市场第一的地位。来自宝洁公司的海飞丝、潘婷和飘柔等品牌几乎每一个都占据零售卖场的最显眼位置。

20世纪90年代后期，国际品牌出现日渐本土化趋势。在宝洁神话似乎难以被打破的时候，以丝宝舒蕾、奥妮皂角为代表的国内新生力量凭借终端等优势实现了对国际品牌封锁的突破，让消费者看到了国产品牌打败国际品牌的希望。随后，以广州好迪和拉芳等为代表的民族品牌一拥而上，展开了新一轮反攻，洗发水市场出现百家争鸣的局面，以至于宝洁公司在全球连续几年出现零增长局面。一些合资品牌如“熊猫”和“浪奇”等逐渐退出宝洁舞台；“佳洁士”牙膏在市场上的占有率长期徘徊在5%左右，而眼睁睁地看着“高露洁”牙膏扶摇直上；“汰渍”洗衣粉则被“雕牌”和“立白”等洗衣粉越抛越远；而洗发水更是面临丝宝和联合利华的强大挑战。随着中国经济迅速发展，人民生活水平不断提高，在和“植物”和“黑头发”等概念的比较中，宝洁旗下多数产品被竞争对手贴上了“化学制品”或“非黑头发专用产品”的标签。在各方面的压力下，为改变这种被动的局面，宝洁公司希望通过调整其产品战略，为旗下产品引入“黑头发”和“植物”等概念。于是，针对一些洗发水“天然成分”对宝洁“化学成分”的冲击，在1997年宝洁公司计划在旗下产品中引入“黑头发”和“草本”的概念，并开始展开了长达3年的市场调研。宝洁为旗下这个唯一为中国市场定制的洗发水品牌取名为“润妍”，“润妍”也成为宝洁利用中国本土植物资源的唯一系列产品。

三、漫长的市场营销调研

宝洁公司在新产品开发上采取其一贯的做法，进行了消费者调研、产品调研、价格调研、促销调研以及渠道调研，在长达三年的调研过程中，运用了多种市场调查的方法，如实地调研法、实验法和网络调研方法。

（一）消费者调研

消费者调研是指对消费者的消费行为进行的调查，是针对消费者的使用习惯和态度的调查。消费者调研希望在研制开发新产品之前首先找准目标消费者的真正需求。为此，宝洁公司先后请数百名消费者（18~35岁）反复进行了多次产品体验，并进行反馈，这些消费者都是由宝洁公司在北京、大连、杭州、上海和广州等地选择出的符合条件的目标消费者，并和他们一起生活，进行深度的调查。从被访者早上穿着睡衣睡眼蒙眬地走到洗手间，开始洗脸梳头，到晚上洗脸卸装，女士们生活起居、饮食、化妆和洗护习惯都要不断地了解。在调查中，宝洁公司又进一步了解到，东方人向来以皮肤白皙为美，东方女性渴望有“一头乌黑亮丽的秀发，一双水汪汪的大眼睛”，所以最具表现力的黑发美是她们的选择。经过反复多次调研，宝洁公司基本把握了多数消费者心目中的秀发概念——滋润而又具有生命力的黑发最美。

（二）产品调研

宝洁公司针对“润妍”产品开展了一系列市场调研，通过不断的科学实验证明：将一根头发放在显微镜下，你会发现头发是由很多细微的表皮组成的，这些被称为毛小皮的物质直接影响头发的外观。一般而言，健康头发的毛小皮排列整齐，而头发受损后，毛小皮则是翘起或断裂的，头发看上去又黄又暗。而润发露中的滋润成分能使毛小皮修复平整，并在头发上形成一层保护膜，可以有效防止水分的散失，补充头发的水分和养分，使头发平滑光亮并且更加滋润。同时，润发露还能大大减少头发的断裂和摩擦，令秀发柔顺易梳。市场调查表明，在欧美、日本等发达市场上，约有80%的消费者都会在使用洗发水之后，再单独使用专门的润发产品进行头发的护理。而在中国，这个比例即使在北京、上海等大城市也只占到了14%左右，全国平均还不到10%，这说明国内大多数消费者还没有意识到进行润发护发的重要性。因此，宝洁公司在“润妍”的产品定位上不同于当时在市场上占主导地位的二合一洗发水，二合一洗发水不含任何润发成分，强调对头发的彻底清洁。正因为它本身不含任何润发成分，所以这也强调了它和“润妍”润发露的配合使用。虽然这是一种创新，但事实上，这种创新理念超前于当时消费者的洗发习惯。而对于一个新开发的产品而言，其产品本身就具有一定的风险性，特别是在不确定消费者对产品反应的情况下，再让消费者接受洗发和润发分开的观念，这就让产品承担了双重风险，不利于消费者对产品的接受以及产品上市后的推广。同时我们可以看出，由于当时受洗润二合一观念的影响，“润妍”与同类产品相比，缺乏部分产品优势，这就进一步降低了消费者购买的热情。

同时，根据消费者的普遍需求，宝洁公司的日本技术研究中心随即研制出了冲洗型和免洗型两款“润妍”润发产品。产品研制出来后并没有马上投放市场，而是继续请消费者做产品体验和使用测试，并根据消费者的要求，再次进行产品改进。宝洁公司专门设立了模拟货架，将自己的产品与不同品牌的产品，特别是将主要竞争对手的洗发水和润发露放在一起，请消费者反复观看，然后询问和记录消费者究竟记住什么、忘记什么，并据此做进一步的产品调整与改进。最终推向市场的“润妍”倍黑中草药润发露强调专门为东方人设计，在润发露中加入了独创的水润中草药精华（含首乌），融合了国际先进技术和中国传统中草药成分，更加适合东方人的发质和发色。

（三）促销调研

宝洁公司非常重视促销宣传。为了达到好的促销效果，宝洁公司拍摄了一系列广告片，这些广告片大都长达6分钟，并组织众多消费者观看。之后，选出消费者普遍认同、宣传效果最好的3组，并再次听取消费者的建议和意见，整合这3组广告片，力争达到呼应“润妍”产品的现代东方美的定位，使消费者对此产品产生共鸣。同时，利用现代计算机新技术，加强对“润妍”Logo的视觉冲击力，通过Flash技术使飘扬的绿叶（“润妍”的标志）在用户使用网站栏目时闪动，达到吸引消费者眼球的作用。

"润妍"品牌通过图标链接，使消费者频繁地看到此标志，极大地增加"润妍"品牌与目标消费者互动交流的机会。宝洁设定"润妍"是一个适合东方人用的品牌，又有中草药倍黑成分，为了迎合消费者审美，在主页设计上只用了黑、白、灰和绿这几种颜色。颜色虽然有很多种，但是主色调明确，以黑、灰为主，蕴含了东方人的味道。广告创意也聚焦在东方黑发魅力的演绎上，并选用了一位极具东方风韵的黑发少女。飘扬的黑发和少女的明眸将"尽洗铅华，崇尚自然真我的东方纯美"表现得淋漓尽致。网站上也建立了紧扣"东方美""自然"和"护理秀发"等主题的内页，以增强对"润妍"品牌的联想度，充分体现了专属于中国人的"润妍"。

（四）价格调研

宝洁公司自进入中国以来，采用的价格策略一直是市场撇脂策略，也就是高价策略。因为宝洁公司进入中国之时在整个中国市场上的物资处于相对匮乏的阶段，加之中国消费者对国外品牌的渴望，使得中国市场在一定程度上仍然是卖方市场，恰好此时宝洁公司以其跨国公司的形象和享誉全球的产品品质进入中国，消费者对宝洁公司产生了极大关注。尤其是在洗发护发领域，因为当时的中国市场没有什么知名品牌，而宝洁公司凭借其独有的品牌优势，在很短的时间里，旗下三大国际品牌——飘柔、海飞丝和潘婷迅速取得了洗发水市场绝对的领先地位。虽然这三大品牌都采取市场撇脂的价格策略，对于当时的中国消费者来说是一个高价，但当时并没有同类产品与其竞争，加上消费者对其国际形象和品质的信赖，宝洁的高价受到了消费者的普遍认可。

宝洁公司在进行定价时，通过实地调研发现，以每 500 毫升为单位计算其人民币价格，奥妮皂角为 33 元、奥妮首乌为 35 元、夏士莲黑芝麻洗发露为 31 元，而河南鹤壁天元推出的黛莉丝洗发露则在 10 元以下。对于"润妍"品牌的推出，宝洁公司计划仍然沿用高价策略，主要原因是宝洁公司依然对自己的品牌信心百倍，并且认为可以凭借其高质量的国际品牌能够迅速确立"润妍"洗发水品牌优势，所以稍高一些的价格也完全可以被消费者接受。还有一个原因，宝洁公司进军国外市场惯于优先夺取高端市场，进而由高端消费者去吸引、带动中低端消费群体。如若"润妍"采取低价策略，宝洁公司担心会影响宝洁公司整体在消费者心目中的形象。因此，宝洁公司把 500 毫升"润妍"洗发水的最终价格定在 41 元，比主要的竞争对手价格高出 20%。

（五）渠道调研

渠道是企业最重要的资产之一，同时也是变数最大的资产。渠道是企业把产品向消费者转移的过程中所经过的路径，是沟通生产者与消费者之间关系的桥梁和纽带。对于新品上市，企业要想使产品在最短时间内到达目标消费者手中，除了企业强大的推广和传播攻势外，仍然要充分意识到渠道的力量。而对于快速消费品市场来说，任何一个新品的成功上市，除了自身产品质量过硬外，渠道商也发挥了极其重要的作用。

宝洁公司知道渠道商的重要性，所以也进行了大量渠道调研。但调研发现，宝洁公司拥有过硬的产品质量、优良的国际声誉，多个品牌长期以来在消费者心目中占有重要地位，消费者购买宝洁公司商品时更重视的是宝洁公司的产品和品牌，不太重视渠道商。同时，各渠道商对宝洁公司讨价还价能力比较弱。有鉴于此，宝洁公司并没有重视渠道商，仍以高姿态展示给渠道商，在利益谈判过程中大多处于强势地位。因此，在“润妍”上市时，并未重视渠道建设。

四、终于上市　黯然离场

2000年9月10日，“润妍”在杭州上市宣告正式进入市场。“润妍”在选择“上市之地”也费了一番心思，最后选定杭州——这个孕育无限商机的市场就成为商家必争之地。俗话说，上有天堂，下有苏杭。杭州是著名的国际旅游风景城市，既有深厚的历史文化底蕴，富含传统的韵味，又具有鲜明的现代气息。受此熏陶兼具两种气息的杭州女性，与“润妍”要着力塑造的既现代又传统的东方美一拍即合，宝洁选择杭州希望发挥更大的辐射和宣传作用。

在产品推出之际，宝洁公司还举行了一系列公关宣传“润妍”的活动来提高“润妍”在市场中的知名度。比如，举办一系列宣传“东方之美”黑发概念的公共活动来大力宣传这个宝洁公司的“新宠”。宝洁公司先后在上海隆重推出《中国美发百年回顾展》活动；赞助中国美术学院，与之共同举办“创造黑白之美”水墨画展；2000年，宝洁公司赞助了电影《花样年华》。宝洁公司在对“润妍”的产品宣传上大费周章，从而吸引消费者，以提升“润妍”在市场上的知名度，希望达到预期的效果。这些公关宣传活动获得了一定的成功，也算是达到了宝洁公司的预期效果。宝洁公司又开设“润妍”网站，通过提供丰富的“润妍”产品介绍、护发知识、品牌近期活动预告和跟踪报道等内容来教育消费者，同时也刺激了消费者对“润妍”的购买欲望，提高了“润妍”消费者的用户黏性。为了更好地在18~35岁的女性中推广“润妍”洗发水，尽可能地吸引和抓住消费者，宝洁公司在营销方面也下了很大的功夫，还为此成立了“润妍”线上、线下俱乐部。通过“润妍”俱乐部的在线活动，可以清晰地辨析出“润妍”在消费者心目中的形象，有效地统计和管理消费者名录、喜好和选择，并且能准确地锁定目标消费者；通过区别消费者的不同喜好认知等，网站不仅可以“一对一”地传递消费者关心“润妍”的相关信息，而且可以让消费者在“润妍”的在线游戏中，以一种轻松愉悦的方式了解“润妍”产品及相关信息，可谓是为了“润妍”煞费苦心。宝洁公司不管是在市场前期还是在市场中后期都在“润妍”洗发水上下了很大的功夫，然而，其效果并不尽如人意。

2001年5月，宝洁公司公开收购伊卡璐，这可以看作宝洁公司对“润妍”失去了信心，也由此向消费者宣告了“润妍”的消亡并且退出市场。2002年4月，宝洁公司宣布“润妍”全面停产并在市场上停止销售，这个让宝洁公司经历3年酝酿、在中国上市刚刚两年的产品就这样暗淡地退出了市场。宝洁公司自从进入中国以来，针对中国消费者研发却又因为种种原因退出市场的品牌，“润妍”是第一个，不知道是不是最后一个。

业内的可靠资料显示，宝洁公司旗下的“润妍”产品在其投放市场的两年间的销售额为人民币1亿元左右。在这两年中，“润妍”虽获得不少消费者的认知与选择，但有关资料显示，其实“润妍”的市场最高占有率不超过3%——这个数字，刚刚达到飘柔的市场占有率的1/10。通过对北京、上海、广州和成都女性居民洗漱品牌调研，发现女性消费者最喜爱的品牌和最常用的品牌里面，“润妍”榜上无名，而同样是定位为黑发润养的夏士莲却高居第 6 位。一份来自关于夏士莲和“润妍”的对比调查则表明，消费者对于洗发水广告的接受度存在很大区别，那些看过“润妍”洗发水广告的消费者中，愿意尝试或购买的消费者比例不足 2%，而看过夏士莲黑亮去屑洗发水广告愿意尝试或购买的消费者的比例却达到 24%。在这种情况下，宝洁公司的“润妍”洗发水退出中国市场也很正常。

五、“润妍”失败原因的思考

品牌失败的原因是多方面的，“润妍”的失败却和市场调研有重大的关系。市场营销调研应该是针对企业特定的营销问题，采用科学的研究方法，系统、客观地收集、整理、分析有关市场营销各方面的信息，为营销管理者制定、评估和改进营销决策提供依据。宝洁“润妍”的没落，从市场调研的角度来看，主要有以下几个原因：

（一）目标市场定位缺乏调研支撑

“润妍”从孕育开始，就应该是一个跟随其他市场的延续产品，因为这部分消费者已经具有对乌黑亮丽头发的认知和洗护习惯，也是品牌切入最为经济有效的方法。但不知是出于不屑还是对未来趋势的判断过于自信，宝洁公司居然舍弃了原有的市场而另辟蹊径，将目标人群定位为 18~35 岁的城市高知女性。但它的问题在于这部分人群是否能够真正成为该产品的目标消费人群？这一点还缺乏更多、更深、更明确的市场调研工作。

当然，我们不怀疑宝洁公司长达三年之久得出的调查结论，这一部分人群在接受调研时也表现出对黑头发的洗护需求，但这绝对不是真正购买“润妍”的理由。让我们来看一下通过黑头发成功的例子。重庆奥妮最早提出了“黑头发”的利基，但是经由调研得出的购买原因却是因为明星影响和植物概念，而夏士莲“黑头发”的概念更是建立在“健康、美丽夏士莲”和“黑芝麻”之上的，由此我们不得不怀疑“黑头发”是不是消费者真正的购买诱因？再来看一下它们所针对的人群，基本上都是大众化和普通的家庭使用者，这部分人群具有讲求实用、购买能力较低的特点，而“黑头发”是与生俱来的特质，符合她们在基础护理层面的心理联想。反观“润妍”设定的目标消费人群，她们属于社会阶层当中的潮流引导者，她们的行为特点就是改变与创新，随着染发和烫发的技术不断发展，其发型与颜色都在不断变换，多种颜色当中也许黑色只是最怀旧的一种。虽然她们也需要“黑头发”，但却是本身健康的发质颜色，而且是希望能快速见效的那种产品。于是，问题出现了，将目标消费人群锁定为这类人群，仅仅提供黑头发并不能满足此类消费者其他的需求，也许这就是“润妍”最大的败笔。通过高端消费人群带动低端消费人群的消费存在一定问题。

（二）消费者诱因不足

就该类产品现有的成功品牌而言，促使消费者真正的购买诱因更多地集中在植物、天然或品牌形象上，而黑头发的作用并不明显。事实上，“黑头发”是受大众喜欢和认同的，就像东方美一样，但是单纯的东方美已经是我们所具有的特质，如果再次去改变它，消费者的感受和体验并不大，并不会因为这个原因，促使更多的消费者去尝试购买；即使买了，也会因为效果不明显而放弃该产品的使用。由此我们不难发现，“黑头发”仅仅是符合现有消费者的认同和情感联想，而其他的消费因素或利益才是购买诱因。这是为什么看了夏士莲广告的消费者有24%左右的人愿意尝试购买其产品，而看了“润妍”广告的消费者愿意尝试购买其产品的不过2%的人的原因。

其实，“润妍”上市之初的产品策略是有一定效果的，给消费者传递中草药的概念而不是简单的黑头发，其所做的产品促销也都是在这一点上拓展出去的。但遗憾的是，宝洁公司认为产品形象的作用在消费者眼里更为明显，于是在中草药的概念尚未深入人心之际就开始转变产品策略，将“润妍”的品牌完全形象化，在产品推广时犯了炫耀性销售的毛病。广告和赞助活动高潮迭起，但却不能给消费者真正的亲身体验，却似乎只是搭建了一个海市蜃楼。“润妍”在推广中没有把消费者最重视的利益点凸显出来，极具精彩的广告掩盖了“润妍”植物中草药配方的特性，只留给消费者一幅貌似美丽却内在苍白的图画。在此之后，通过调查发现，大部分消费者不知道“润妍”的中草药成分，更谈不上了解“润妍”的功能效用，消费者印象深刻的就只是黑发。这又再次促使“润妍”在市场上的失败。

（三）定价策略存在问题

对于新产品定价，应当先进行价格调研。古代孙子兵法有云：“知己知彼，百战不殆。”首先，要对品牌影响进行调研，这需要调查新产品的生产企业或使用的品牌是否具有一定的影响力。有影响的品牌推出的新品，其价格就可以定得高一点；否则，就要考虑将价格定得略低一点。其次，对竞争对手的价格进行调研，就是要研究竞争产品的定价状况，并找出竞争对手在价格上的空白点与制高点，自己则在价格缝隙中寻找出路。再次，要对消费者进行心理价位调研。研究消费者对同类产品的最佳心理价位及最高心理价位。严格来说，每类产品都会有一定的价格范围，超出这个范围便会使消费者难以接受。最后，还需要进行产品的成本调研，与同类产品相比新产品是否具有成本上的优势。如果有，则应以低价快速占领市场；否则就应考虑以高品质、高质量的形象去支撑高价位。

对于新产品，一般有两种定价策略可以供其选择，即市场撇脂定价法和市场渗透定价法。市场撇脂定价法也称高价策略，是指企业以大大高于成本的价格将新产品投入市场，以便在短期内获取高额利润，尽快收回投资，然后再逐渐降低价格的策略。一般情况下，市场撇脂定价策略适合于市场需求量大且需求价格弹性小，顾客愿意为获得产品价值而支付高价的细分市场。或企业是某一新产品的唯一供应者时，就可以采用市场撇脂定价法使企业利润获得最大化。但高昂的价格会吸引竞争者纷纷加入，一旦有竞争者加入时，企业就应快速降价来稳定其市场占有率。市场渗透定价法是指企业在新产品投放市场时将价格定得较低以吸引大量消费者，提高市场占有率。采取市场渗透定价策略不仅有利于迅速打开产品销路，抢先占领市场占有率，以提高企业品牌的声誉，而且由于定价低、利润薄，这样有利于阻止竞争对手的加入，继续保持企业在市场上的优势。一般情况下，市场渗透定价法适合于产品需求量较大的市场。

首先低价可以使销售量快速增加，其次要求企业生产经营的规模经济效益效果明显，成本能随着产量和销量的扩大而产生明显的降低，从而通过薄利多销获取利润。

“润妍”价格策略采用的则是市场撇脂定价策略。41 元的价格比市场的奥妮品牌要高出 20%，大约是黛莉丝品牌的 5 倍。“润妍”是宝洁公司针对中国市场推出的第一个本土化品牌。面对庞大的中国洗护发市场，宝洁公司更是雄心勃勃。不幸的是，中国消费者对价格的敏感程度大大出乎宝洁公司的意料之外。宝洁公司在“润妍”的定价策略上既不愿舍弃其高端市场的高利润回报，又放不下其品牌高贵形象的架子，这给了其他竞争对手在黑发市场上充足的发展空间，最终将“润妍”挤出了中国市场。

（四）渠道调研不够导致渠道策略失误

市场营销渠道决策是所有企业管理部门面临的重要决策之一。渠道策略成败很大程度上受渠道调研是否深入的影响。一个企业的渠道决策直接影响到其他每一个营销决策。企业产品的销售状况在很大程度上取决于渠道商的说服能力、促销能力等。

由于宝洁旗下的四大品牌长期以来在消费者心目中占有的重要地位以及极高的忠诚度，使得各渠道商对宝洁公司讨价还价的能力微乎其微，这也纵容了宝洁公司长期对渠道商的要求极高。宝洁公司认为消费者对其产品的认可是其最大的法宝，即便是让出很小的利益，也会使渠道商俯首称臣。但使渠道商心痛的也仅仅是四大品牌范围内的产品，“润妍”作为一个新上市的品牌，自然是不具备这样的实力，于是乎思维定式造成的利益矛盾就十分明显了。对于新产品，消费者只有通过试用才能感知它的好处，因此，劝说消费者试用是启动消费最重要的一步。在这种情况下，渠道商一般会处于谈判的强势地位。企业在利用它生产的其他产品的知名度影响渠道商的同时，一般会给渠道商以更高比例的销售提成来博取渠道商的芳心，使之能尽全力推广新产品，在最大程度上、最短时间内说服消费者进行试用。这就是要求企业掌握的营销渠道的核心“理顺价差体系”。也就是说，定好层次分明、分配合理的渠道通路价差体系，是新产品成功上市的核心，也是渠道控制链上的枢纽。各个渠道商要有合理的利润空间资源。只有这样，产品才能很好地流动。

然而，一方面，宝洁以过去的经验确立了“润妍”的价格体系，高昂的价格已经让大部分消费者望而止步；另一方面，宝洁将绝大部分利润揽入囊中。一个日化用品的经销商透露，在销售额相同的情况下，宝洁公司品牌给出的利润比其他品牌低 20%~50%，同时宝洁公司品牌比其他品牌的进场费要低很多，这样经销商觉得没有利润空间从而消极抵抗，在宣传、陈列等新产品上市之前必须重点关注的终端环节对宝洁公司的“润妍”品牌实施的抵制和压缩，致使产品还没有快速地铺向市场，宝洁公司就出现了有广告而不见产品的现象。从“润妍”上市后极低的市场占有率和渗透率可以看出，除了价格因素外，差强人意的有效铺货率应该是一个重要的制约因素。当时宝洁公司的一些代理商或经销商总结“润妍”的失败就是只注重广告拉动效应，却忽视渠道推动效应。一贯作风强硬的宝洁公司，自然不会轻易向渠道商低头，当然渠道商也不会积极地配合宝洁的工作，“润妍”与消费者接触的环节被悄无声息地掐断了，就好比是一个美丽的大姑娘刚要出嫁，进入轿子之后，却发现没有人抬轿子，难道要自己走过去？

（五）调研时间过长从而延误战机

市场处于动态变化过程中，过去的市场不同于今天的市场，今天的市场异于明天的市场，洗护用品属于快速消费品市场，其市场情况更是瞬息万变。当企业准备研发一个新产品时，目标市场上一般处于空白或者竞争品很少。此时，企业应该快速杀入该目标市场，利用强有力的营销，在较短时间内在消费者心目中树立品牌形象，提高市场份额，迅速抢占市场。尤其是面临变化万千的市场，企业更应该做到快速决策、快速反应。

宝洁公司的新产品研发能力一直为业界所津津乐道，事实也数次证明了其研发系统的科学性。由于宝洁公司对自己在洗发水领域的超强自信，“润妍”洗发水仍然沿用一贯做法，加上是面对亿万中国消费者的品牌，变得更为谨慎。“润妍”洗发水的调研和开发时间长达三年，也充分体现了其对于中国市场的谨慎。宝洁公司在洗发水市场已经奠定了霸主的地位，其优势是竞争对手无法比拟的。虽然，竞争对手已经推出了同类概念的产品，但宝洁公司依然坚信自己一定会后来居上。但是市场的反应狠狠地打了宝洁公司的决策者一巴掌。2002 年 4 月，“润妍”洗发水全面停产，一个经历 3 年酝酿、上市刚刚两年的产品就这样退出了市场。“润妍”的失败除了营销决策的失误之外，还有一个非常重要的因素就是对市场环境变化的反应太慢，最终错过了最佳时机。虽然业界有人说这是宝洁公司对于新产品研发和推广的谨慎与认真，但是从竞争互动反应这个角度来看，宝洁公司长达三年的研发时间在很大程度上延误了战机。

“润妍”是宝洁公司在中国黯然没落的第一个品牌，其原因虽然多种多样，但是“润妍”上市过程中的市场调研过程却给大家带来了无尽的思考。

参考文献

[1] 刘建永. 论宝洁公司中国本土品牌“润妍”之陨落 [D]. 北京：对外经贸大学，2005.

[2] 曾朝晖，润妍. 宝洁公司的中国痛 [J]. 当代经济人，2005（2）：64-66.

[3] 邱小平. 市场调研与预测 [M]. 3 版. 北京：机械工业出版社，2017.

补充阅读

[1] 林建邦. 市场调研与预测 [M]. 广州：中山大学出版社，2018.

[2] 马晓琨. 市场营销调研实务 [M]. 北京：中国人民大学出版社，2012.

分析讨论题

1. 本案例包含了哪些主要的市场调研知识点？

2. 从本案例分析市场调研主要应该包括哪些内容？

3. 通过对本案例的学习，请说明为什么要进行市场调研？

4. “润妍”的失败给快速消费品的市场调研带来了哪些启示？

实践实训

√把学生们任意分成若干小组，以小组为单位进行市场调查实践并对其过程和结果进行评估。

√任选一家知名企业或品牌，对其中的一款产品进行市场调研，对取得的一手资料和二手资料进行分析，理解市场营销调研的概念和内涵，运用 Word、Excel、PPT 三种工具形成文字报告。

√讨论形成的调研报告，提出合理化建议。

第五章　目标市场营销战略

知识要点

（1）目标市场战略即 STP 战略，包括市场细分（segmentation）、目标市场选择（targeting）和市场定位（positioning）三个相互联系的步骤，由此构成企业营销战略的核心内容。

（2）市场细分是将整体市场划分为若干个子市场的过程。划分出来的子市场称为细分市场，由一群具有相似需求和欲望的顾客组成。消费者市场细分的标准包括地理因素、人文因素、心理因素、行为因素等；生产者市场细分的依据主要有行业细分、规模细分和地理细分等。

（3）目标市场是企业准备进入的细分市场。企业需要在完成市场细分之后，针对不同细分市场的需求与购买特征进行详细描述和评价，然后结合企业的资源和目标，选择合适的目标市场。目标市场选择战略包括无差异市场营销战略、差异化市场营销战略和集中市场营销战略三种基本类型。

（4）市场定位也被称为产品定位，企业以此来塑造产品的特色或品牌个性，目标是将产品或品牌驻留于潜在顾客的心目之中。市场定位并不改变产品本身，它针对潜在顾客的心理特点，采取相应行动以占据其心智空间的合适位置。作为一种竞争战略，市场定位体现了企业与竞争者的关系。定位方式包括避强定位、迎头定位和重新定位三种基本方式。企业可以根据自身拥有的资源和实力选择其中之一。

案例

亲子营销，魅力无限

一、节目概述：厉害了，我的爸爸

（一）节目简介：爸爸整装出发

《爸爸去哪儿》节目是由湖南卫视在 2013 年 10 月推出的一档大型明星真人秀节目，该节目以“越成长，越青春”为口号，是全国首档户外明星亲子真人秀。该节目的模式引自韩国电视台的《爸爸！我们去哪儿?》，并由《变形计》制作人谢涤葵及

《我是歌手》制作人洪涛联袂打造。《爸爸去哪儿》节目为季播，共12期，每两期为一个站点，记录的是林志颖、王岳伦、郭涛、田亮、张亮五位不同职业、不同性格、不同人文背景的明星嘉宾带着各自的“星二代”在不同的乡村艰苦环境下，进行每期72小时的生活体验。在此期间，明星们还原了普通爸爸的身份，在没有妈妈参与的情况下独自肩负起照顾孩子饮食起居的责任。此外，这些明星爸爸们还要和孩子们共同完成一系列由节目组安排的任务，包括农村放羊、出海捕鱼、集市卖菜、野外生活等。

（二）社会反响：爸爸备受观众好评

《爸爸去哪儿》节目自2013年10月11日晚首播后，连续12期位居CSM（中国广视索福瑞媒介研究）全国网及CSM46网收视率第一，成为2013年度上星频道中收视率最高的季播节目。

《爸爸去哪儿》节目在取得超高收视率的同时，凭借新颖的形式、清新的风格、强大的制作团队和吸引人的看点，备受观众好评，被誉为“爸爸去哪儿现象”。尤其是首期节目播出后，网络点击量就突破6 000万次，在各大网站及各类微博中更是创下了几乎零差评的收视口碑，实现了电视娱乐节目的成功转型，这在我国当时综艺节目中是绝无仅有的。《爸爸去哪儿》节目自播出以来，《新华社》《人民日报》《光明日报》等主流媒体也先后刊文对其予以肯定，与节目相关的话题更是稳居网络话题之首。

（三）节目收益：爸爸大量吸金

据媒体报道，《爸爸去哪儿》节目每期的制作费用不超过200万元。12期总的制作费用约为2 400万元。作为一档一线省级卫视主打的季播综艺节目，这个投入成本是相当低的。然而，节目产生的经济效益却令人瞩目。事实上，《爸爸去哪儿》节目开播前，由于其低成本的投入及小清新的风格，并不被广告商看好，甚至出现冠名商因对节目信心不足而打退堂鼓的现象。直到最后节目快播出前，才确定了一家冠名商及两个合作伙伴：999感冒灵及小儿感冒药以2 800万元获得独家冠名权，思念水饺、英菲尼迪汽车各以1 200万元成为合作伙伴。随着节目的热播，有许多广告商先后参与到节目中来。节目的成功使这些广告商获得了巨大的商业回报。仅以合作伙伴之一的英菲尼迪汽车为例，自2013年10月《爸爸去哪儿》播出后，英菲尼迪车型JX（QX）月销量环比增长14%，创该车型上市以来单月销售纪录。

《爸爸去哪儿》节目获得巨大成功后，湖南卫视又推出了“老少皆宜，男女通吃”的合家欢电影版《爸爸去哪儿》。该电影于2014年大年初一上线，并于当天创造了9 200万元的首映票房收入，最终斩获了近7亿元的票房。

之所以能如此吸金，是因为湖南卫视《爸爸去哪儿》节目组对观众的准确把脉，“快乐、年轻、活力、激情、时尚”的品牌定位也为其带来了丰厚的利润回报。《爸爸去哪儿》节目以STP战略为基础的目标市场战略堪称中国省级卫视营销之楷模。

二、市场细分：爸爸的粉丝是谁

美国营销学大师菲利浦·科特勒在总结前人理论的基础上形成了STP战略，即市场细分（segmentation）、目标市场选择（targeting）、市场定位（positioning）。它构成了企业战略营销的核心内容。湖南卫视在品牌塑造的过程中完美地实施了 STP 战略，为湖南卫视奠定了坚实的品牌基础。

市场细分是将一个整体市场划分为几个子市场的过程。划分出来的每个子市场都是由一群具有相似需求和欲望的顾客组成的。营销者的任务在于识别并详细描绘这些子市场独特群体的需求与购买特征，并决定选择哪些子市场作为企业的目标市场。当前我国的电视传媒行业竞争非常激烈，市场细分的理念被广泛运用到电视传媒企业的营销战略之中。电视传媒的市场细分是指根据观众的需求、欲望、收视行为和收视习惯上的差异，将其划分为若干个收视群体的过程。划分后的每一个收视群体就是一个细分市场。在这一细分市场内部，观众在收视需求、收视行为和收视习惯等方面具有相似性。市场细分有利于电视传媒企业分析市场机会，进而选定目标市场；同时，市场细分也有利于电视传媒企业根据市场趋势，迅速优化资源配置，从而提高电视传媒企业的市场竞争力。

对于观众市场的细分，主要有以下几个细分变量：地理细分、人口细分、心理细分和行为细分。

（一）地理细分：是天南还是海北

地理细分是按照观众所在的自然环境、地理位置——“天南”或“海北”进行市场细分的。不同地区的观众在文化、生活习俗和认知方式等方面往往存在较大差异。比如，东北的观众对二人转、乡村题材的节目关注度较高，而上海的观众则对都市生活题材的节目关注度较高。再如，一些电视台播放的方言版节目，虽然只是一种小众传播，但却以其浓厚的地方特色和极具平民化的语言风格，在方言所在地赢得了很高的收视率。该类节目的诞生，是对电视观众进行地理细分的典型结果。

（二）人口细分：是豆蔻还是花甲

在人口细分中，一般按照年龄、家庭规模、家庭生命周期、性别、收入职业、教育、宗教、种族、社会阶层等变量对市场进行划分。电视观众的细分化产生于受众构成的复杂性和受众自身的多元化价值倾向。豆蔻年华与花甲之年对节目的心理期待完全不同。年龄是构成人口统计特征的重要自然要素，在进行电视观众市场细分的时候，可以将年龄要素划分为青少年、中年、老年三个变量。这三个变量分别代表三种价值观，对电视节目的需求也有很大差异。青少年观众通常喜欢综艺娱乐、赛事直播、电视剧、电影等节目；中年观众喜欢生活服务类节目（如天气预报）、民生民态等节目；老年观众喜欢法制类、新闻类、健康类节目。如果以性别来细分观众，一般而言，女性喜欢情感类节目，男性则喜欢赛事类、军事类节目。

（三）心理细分：是高雅还是通俗

电视市场的心理细分是指根据观众的收视心理进行市场细分，包括生活方式细分、价值观与审美细分、收看动机细分三个方面。根据受众生活方式，将其细分为积极进取型、墨守成规型、率性而为型与铺张奢靡型四个标准；从价值观与审美方面，将观众细分为高雅文化型、通俗文化型两个方面。收看动机是引起收看行为的推动力量，受众的从众心理、崇拜心理、参与心理都会引起收看动机的变化。

（四）行为细分：是偶尔还是经常

行为细分可以从观众收视频率、重复程度、观众对品牌的忠诚度、观众态度四个指标进行细分。按照观众收视频率这一变量，可以将受众群体划分为经常收视群体、偶尔收视群体、潜在收视群三个子变量；按照观众对本频道的重复收看程度划分，可以将观众划分为单一电视品牌忠诚者、若干电视品牌忠诚者、无品牌偏好者三类。品牌忠诚度是衡量品牌价值的重要指标，在市场细分中具有重要的意义。观众态度是指观众在收视过程中形成的是非观、喜好观。对于收视行为进行细分，有利于电视传媒企业把握观众的总体情况，了解观众的收视倾向，从而区分出经常收视群体、偶尔收视群体和潜在收视群体，为市场目标的选择奠定受众基础。

三、目标市场选择：爸爸的粉丝是她

对电视观众市场进行细分，目的在于寻求电视传媒市场的目标观众市场。目标观众市场选择是指电视传媒企业以相应的节目作为支撑，寻求企业能够为之有效提供服务的一个子市场或几个子市场的过程。

受区域因素、经济因素、文化因素、社会因素、个人因素以及心理因素等方面的影响，电视观众对电视节目的需求是多元化的。“萝卜青菜，各有所爱”，我们不可能让所有人都喜欢。因此，选择一部分自己既能服务好又能因之而赢利的目标观众，在电视传媒企业营销过程中就显得尤为重要。

在深入分析国内省级卫视明星真人秀节目面临的竞争环境之后，《爸爸去哪儿》节目组选择的核心观众市场为大中型城市中25~34岁、拥有大学以上学历的白领阶层，尤其是这一年龄阶段的女性观众。其理由如下：

首先，这一年龄段的人大多已是年轻父母，由于城市生活的快节奏，他们也像明星爸爸们一样，经常因为忙于工作而忽略了与孩子的日常沟通及交流，错失了陪伴孩子成长的美好时光。而在欣赏《爸爸去哪儿》节目时，他们能从五个不同类型、不同个性的明星家庭中分别找到各自的影子，从而引起内心的共鸣。此外，充满趣味的节目也能令他们身心放松，缓解因缺乏与子女沟通及交流而带来的愧疚感。

其次，这些观众受过良好教育，具有较高学历，喜欢上网、微博，有的观众还具有较高网络人气，他们是网络舆论的主导力量，一定程度上还引导舆论方向。像《爸爸去哪儿》这种令人感动的综艺节目，最容易触动他们的心弦，于是他们便利用微博、微信等平台将自己的感悟或评论与公众分享。而《爸爸去哪儿》节目也需要借助网络传播的发散性，使之能口碑相传，吸引更多的观众观看。

最后，这些观众通常具有一定的经济基础，很多属于中产阶级，他们的需求已经超越了马洛斯的生理需求和安全需求，更关注亲情、友情及爱情等社会需求。《爸爸去哪儿》节目正是主打“亲情”牌，再加上节目场景大都选择在风景优美的原生态乡村，这使观众能在一边品味赏心悦目的风景的同时，一边体会明星家庭温馨有爱、有趣的田园生活，极大地满足了观众的社会需求。同时，中产阶级普遍具有较高的消费能力，以他们作为核心观众市场，能有效地吸引广告商，使节目获得最大的经济效益。

根据CSM的调查，《爸爸去哪儿》节目的核心观众市场呈现出以下特色：

（一）以一、二线城市居民为核心观众群体

《爸爸去哪儿》节目在全国33个大城市中，均有较高的收视率，说明该节目广受全国观众的喜爱，尤其是受城市观众的喜爱。

除湖南卫视本土覆盖率高的长沙外，北京、上海、广州、深圳等一线城市以及成都、武汉、重庆、天津等二线城市都具有很高的收视率，而且就连浙江卫视覆盖率高的杭州及江苏卫视覆盖率高的南京都具有较高的收视率。这与经济发达地区年轻父母对亲子关系有着更深的关注是分不开的。

（二）以年轻的女性观众为主要收视对象

《爸爸去哪儿》节目以年轻的女性观众为主要收视对象，兼顾男性与其他年龄段观众的欣赏习惯。从男、女性别的比例来看，在《爸爸去哪儿》节目观众中，女性占比为66%，男性占比为34%。这说明女性观众是节目的绝对主体，这与女性观众侧重情感类电视节目有关。

从观众年龄构成来看，《爸爸去哪儿》节目观众年龄跨度很大，在下至4岁儿童上至65岁以上老人中均有一定的收视群体，其中25~34岁的观众占比最大，集中度也最高。这说明该档节目老少皆宜，但又以年轻观众为主要收视群体，这与年轻人通过收看电视获取娱乐性的动机更强有关。

（三）以文化高、职业多元化为收视观众特征

从观众受教育程度来看，《爸爸去哪儿》节目的观众具有一定的文化层次，尤其是拥有大学以上文化的观众占比最高，约占35%，这与文化层次高的观众更关注节目的亲子教育题材有关。

从观众职业构成比来看，《爸爸去哪儿》节目的观众具有多元化特点，各种职业构成均占一定比例，但初级公务员及雇员的占比最大，约占29%，这些人大都属于年轻的白领阶层，是城市的中坚部分，具有一定的经济基础。

从以上分析可以看出，《爸爸去哪儿》节目的目标市场选择是相当精准和有效的。

四、市场定位：爸爸的定位恰好

定位是指寻找并确定产品在消费者心目中的位置。众所周知，市场定位理论从本质上说，其目标是利润最大化。但媒介产品是特殊的精神产品，媒介产品生产必须将社会效益放在首位。这就要求《爸爸去哪儿》在内容制作方面必须在考虑获取经济效益的同时注重社会效益，传播主流价值观。归纳起来，《爸爸去哪儿》的市场定位主要呈现出以下几个特征：

（一）接地气的主题定位

《爸爸去哪儿》节目主要表现的是父爱如山及儿童成长、教育等观众普遍关注的社会热点话题，通过将平时很少带孩子的明星爸爸还原为普通父亲，并与其孩子之间的

互动来展现感人的“亲子”之情。正如节目总导演谢涤葵所说：“现在很多家庭，老爸的角色就是赚钱，为家庭出去打拼，却忽视和小孩的相处，这个节目算是对父子间人生关系和价值观重新进行了梳理和强调。”也正是因为节目充分挖掘了当前社会广受关注的父爱缺失、亲子教育等社会主题，才使得该节目广接地气，深受观众喜爱。

（二）高关注的嘉宾定位

同样是娱乐亲子秀节目，《爸爸去哪儿》节目获得了极高的人气，而由深圳卫视打造的《饭没了秀》节目在连续播出九年后，其影响力仍局限于珠三角地区。为什么两者的影响力会有如此巨大的差别呢？关键在于嘉宾的选择。与《饭没了秀》嘉宾均来自草根不同，《爸爸去哪儿》节目主打“明星牌”。节目选用了具有一定知名度的明星爸爸及其孩子。而这样做的好处是：一方面可以降低节目的介绍成本，并利用明星的知名度来扩大收视群体；另一方面，随着节目的热播，将进一步提高明星的知名度，从而形成良性循环。当然，《爸爸去哪儿》节目虽然主打“明星牌”，但其在选择明星爸爸及其孩子时，却并非按照传统方式单纯依靠明星的名气大小来选择，而是按照节目的设置有针对性地挑选。如张亮，他虽然号称“中国第一男模”，但其知名度仅限于业界。而节目组最终选择了他的原因是因为他的儿子天天——这个外形洋气、性格活泼的男孩，与张亮一起代表典型的“80 后”父子。节目播出后，观众的反馈显示，这对父子是最受欢迎的明星父子。

（三）高水准的制作定位

《爸爸去哪儿》的成功，与其精心的后期制作也是分不开的。为了保证节目的制作水准，节目组运用工业流水线式的制作方式，可谓独具匠心。第一，积累了丰富的素材。摄制组共动用了四十多个机位，包括二十多个活动机位，加上导演、摄像、后勤等一百余位工作人员，经过三天两晚的拍摄，积累了两千多小时的素材。第二，高效的“神剪辑”。《爸爸去哪儿》节目启用了《我是歌手》的原班剪辑人马，曾在 2013 年《快乐男生》中大出风头的“神剪辑”在此再放异彩。他们抽选十余人组成观片小分队，对前期所有拍摄的素材进行四五天的筛选，然后按照十五选一的比例精选出真实感人及有趣的情节，最后精简成不到两小时的正式节目。第三，节目中各种轻松幽默的字幕及卡通图片也绝对是一大亮点，不仅解释了一些难懂的画面，而且还提炼了部分画面中隐藏的笑料，再加上超级玛丽的配乐等，极大地增强了节目的效果及感染力，为节目的成功立下了汗马功劳。

（四）温馨幽默的风格定位

与选秀类、竞赛类综艺节目的舞台形式不同，《爸爸去哪儿》节目，没有炫目的灯光、华美的布景、震撼的音响和扣人心弦的音乐，而是以一股小清新的风格呈现在观众面前，在众多综艺节目中显得与众不同。首先是令人耳目一新的外景场地。节目组专门设置了外景踩点小组在全国海选外景地，并且为了保证节目的新鲜感，每两期要更换一个外景地。这些场地除要求风景秀美外，还必须风格迥异，未被商业开发，而且又能满足节目组的其他摄制要求。事实证明，这些精心挑选的录制场地，环境优美，民风古朴，给人以清新、宁静之感，拉近了节目与观众的距离，也让观众更易于接受。

此外，在大自然作为背景舞台的环境下，节目的音乐、画面、色彩等整体安排，无不透露出小清新的格调。《爸爸去哪儿》作为亲子类真人秀节目，以明星父子（女）的72小时生活素材为元素，通过各种平实的纪录、点滴的挖掘，尽显父子（女）亲情。父子、父女是参与节目的主体，亲情是节目的主线，互动是节目样态，趣味是节目的基调，真实感动是节目的呈现原则，而记录是节目呈现的基本保障。节目组在录制时，也格外突出节目的温馨风格。如在灵水村田亮生日当晚，Cindy给爸爸甜蜜的一吻；在普者黑时，石头给郭涛洗脸等场景。此外，每晚临睡前，父子（女）间的温馨交流画面也深深地温暖着观众的心，令人印象深刻。节目中搞笑的字幕、搞怪的音乐和形象的卡通、孩子们的童言趣事以及爸爸无法完成任务的囧态等，共同营造了节目幽默的风格。

节目组对节目实行全程无缝录制，各位明星爸爸及“星二代”在节目中也完全是本色出镜，没有任何表演成分。在声音方面，节目大量使用同期声还原了最真实的情境，尤其是节目中还穿插了对“爸爸”的采访环节，反映了爸爸们真实的内心想法，这些安排使节目呈现出较多的纪录片风格。

（五）猎奇求真的心理定位

《爸爸去哪儿》节目充分尊重并满足观众接触电视节目的心理需求，逐步形成观众稳定的收视习惯。主要表现在以下几个方面：

1. 满足观众的猎奇心理

猎奇心理是指人们对新事物的好奇并产生强烈兴趣的心理现象。明星及偶像素来以光鲜靓丽的形象示人，而其真实的家庭生活则往往鲜为人知。正是因为这种原因，观众对他们通常具有好奇心理。而在《爸爸去哪儿》节目中，明星仅以普通爸爸的身份出现，展示其平常的一面，并分享其教育子女的心得，这在很大程度上满足了观众对明星的猎奇心理，增强了观众的代入感，以吸引观众收看。

2. 满足观众的求真心理

正如节目总导演谢涤葵所说，好奇明星的私生活这种窥私兴趣不会持续太久，节目往后走要吸引观众一定要依靠好看的内容。如何做到好看？《爸爸去哪儿》节目一改以往综艺节目中“虚假”的套路，以“真实性”深深地吸引观众。用明星爸爸郭涛的话来说，“这不是一个‘秀’，它没有一分钟的修饰和伪装”。为了保证节目内容的真实性和完整性，节目组除制定各种预案以保证任何情节都不会重来外，还采用了无缝录制手法，在尊重嘉宾隐私的同时，为观众呈现出最真实的明星父子（女）们72小时的生活体验。也正是因为这些安排，明星们褪去光环，还原为真实的普通爸爸，既贴近了观众，也满足了观众求真的心理需求。

3. 诉诸真情

展现父爱的回归，是《爸爸去哪儿》节目成功的一大原因。当今社会普遍存在的父爱缺失、留守儿童、城市单亲家庭等问题，都在这档节目中得到了释放。在节目中，明星爸爸带着孩子，体会平日里妈妈做的事情，享受难得的亲子快乐，加上孩子的纯真、萌动，强烈地触动社会敏感的脉搏，使节目符合了当下的社会价值观，传递了正能量，并使它从众多明星真人秀中脱颖而出，受到各界的广泛好评。正如北京大学光华管理学院副院长刘学所说，《爸爸去哪儿》的成功有深厚的文化基础，“亲情、友爱是人类固有的情感，这部分的挖掘是节目最有价值的地方”。也正是因为节目满足了这份情感需求，再通过父子（女）之间的各种有趣反差，孩子的可爱、纯真表现及明星家庭对孩子教育困扰的反思与解读等情节和内容的设计，使节目既具有教育意义，也具有亲和力和娱乐性，以吸引众多观众的关注。

4. 获益心理

《爸爸去哪儿》节目可以说是一档老少皆宜的综艺娱乐节目大餐：喜欢追星的观众，可以看到自己喜爱的明星在日常生活中最真实的一面；为人父母的观众可以对照明星爸爸在节目中如何教育孩子，反思自己的教育方式，更加重视亲情的融合；单身的观众则可以通过节目轻松的节奏，缓解来自各方面的压力甚至通过节目中父子（女）间的温情及孩子的卖萌和纯真，感受家庭生活的温暖，进而产生“想结婚生子的冲动”。用网友的话说，《爸爸去哪儿》绝对是一档催促当代人结婚生子的正能量节目；而喜欢旅游的人，也可以在节目中欣赏到不同的地域风情，赢得视觉上的享受；此外，对于平常忙于工作的上班族来说，在周末夜晚，全家人一起收看《爸爸去哪儿》这样“星爸萌娃”的轻松综艺节目，也能有效地缓解工作一周的压力。

（六）合理的收视习惯定位

依据观众的收视习惯，合理安排节目播出时间是保证收视率的重要手段。

1. 节目符合观众时间习惯

《爸爸去哪儿》节目定于每周五晚上10：00首播，之所以确定此时段，原因有三：一是与中国电视观众传统收视习惯有关。中国人喜欢一家人一起看电视，在电视传播中，与观众收视行为有最密切联系的群体就是家庭，家庭性是观众收视行为的一个显著特征。从某种意义上说，电视已成为家庭成员维持亲密关系的纽带。平日里，家庭成员或忙于工作或忙于学习，每天收看电视的时间通常不会超过3小时。而到了周末，电视收视高峰则集中于21：00~23：00甚至更晚。二是周五晚上10：00是湖南卫视传统的综艺娱乐节目黄金档。在此时间段播放，能确保节目有稳定的收视群体。三是因为《爸爸去哪儿》节目的亲子类型，老少皆宜，更适宜安排在周末晚上陪家人共同收看，从而有利于增进家庭成员间的互动与交流。可见，节目在首播时间段的安排上是十分明智的。

2. 为子女教育提供经验借鉴

由于性别、年龄及受教育程度的不同，观众接触电视节目的频度也存在差异。从性别来看，相对于男性而言，女性在生活和工作上的压力要小一些，她们比男性更爱看电视。她们通常喜欢收看情感类及娱乐休闲类电视节目。《爸爸去哪儿》节目中“星二代”的童真非常吸引女性观众，她们属于经常收看的群体。而男性由于平日忙于工作及应酬，他们花在收看电视节目上的时间不多，部分人也仅会在周末陪伴家人观看电视；从年龄来看，对于孩子的培养和教育是年轻父母非常关注的问题，他们大多初为人父人母，对于如何培养孩子有极大的焦虑和困惑。《爸爸去哪儿》节目作为亲子类真人秀，节目中有很多明星爸爸对教育子女问题的反思，很值得这些年轻父母借鉴，因此受到他们的追捧。

3. 持续保持节目旺盛的活力

作为观众规模最稳定、最忠诚的平台，湖南卫视平均每天有 2.1 亿观众收看，其中“80 后”与“90 后”观众占据主体。这些观众大多是伴随湖南卫视《快乐大本营》《超级女声》《快乐男声》等综艺节目长大的，使得他们逐渐成长为湖南卫视的忠实观众。现在，这些人大多已经结婚生子或正准备步入这一阶段，如何继续保持并吸引这些观众，是湖南卫视综艺娱乐节目努力的方向。《爸爸去哪儿》节目正是抓住了这些观众的共同点——体会浓浓的父子（女）亲情，通过合理地构思、精心地拍摄，最后呈上最真实的亲子作品，从而深深地打动这些观众的心。事实证明，《爸爸去哪儿》节目的主要观众与湖南卫视的忠实观众群具有高度的重合性，这也再次证明《爸爸去哪儿》节目定位的成功。

《爸爸去哪儿》自开播以来收视率持续保持高位，已于 2017 年 1 月 6 日在芒果 TV 完结第四季。每一季都有不同的看点，也都成了人们街头巷尾热议的话题。2017 年 7 月，《爸爸去哪儿》第五季发布了萌娃海选的消息，其候选花絮点播量迅速突破 1 100 万，即刻就成为媒体和网友们关注的焦点。# 爸爸去哪儿# 微博话题阅读量突破 409 亿、讨论人数超过 4 554 万，可谓未播先火，我们完全有理由相信《爸爸去哪儿》第五季将续写前四季的辉煌。《爸爸去哪儿》在国内众多歌唱选秀类和相亲交友类节目中脱颖而出并非偶然现象。只有准确把脉观众市场，找准节目在观众心目中的位置，始终坚持创新，才能保持节目旺盛的活力和持久的生命力，才能在竞争激烈的国内电视传媒行业中立于不败之地。

参考文献

[1] 彭峰.《爸爸去哪儿》节目营销策略研究［D］. 南昌：江西财经大学，2014.

[2] 杨洁. 湖南卫视营销战略研究［D］. 重庆：重庆工商大学，2012.

[3] 罗霆. 基于“竞争五力”模型的电视产业结构分析［C］//中国传媒大学国际传播研究中心. 中国传媒大学第二届全国新闻学与传播学博士生学术研讨会论文集，2009.

补充阅读

[1] 智研咨询集团. 2016—2022 年中国电视传媒细分市场运营态势与发展前景研究报告［EB/OL］.（2016 - 06 - 20）. http://www. chyxx. com/research/201606/424694. html.

[2] 王书画. 微博话题营销对综艺推广的致胜作用——以《爸爸去哪儿》第一季为例［J］. 新闻研究导刊，2015（14）：226.

[3] 刘润. 基于SWOT分析解读亲子节目《爸爸去哪儿》[J]. 视听解读，2014(5)：43-45.

分析讨论题

1. 其他企业如何借鉴湖南卫视制定目标市场战略的成功之处？
2. 电视传媒市场的STP与普通产品的STP有何异同？
3. 在新媒体和自媒体环境下，电视传媒企业如何进行市场定位？

实践实训

√选择一个自己熟悉的产品作为经营项目。
√采用适当的细分变量对自己所选择的产品进行市场细分。
√评估每个细分市场的规模和发展潜力。
√选择并确定该项目的目标市场。
√设计产品的市场定位。
√撰写该项目STP分析策划书。

第六章　竞争性市场营销战略

知识要点

市场竞争战略（strategic marketing competition）是指企业依据自己在市场上的地位，为实现竞争战略和适应竞争形势而采用的具体行动方式。其竞争策略包括市场领导者的竞争策略、市场挑战者的竞争策略、市场追随者的竞争策略、市场补缺者的竞争策略。

（1）市场领导者的竞争战略。

市场领导者是指占有最大的市场份额，在价格变化、新产品开发、分销渠道建设和促销战略等方面对本行业其他公司起着领导作用的公司。

市场领先者为了保持自己在市场上的领先地位和既得利益，可能采取扩大市场总需求、维持市场份额或提高市场占有率等竞争策略。为了扩大市场需求，采取开发新用户、开辟新用途、增加使用量、提高使用频率等策略；为了保护市场份额，采取阵地防御、侧翼防御、以攻为守、反击防御、机动防御、收缩防御等策略。

（2）市场挑战者的竞争战略。

市场挑战者是指那些在市场上居于次要地位的企业，通过对市场领先者或其他竞争对手的挑战与攻击，来提高自己的市场份额和市场竞争地位，甚至拟取代市场领先者的地位。它们采取的策略有价格竞争、产品竞争、服务竞争、渠道竞争等。

（3）市场追随者的竞争战略。

市场追随者是指那些在产品、价格、渠道和促销等大多数营销战略上模仿或追随市场领导者的公司。

市场领先者与市场挑战者的角逐，往往是两败俱伤，从而使其他竞争者通常要三思而行，不敢贸然向市场领先者直接发起攻击，更多的还是选择市场追随者的竞争策略。它们的策略有紧密跟随、距离跟随、选择跟随等。

（4）市场补缺者的竞争战略。

市场补缺者又称市场利基者，是指专门为规模较小的公司或者大公司不感兴趣的细分市场提供产品或服务的公司。

几乎所有的行业都有大量中小企业，这些中小企业盯住大企业忽略的市场空缺，通过专业化营销，集中自己的资源优势来满足这部分市场的需要。它们采取的策略有市场专门化、顾客专门化、产品专门化等①。

---

① 吴建安，聂元昆. 市场营销学［M］. 5版. 北京：高等教育出版社，2017：3.

案例

“快递之王” 顺丰的竞争战略

一、顺丰的前世今生

（一）顺丰的前世

1993 年，顺丰诞生于广东顺德。2016 年 12 月 12 日，顺丰速运取得中国证监会批文、获准登陆 A 股市场。

顺丰系国内领先的快递物流综合服务商，立志于为客户提供一体化的综合物流解决方案。顺丰不仅提供配送端的高质量物流服务，还延伸至价值链前端的产、供、销、配等环节，从客户需求出发，利用大数据分析和云计算技术，为客户提供仓储管理、销售预测、大数据分析、结算管理等一体化的综合物流服务。

顺丰同时还是一家具有网络规模优势的智能物流运营商。顺丰拥有通达国内外的庞大物流网络，是一家具有“天网+地网+信息网”三网合一、可覆盖国内外的综合物流服务运营商。

（二）顺丰的今生

2017 年 2 月 24 日，顺丰快递正式更名为顺丰控股，股票代码：002352。顺丰控股档案如图 6.1 所示。

公司名称	顺丰控股（集团）股份有限公司 [1]	年营业额	710.94亿元（2017年） [6]
外文名称	S.F. Express	员工数	12万 [2]
总部地点	广东省深圳市福田区福华路万基商务大厦9-11、14-20	集团总裁	王卫
	楼	成立地点	广东顺德
成立时间	1993年3月26日	经营范围	国际、国内快递运输服务
经营范围	物流公司	创始人	王卫
公司性质	（集团）有限公司	官　网	http://www.sf-express.com/
公司口号	成就客户，推动经济，发展民族速递业	注册资本	200000万 [1]

图 6.1　顺丰控股档案

二、顺丰的竞争能力

作为中国物流行业尤其是快递领域的龙头企业，顺丰到底有哪些优势？如今它都有哪些“护城河”？

(一) 顺丰的模式

顺丰控股——A 股目前首家采用直营模式的快递公司。即由总部对各分支机构实施统一经营、统一管理，在开展业务的范围内统一组织揽收投递、集散处理和中转运输，并根据业务发展的实际需求自主调配网络资源；同时，顺丰控股大量运用信息技术保障全网执行统一规范，建立行业领先的业务信息系统。

相较于加盟经营模式，直营模式对各环节具有绝对控制力，有助于公司战略自上而下始终保持统一，保障公司经营目标的有效达成。

(二) 顺丰的产品

作为国内领先的快递物流综合服务商，顺丰已具备为客户提供一体化综合物流解决方案的能力，不仅提供配送端的高质量物流服务，还延伸至价值链前端的产、供、销、配等环节，利用大数据分析和云计算技术，为客户提供仓储管理、销售预测、大数据分析、金融管理等解决方案。

其产品主要包括：时效快递、经济快递、同城配送、仓储服务、国际快递等快递服务，物流普运、重货快运等重货运输服务，以及为食品和医药领域的客户提供冷链运输服务。此外，顺丰控股还提供保价、代收货款等增值服务，以满足客户个性化需求。

(三) 顺丰的阵地

顺丰自 1993 年成立以来，每年都要投入巨资完善由公司统一管理的自有服务网络：从中山，到立足珠三角，到布局长三角；从华南先后扩展至华东、华中、华北；从内地延展到香港、台湾地区，直至国外。顺丰从最初的国内快递服务业务不断延伸业务领域，一路开疆扩土，不断开发新的业务细分领域，进军国际物流市场等，其龙头地位愈发稳固。从一系列发展布局来看，顺丰一步步不断巩固自身的业务防线，从而建立起了牢固的防御阵地。

1. 打造中国版的“孟菲斯”

面对加盟制快递企业由下方带来的高时效快递件的竞争压力，顺丰也同样采取了行动，并且是（比如购买飞机）更大格局的动作——在湖北鄂州建立起直通全国各地的航空物流核心枢纽，意图打造中国版的“孟菲斯”。这将再次构筑起“护城河”，拉开公司与其他快递企业在效率上的差距。

2016 年 4 月 6 日，中国民用航空局同意将湖北鄂州作为顺丰机场的运营基地。该项目包括全长 3 600 米的双跑道货运机场、物流基地和产业园，占地面积达到 15～20 平方千米，目标是建成亚洲航空货运枢纽之一。该项目建成后，可以起降像波音 747 这样的远程宽体大飞机。

2017 年 12 月 20 日，湖北国际物流核心枢纽项目在湖北鄂州开工建设，将为打造全球第四、亚洲第一的航空物流枢纽奠定坚实基础。

2018 年 2 月 23 日，国务院、中央军委正式发布国函〔2018〕26 号文件《国务院、中央军委关于同意新建湖北鄂州民用机场的批复》，同意新建湖北鄂州民用机场。这标志着该项目取得重大进展。

2. 发力产品线四大新业务

由于宏观经济下行，导致商务件需求减少，顺丰在继续升级主营业务的同时也早已在相关高增速行业展开布局，包括冷链物流、跨境电商、重货快运、城际配送这四大处于高速增长及快速整合期的物流行业。

（1）冷链物流一路高歌猛进

2012年，顺丰优选上线开始，顺丰就在做冷链物流的尝试。2014年11月，顺丰成立了冷运事业部。如今，顺丰在多个生鲜品类的业务上处于领先地位。顺丰冷运官方微信2017年10月24日的数据显示，顺丰冷运食品服务产品有冷运到家、冷运到店、冷运专车、冷运仓储、冷运零担、生鲜速配、大闸蟹专递。

2018年3月13日，中国证券报消息称，顺丰控股与夏晖公司就成立合资公司达成协议，双方将携手打造一家冷链物流公司。其中，该公司将经营夏晖公司在中国已有的部分业务（包括国内货运管理）。

（2）跨境物流依靠速度取胜

2014年11月17日，国内快递巨头“顺丰”强势介入跨境物流市场，联手荷兰邮政推出“欧洲小包”。这也意味着，顺丰正式开始进军国外物流市场，此前已经上线了专门面向国内跨境B2C电商卖家的有关欧洲快递方面的服务，仅仅需要10个工作日以内的时间就能完成欧盟26国的配送服务。

（3）重货快运满足新的需求

2017年4月，顺丰公司推出了重货快运专线，全国配送3日内抵达。从而打破了以前仅邮寄20千克以下包裹的制约，针对20千克以上的重货全面开放收寄业务，不但对重货的体积和重量没有限制，而且降低了邮费。据了解，顺丰重货分航空重货和陆运重货两种方式。航空件保证配送时效，可在24小时内抵达成都、北京、上海、无锡、苏州、青岛、廊坊、南通八个城市；陆运件一般在4~6天抵达。

（4）城际配送不断添新加彩

顺丰内部，不少地方在2015年就开始试点“同城配”业务。2016年8月，顺丰正式入局即刻送，3~5千米的主流O2O配送，单人完成收派，即拿即送，1小时送达。

（四）顺丰“护城河”

1. 物流综合解决方案能力

物流综合解决方案能力是行业未来的核心竞争力之一。

经过多年发展，顺丰控股已具备为客户提供全方位综合解决方案的能力。基于顺丰控股及整个顺丰集团在物流、科技、商业、金融等方面的资源能力，顺丰控股面向标杆行业提供端到端的综合物流解决方案，引领企业客户数字化升级供应链。

2. 智慧物流凸显科技实力

在科技实力方面，截至2017年年末，顺丰控股已获得及申报中的专利共有1 004项，其中发明专利有366项。主要的智慧物流项目包括物流无人机、智能设备（智能手持终端、便携式打印机、智能接驳柜）、智慧服务（新微信客户端、扫码寄件、电子运单、智能客服、数据灯塔）、智慧决策（线路规划、业务预测）、智慧地图、智慧包装、机器图像识别、顺丰车联网、智慧云仓、全自动分拣等。

3. 智慧物流网络规模优势

顺丰控股同时还是一家具有网络规模优势的智能物流运营商。

顺丰控股拥有通达国内外的庞大物流网络，包括以全货机+散航 +无人机组成的空运“天网”，以营业服务网点、中转分拨网点、陆路运输网络、客服呼叫网络、“最后一公里”网络为主组成的“地网”，以智能设备、智慧服务、智慧决策、智慧包装、机器图像识别、车联网等组成的“信息网”，“天网 +地网 +信息网”三网合一。

三、顺丰的竞争地位

顺丰借壳上市，是2016年中国物流行业的一件大事。中国大型标杆民营物流企业得到资本市场的认可，对于促进中国物流的升级和发展，起着绝对积极的作用，亦可视为顺丰巩固其龙头老大地位所采取的竞争战略。可从几个角度去解读其价值：

（一）上市是捍卫领导者地位

十年电商快速发展，带动中国快递业的疯狂发展。当电商洗盘过后，电商物流必将面临洗牌，中国快递业也正进入全面的洗盘时期。一线快递顺丰、“三通一达”（中通、圆通、申通和韵达）、EMS的格局已定，二、三线快递面临洗牌是必然的。顺丰借壳上市，是否能先拔头筹，成为资本关注的领头羊，这是顺丰资本化的重要战略，因此选择此时借壳看似偶然实则必然。

（二）上市是承揽更多的业务

传统的“三通一达”主要以天猫淘宝电商件为主，随着阿里巴巴投资圆通，对其他快递来说都会带来单量的影响。但未来的趋势是，工厂到用户，逐步变成社交电商、粉丝经济，向用户需求驱动的新型供应链体系升级迭代。未来的快递，将是工厂直发全国的模式，而不是在渠道压库存的模式。顺丰的未来战略一定是要和每一个细分领域的品牌建立深度的合作关系，比如手机、生鲜、服装等细分领域。未来的快递，是一条供应链的服务。顺丰上市，有利于获得更多的品牌客户，占有更大的市场份额，可能会与“三通一达”抢占中低端快递市场的份额。

（三）上市是提升内部管理

客观地说，顺丰是一家非常重视企业文化、企业管理体系的公司。但中国的民营物流企业，“基因”方面必须要升级。如果上市，有利于企业内部管理的再一次升级。

（四）上市是借力资本实现更多资源的整合

客观地说，顺丰上市的募资，一方面是对快递网络的升级，另一方面可能会利用资本做投资收购，进一步布局顺丰的商业生态。这比单独靠快递盈利来发展，整合资源和抓住商机更佳。

（五）上市是升级管理层人才

顺丰第一代的高管都是和王卫打江山的人，这些人一定是顺丰的功臣，但现在这个互联网时代，他们的价值可能已经时过境迁。顺丰上市，也是王卫对曾经的功臣给予回报的最佳方式。

总之，顺丰的借壳上市，给中国物流企业带来极大的促进作用。虽然当前作价 433 亿元，但随着上市的资本化后的各种整合，顺丰很可能在一年左右向千亿元级的市值飙升。这个飙升不是单个企业发展的驱动，而是社会和行业发展的驱动。顺丰未来的路还很长，期待更多的中国物流企业能够获得更多资本的投资。

四、顺丰的竞争现状

10 万亿元以上的市场规模、低效的产业环节以及电商业务的高度协同性，令中国电商巨头对改造物流行业充满兴趣①。

对于追求独立和富有野心的顺丰而言，一块更大的蛋糕里，是一个更重视运营、资本和创新速度的战场，那里有比通达系更富互联网商战经验的对手。作为中国快递业龙头，顺丰正面临快递业内部竞争以及外部与电商物流和零担龙头跨界竞争。

自 2017 年 2 月 24 日借壳上市以来，顺丰长期保持 40 倍以上的市盈率，领先全球上市快递公司。2017 年其业务量达 30.5 亿件，同比增长 18.3%，但市场份额下降 0.5 个百分点，引发市场疑虑。2017 年上市快递企业的年报及国家邮政局公布的数据显示，中通以 62.2 亿件业务量占据 15.5%的市场份额，位居通达系之首。此外，韵达与百世物流业务量的增速也分别达到 46.86%、74.10%②。

中国快递市场过去的增长驱动需求来自电商件市场，电商件市场只是维持与 GDP 持平或略快的增速，所以在结果上体现为“三通一达”市场份额不断上市，顺丰的市场份额不断下降。

但值得顺丰关注的是，通达系内部开始出现差异化，中通、韵达等市场份额增长较快的公司正在加速直营化。而通达系也正在改善过度依赖平价电商件的单一订单来源，存在向高端市场迈进的动机。

面对来自快递业内部的竞争，顺丰采取的策略是加筑在运输时效性的“护城河”，而非反击。这得益于 2014 年的教训。

华兴资本的一份报告记录，当年顺丰以“同城 8 元、跨省 12 元”的低价策略加入通达系的电商件价格战中，试图以高质量服务加低价策略抢夺更多电商件份额，但最终结果却是电商件亏损严重，几近耗光当年盈利。同年，它还在尝试电商和 O2O 业务。另一种结果是，吸引来的电商件业务量却没有能力消化，快递时效甚至大大落后于通达系，影响到顺丰整体高端商务件的品牌形象。

由此说明，顺丰高成本的自营模式并不与当时的整体电商环境匹配。次年，顺丰

① 李潇雄，刘一鸣．巨头物流之战：菜鸟、京东物流和顺丰战事升级［J］．财经杂志，2018（6）．
② 李潇雄，刘一鸣．巨头物流之战：菜鸟、京东物流和顺丰战事升级［J］．财经杂志，2018（6）．

调整策略重回高端路线，抛开通达系走向一条几乎没有民营企业竞争对手的道路。

时隔四年后，顺丰显然已经意识到主要对手已变为电商物流，它将科技投入列为2018年重点经营计划之首，同时将“打造物流科技集团”定为战略发展的首要目标。2017年，顺丰在科技方面共计投入16.04亿元，IT人员约3 700人（含外包），其中研发投入11.67亿元，研发人员（含外包）2 800人。

顺丰是快递企业中最具科技感的，包括物流无人机、智能手持终端、便携式打印机等。截至2017年年末，顺丰获得及申报专利1 004项，其中发明专利有366项。

在2017年与菜鸟网络的数据之争后，2018年4月26日顺丰控股公告，与8家供应链企业签署《关于设立超级大数据合资公司之股东协议》。

顺丰的战争不止于主营快递业务、数据和创新技术维度的竞争，还在于它向外开拓的新增业务。顺丰2017年财报显示，顺丰的新增业务包括供应链管理服务（开发中）、重货业务、冷运业务、国际业务、同城业务。

在庞大的物流市场规模中，大宗物流占比最大，整车、零担市场也大于快递市场。零担市场与快递市场在运营逻辑上较为接近，近年来两者边界正在模糊，零担企业与快递企业之间彼此觊觎对方的市场。零担市场龙头德邦物流此前宣布进军快递业。

顺丰控股在2015年正式推出重货运输产品，2017年重货产品合作的大客户主要有尚铭电器、九牧厨卫等；2018年5月12日，顺心捷达正式亮相，这是一家由顺丰与新邦物流合作的以加盟制为主的零担快运公司。

随着快递一线企业的上市，中国快递业的市场集中度正在提高，形成利于快递龙头企业的市场格局。而零担市场规模更大，也更分散，这给了顺丰及通达系等一线快递企业进入的机会。

而另一新增业务冷运和同城业务，则是顺丰直营模式的衍生。直营模式的缺点在于资本开支太高、管理半径不足、管理成本高昂，因此只能选择高端客户市场。而着重物流服务质量的冷运市场和着重时效性的同城市场，都是最能体现直营模式效率优势的细分市场。

截至2017年年末，顺丰冷运网络覆盖104个城市及周边区域，目前服务于生鲜食品、医药行业。2017年，顺丰冷运业务不含税营业收入达22.95亿元，同比增长59.70%，客户主要包括麦当劳、双汇、顶新以及哈药集团、华润三九、赛诺菲制药、广药集团等。

顺丰从2017年开始布局同城即时配送，全年不含税业务营业收入总计3.66亿元。但在这个细分市场里，顺丰是后来者，它将面临更为复杂的对手环境，包括新零售参与者和O2O平台所提供的物流创新解决方案，如达达、点我达、美团点评、饿了么等。

顺丰作为一家靠快递业起家的巨头，曾用高成本、高利润的直营模式在价格战时期甩开同行，拥有行业中网络控制力强、稳定性高、非常独特稀缺的综合性物流网络体系。但它现在所面对的是电商物流的平台级玩法，数据、技术等物流产业新要素的较量，它比任何人都更需要盟友和新的增长点，然而却强敌环伺。

五、顺丰的未来之路

相关资料显示，顺丰战略发展方向包括：打造物流科技集团；持续深入构建全方位数字化的行业综合解决方案能力；运用各种合作方式，继续拓展国际化进程；坚持绿色物流，践行社会责任等。

从其2018年重点经营计划也可以看出，打造物流科技集团和构建行业综合解决方案能力已经是顺丰极力强攻的方向。具体包括：

（一）保障传统业务稳定增长

1. 实现物流全过程科技化

通过顺丰科技的有力支撑，实现对物流全流程的科技化，用技术改变物流，借助物联网（IOT）技术，在物流的收派、中转、运输、仓储、包装、“最后一公里”等环节实现智能化，打造全数字化的物流体验，构建柔性敏捷的作业体系，实现触手可及的万物互联。

除了保障和支持核心业务以外，顺丰还在无人机、机器人、人工智能、GIS、物联网、大数据等新兴技术领域继续投入资源进行研究和创新，力求构建智慧物流的大脑，提升其“智商”，打造“物流 +人工智能”的新业务形态。

2. 优化网点和中转场布局

顺丰利用大数据和人工智能等技术收集与汇聚数据，对数据进行交互智能分析，建立基于数据的、超越传统感知和经验的辅助决策系统，结合区域特性及各类型网点，更合理地整合和布局网点、中转场资源，提高网点及中转场规划的合理性，实现末端服务网点的精准投入，进一步提高区域覆盖率。

3. 持续优化营运线路规划

2018年，顺丰继续利用人工智能和运筹学等算法结合线路规划技术，推广新技术的应用范围至更多的区域和更多的业务范畴，提升中转场流向和分区配载等的匹配度，以提高快件时效和资源效率、降低成本。

在传统业务方面，2018年顺丰将持续聚焦行业特性，基于行业、客群、场景的不同情形，采用科技化、系统化的规划，优化现有产品 /服务组合及运营模式，使其更加符合市场需求，并在监控管理可视化的基础上，对产品分行业进行持续优化迭代，提供有质量的差异化产品和服务，牵引传统业务持续稳定增长。

（二）持续提供综合解决方案

1. 重货业务方面

加强重货基础能力建设，拓展重货网络，提高重货业务的运营保障能力。依托科技，加大自动化设备的研发及投入在操作环节的应用，不断提高工作效率和降低员工劳动强度。在能力与效率提高的同时，加大对重货市场及同行业的研究分析，有针对性地在电商大件市场、零担纯重货市场推出具有市场竞争力的重货新产品，并在客户定制化服务上，持续以“方案+”的形式推出行业解决方案。

2. 冷运业务方面

通过布局科学且运营高效的 RDC+DC 冷仓网络，进一步完善“基于销售地冷仓网、直通产地运输、后端面向门店和消费者的城市配送”的端到端冷链解决方案。此外，通过采取运营模式优化、IT 功能系统化和外部资源合作等措施，进一步提高冷运资源作业效能和管理效率，降低内部运营成本，更好地保障端到端冷链解决方案运营与服务，促进冷链业务的快速发展。

3. 医药业务方面

通过多仓协同+干线运输调度+航空运力补充逐步建立起全国“T+3”医药物流网络；优化仓干配全链条业务模式和运作流程，进一步提高-40℃~25℃温度段精确温控能力，提高资源使用效率和营运质量；继续加强医药冷链设备设施验证管理技术和信息系统管理模式研发和创新；打造顺丰医药供应链服务平台 2.0。

4. 国际业务方面

国际业务将随着 2018 年战略规划、市场方向以及客户需求对国际业务产品体系进行升级优化，提升客户体验。此外，国际业务将锁定 2~3 个重点行业，并争取与更多海外电商平台建立合作关系。

5. 同城业务方面

加快同城运营网络建设，提高同城网络服务能力；加大智能装备的研发力度与投放，提高作业效率；借助科技手段实现对各操作环节的精确运算；为全行业、全品类企业提供优质的同城即时物流服务。同时，通过新零售店配、SAAS 等技术投入，对客户进行新零售赋能，共同促进新零售行业的加速发展。

6. 仓储业务方面

在核心城市建设骨干仓、标杆仓，引入具有核心竞争力的 AGV 智能引导车、小型分拣机、智能穿梭车、高速提升机等智能化仓储设备，为客户提供电商、食品、医药等全品类、复杂场景下的一站式仓储服务。

参考文献

[1] 吴建安，聂元昆. 市场营销学 [M]. 5 版. 北京：高等教育出版社，2017.

[2] 李方华，李金钟，华乙玲，等. 顺丰上市后竞争环境及发展战略的研究——基于波特五力模型 [J]. 中国集体经济，2018 (14).

[3] 张时杰，张咏梅. 借壳上市过程中关键节点管控探析——以顺丰控股为例 [J]. 财会通讯：上，2017 (13).

[4] 罗本成，胡茄，张姝慧. 湖北：依托顺丰航空枢纽打造国际航空物流中心 [J]. 中国发展观察，2017 (18).

[5] 吴砚峰. 从菜鸟与顺丰之争看民营快递企业未来发展之路 [J]. 对外经贸实务，2017 (17).

补充阅读

顺丰的魄力和隐忧：自营体系沉重 快运引入加盟模式［N］. 新京报，2018-05-08.

分析讨论题

1. 企业市场竞争战略有哪些？本案例中涉及了哪些内容？除了本案例中涉及的竞争战略以外，顺丰还可以从哪些方面着手保持行业领头羊的位置？

2. 顺丰采取的领导者竞争策略有哪些？这些策略分别起到了哪些作用？

3. 顺丰的市场优势在哪里？与其他快递竞争对手的差别在哪里？针对其他竞争对手，顺丰采取了哪些竞争策略以保住优势地位？

实践实训

一、任务目标

通过实训，学习不同地位竞争者对市场战略的选择。

二、任务描述

1. 由学生自由组成 4~8 人一组的研究性学习项目小组，并确定负责人。

2. 由教师为每个小组分配不同的研究对象，研究其竞争战略。

3. 每个小组总结，以 PPT 形式演示研究成果，其他小组听完后，比较不同企业采取的战略异同，并就原因加以讨论。

三、实训步骤

1. 以小组为单位进行分析和讨论，组长负责组织和协调，同学们积极参与。

2. 确定一家中餐企业与西餐“肯德基”，并分析比较竞争战略。

3. 将讨论结果写成报告。

4. 各小组举荐一名同学在全班面前进行宣讲，向其他小组进行分享。

四、实训材料

学生以小组为单位收集一家连锁中餐品牌的相关信息与“肯德基”的竞争战略进行比较。

五、考核记录表

将对学生任务完成情况的评价填入表6.1中。

表6.1 任务完成情况评价要素表

组别： 学生姓名：

序号	考核点	分值（100分）	得分	累计积分账户
小组评价		共计30分		
1	态度与纪律	5		
2	出勤情况	5		
3	参与调研时与人沟通的能力	6		
4	参与讨论的积极性	6		
5	团队合作表现	8		
本人评价		共30分		
6	收集信息的能力	10		
7	市场竞争战略知识运用的正确性	10		
8	总结撰写的总体能力	10		
教师评价		共40分		
9	市场竞争战略知识及技能的掌握	20		
10	总结的撰写（PPT）	20		
本次实训分数小计				

第七章　产品策略

知识要点

（1）产品是市场营销组合四要素中最重要、最基本的要素，是指企业在法律允许范围内，向市场提供的、能够满足消费者需要的任何东西，包括物质、服务、创意、观念和思想等。一个完整的产品应包含实质（核心）层、实体层和延伸层三个层次。一种产品只要在功能或形态上得到改进，与原有产品产生差异，并为顾客带来新的利益，即可视为新产品。

（2）产品同质化是指产品在消费者选择购买过程中由于其功能性利益与竞争产品相同可以被竞争对手替代，竞争对手的产品就成为替代性产品。

产品差异化是指企业以某种方式改变那些基本相同的产品，以使消费者认同这些产品存在差异而产生不同的偏好。

（3）产品组合，也叫产品结构，是指一个企业生产和销售的全部产品有机结合的方式，通常由若干产品线和产品项目组成，一般包括四种形式，即产品组合的宽度、长度、深度和密度。

（4）产品从投放市场到最终被淘汰的全过程称为产品市场生命周期，一般包括四个阶段，即投入期、成长期、成熟期和衰退期。

（5）品牌是生产商和经销商为了使自己销售的产品在市场上与其他同类产品相区别而使用的一种标记，包括品牌名称、品牌标志、商标等内容。

案例

共享单车品牌纷呈，产品竞争硝烟弥漫

中国素有“自行车王国”之称，但随着工业社会的快速发展，自行车渐渐被汽车代替。不过，在当下，自行车大有卷土重来之势。受滴滴出行的启发，一些创业企业通过智能手机应用、GPS定位以及扫描二维码等移动互联网技术，正在向出行市民提供便利而廉价的自行车分享服务，以解决市民的短途骑行需求，也有助于解决交通拥堵和环境污染问题。这就是横空出世的共享单车。共享单车的应运而生，中国这一“自行车上的国家”几十年后通过共享单车再次名副其实。

一、单车市场　刀光剑影

企业的市场营销活动以满足市场需求为中心，而市场需求的满足只能通过提供某种产品或服务来实现。消费者希望通过产品来满足自己的某种需求，生产者则通过它来获取利润。共享单车作为一种新产品，能够在校园、地铁站点、公交站点、居民区、商业区和公共服务区等地提供单车共享服务，是一种新型环保共享经济。它充分利用城市因快速经济发展而带来的自行车出行萎靡的状况，最大化地利用了公共道路通过率，同时起到锻炼身体的作用，满足了消费者便利与乐趣同行的利益需求。

随着时代的进步、科技的发展，消费者们的需求逐渐发生了变化，因此，我国共享单车市场也经历了三个阶段的发展，以此来满足消费者们的需求。2007—2010 年为第一阶段，由国外兴起的公共单车模式开始引进国内，由政府主导分城市管理，多为有桩单车；2011—2014 年为第二阶段，专门经营单车市场的企业开始出现，但共享单车仍以有桩单车为主；2015 年至今为第三阶段，随着移动互联网的快速发展，以 OFO 为首的互联网共享单车应运而生，更加便捷的无桩单车开始取代有桩单车。

（一）单车品牌　百花齐放

品牌，是指卖方为了与竞争者的同类产品或服务相区别，而给自己的产品或服务所使用的一个名称、术语、符号、设计或以上的组合。品牌对于企业而言，具有存储、维权、增值、形象塑造和降低成本等功能；对于消费者而言，品牌具有识别、导购、契约和个性展现等功能。所以，从某种程度上说，品牌可以看成企业保持竞争优势的一种强有力的工具。在品牌设计时，一般遵循新颖别致、简易明朗、满足需要等原则。

企业创建品牌的过程就是把某个概念或者词汇植入消费者心智之中，形成条件反射式的联想关系。对于开创了新品类的企业而言，往往能够在竞争中获得先发优势，在消费者中抢先占据“开创者”这一强有力的词汇。ofo 早在 2014 年就率先进入互联网共享单车市场，在事实上成了该品牌的开创者。

新的品牌需要一个新的名字，好的名字对于进入消费者心智并抢占一个强有力的位置尤为重要。现代社会分工高度细化，每天产生的新信息日益纷繁复杂且呈现出爆炸增长的趋势，潜在消费者难以承载过多、过于复杂的信息。

这时候简单的力量就体现得淋漓尽致，名字越简单越好。ofo 这个品牌名仅由 3 个字母构成，字母 o 象征车轮，字母 f 则象征骑车的人，传达出的信息是人在骑单车。把字母转化为图形，形成符号视觉锤，直接投射到潜在用户的心智之中，让人在潜移默化中记住了品牌名，记忆效率高且牢固。

2016 年后，共享单车呈现井喷式发展的态势，市场上涌现出大量的单车品牌，大致可以分为“小字系列”“骑字系列”“动物系列”和“bike 系列”等。

小字系列：小蓝单车、小强单车、小蜜单车、小鹿单车、小鸣单车。

骑字系列：酷骑单车、享骑单车、中骑单车、闪骑单车、骑呗单车、骑点单车。

动物系列：黑鸟单车、小鹿单车、小蜜单车、快兔出行、熊猫单车。

bike 系列：mobike（摩拜单车）、CCbike、DDbike、Obike、Funbike、Ubicycle（优

拜单车）、3Vbike、Hellobike。

食物系列：曲奇单车、芒果电单车。

其他系列：永安行、贝庆单车、共佰单车、智享单车、北京公共自行车、奇奇出行、7号电单车、1步单车、由你单车、踏踏单车、悠悠单车、云单车、电电Go单车、乐途电车、途尔电单车、酷玩单车、西游电单、智慧单车、悟空单车、町町单车等。

这些蜂拥而入的单车品牌，虽以敏锐的嗅觉迅速地进入了共享单车这个大市场，但是进入了市场并不意味着高枕无忧。共享单车是一个同质化严重的市场，各种单车品牌层出不穷，然而却不难发现这些共享单车的服务模式大致相同，均是按照用户骑行的时间来收取费用。甚至不同品牌单车的外表，也看上去大同小异。“只有颜色的差异，没有品牌的区别”，基本反映了共享单车同质化十分严重的现象，出现同质化竞争的根源在于忽视对品牌核心竞争力的打造。正因为核心竞争力的缺失，消费者在面对不同的品牌时，既无法建立差异化认知，也无法判别不同的品牌孰优孰劣。

（二）摆脱同质　争奇斗艳

为了摆脱同质化严重的状况，不同的共享单车品牌，在竞争中，首先要明确的是自己市场的定位，以消费者为导向，打造自己的核心竞争力。同时，核心竞争力的打造离不开创新能力的提高。只有提高自己的创新能力，才会在当下众多同质化严重的共享单车品牌中脱颖而出，赢得市场。对同一行业的竞争对手来说，产品的核心价值基本相同，不同的是满足顾客基本需求的前提下，为顾客提供独特的性能。共享单车企业，为了满足顾客的需求，需在产品差异化上下足功夫，以提高企业的竞争力，即企业需在同质产品的造型、规格、花色、包装等特征上实施差别的策略。

1. 市场先行的ofo

2014年，ofo以大学校园为切入点，在校园里布满“小黄车”。ofo共享平台的车辆来自两个方面：一是从校园回收的废弃自行车，并接受学生捐赠。捐赠自行车的学生，可以获得ofo共享单车的终身免费使用权，以1换N。二是平台自行购买，经过改装机械锁、号码牌、涂装黄色后投放使用，被昵称为“小黄车”。

使用时，用户通过APP或微信公众号内置地图找到附近车辆，发送车牌号，获取密码解锁“小黄车”；归还时，通过微信付费并就近上锁即可，无须归还至指定车桩。

ofo从2014年进入市场，就意味着其产品市场生命周期的开启。产品生命周期是指一项新产品研制成功后，从投入市场销售开始，经过销售成长阶段，直至被市场淘汰的全过程。可以分为四个典型的阶段：投入期、成长期、成熟期和衰退期。划分产品生命周期的各个阶段，便于企业根据不同阶段的特征，分析产品的营销情况，并在不同阶段制定不同的营销策略。

ofo的产品从ofo 1.0到ofo 3.0. 再到现在的ofo Curve，标志着小黄车从投入期发展到了成长期。投入期是指新产品试制成功，进入市场试销阶段。此阶段营销策略重点突出一个“快”字，使产品尽快地为消费者所接受，缩短市场投放时间，扩大产品销售，迅速占领市场促使其向成长期过渡，主要手段是广告和促销。成长期的主要标志是销售量迅速增长，竞争者逐渐加入，竞争逐渐激烈。在这一阶段，企业的营销策略重点突出一个“好”字，增加新的功能与式样，树立产品形象，提高产品品质和市场占有率。

ofo 在产品更新的过程中，其产品品质不断升级，服务质量不断提高。先是对车身进行了硬件升级，比如采用了转动车铃、车把采用了三角形把立、22 寸车轮、实心胎、密封中轴、鼓刹。此外，小黄车还采用了可调节车座以及加固的车圈。

到 ofo 3.0 版本的时候，小黄车升级了密码锁，从原来的方盘式按键密码锁升级为圆柱式转盘密码锁。开锁密码多了，小黄车被猜出密码的可能性也就变小了。再到 ofo Curve 时，新车在多个方面进行了优化设计，并进一步强调“低运维”概念。在产品层面，ofo Curve 采用机械式升降坐管，单手即可轻易操作，以适配多数用户身高；使用了不会爆胎的 PU 实心内胎；配备了全新的人体工学掌托把套，给手掌提供额外的支撑，缓解手部疲劳；同时，采用宽臀点设定坐垫和避震球减震设计，能吸收更多路面震动，也更贴合人体，让用户在整个骑行用车过程中更舒适。在车身车架方面，Curve 整体视觉效果更时尚，车身车架采用了高强度铝合金一体式设计，使得车身也变得更轻；并配备了收纳车筐，方便用户放置随身包；且车架为一体式护链罩设计，能有效防止用户在骑行时裙摆和裤腿卷入盘齿链条。最后，为保障用户人身安全，ofo 为每次用户用车都提供太平洋保险。

2017 年 2 月 22 日，ofo 宣布与中国电信、华为达成全面合作协议，共同研发基于新一代物联网 NB-loT 技术的共享单车智能解决方案，打造全球首款物联网共享单车。NB-loT 解决方案有着比传统网络更高的覆盖率及超低功耗，能给用户带来更轻松的解锁体验效果且无须充电。

2. 后来居上的摩拜单车

《2017 年第一季度国内共享单车市场调研报告》显示，摩拜单车约占共享单车市场 57%的份额。摩拜单车后来者居上，超过了 ofo 的市场份额。

在自行车来源上，摩拜属于 B2C 自建型，成本目前控制在 1 000 元/辆，独立开发酷炫车，设计寿命为 4~5 年；ofo 则是 C2B2C 和 B2C 相结合，成本约为 200 元/辆，设计寿命为 2 年。

为了有效地抗击竞争对手，实现营销目标，满足目标市场的需求，摩拜单车在产品组合方面也没少下功夫，它根据市场需求、竞争形式和企业自身能力等对产品组合的宽度、长度、深度和相关性方面做出决策，设计出一个优化的产品组合，即调整产品组合的深度与长度，推出了一款又一款的新单车。

从第一阶段由全铝车身加橙色的五幅轮毂、轴传动和单摆臂的车身一体成型工艺的小橙车，到第二阶段轻骑版的 mobike lite，车的重量由原先小橙车的 25 千克下降到了 17 千克，每辆单车造价在 1 000 元以下，费用降低为每半小时 0.5 元。mobike lite 配置了一体轮、橙色蜂窝状实心轮胎、银色车筐、座椅可调节（但需要扳手），采用了太阳能的发电技术，并将太阳能面板放置在了车篮里。到了第三阶段的风轻扬，摩拜单车的品质再次升级。风轻扬的车架由航天级钪合金材料打造，在保持高强度的同时减轻重量，使用寿命是普通铝合金材料的 3 倍以上，也是共享单车行业内唯一采用航天材料的品牌。这款产品在保留经典外形设计的同时，大幅降低了车重，女孩子都可以轻易举起。此外，这款产品将更为省力，大幅提高轴传动动力系统效率，骑行比上一代车型省力30%以上。其“气动升降”的车座更是行业内首创，手指轻轻一扳就能快速调节车座的高度，骑行舒适度可圈可点。

2017年2月23日，摩拜单车联合微信紧接着宣布，摩拜小程序上线新能力，无须下载APP，用户通过微信“扫一扫”进入小程序就可以便捷地骑走单车，进一步地提升了用户体验。

3. 各出奇招的其他单车企业

其他共享单车企业，为了争夺市场，与竞争者区分开，突出品牌优势，分得一块市场蛋糕，也是使出了浑身解数，犹如八仙过海，各显神通。比如优拜就推出了多款车型供君选择，目前主要有火星（Mars）、哈雷（Halley）、探索者（Seeker）、氢骑（H2）。其中火星首家采用碳纤维材料皮带传动系统，不掉链；而且是首家推出有性别的单车，分绿色男款和粉色女款。哈雷被用户评为“最好骑”的共享单车。而小鸣单车，与福建省龙海市合作，采用电子围栏虚拟车桩形式，将城市分为运营、管制、停车、禁停、禁行等区域，通过报警、信用分、车锁干预等手段实现对共享单车的有序管理，让龙海市成为我国第一个全境实施共享单车电子围栏停车解决方案的城市。Hellobike为了方便用户在出行过程中临时停车，每日首次换骑15分钟内免费。且为了满足用户在地铁、公交停运后的出行需求，宣布夜间骑行免费。

成长期阶段，企业市场营销策略的核心是提高产品质量、改进服务、大力促销、扩大市场占有率。不仅是小黄车和摩拜，其他共享单车也一直致力于追求不同，实现产品的差异化。他们对产品进行升级改造，改善产品品质，提高产品性能，完善产品功能，使产品更加贴合消费者的需求与使用，在满足消费者基本需求的前提下，不断完善有形产品，增加附加产品，提高了企业的市场竞争能力。只有不断地对产品进行更新换代，才能跟上时代步伐，满足消费者需求。只有这样，才有利于扩大企业的市场占有率。

二、满足需求　问题并行

（一）满足需求　备受青睐

在现代营销中，产品是指人们向市场提供的能满足顾客需求的有形的物品和非物质形态的服务的总和。一款“好”产品的特点是能够有用，满足人们的某种需求，解决人们的某些问题。

如何让一个产品受到消费者的青睐，一直是很多企业困扰的问题。而共享单车却轻易地做到了这一点，受到了消费者们的喜爱，主要是符合了当下消费者的生活状态及生活理念。在环境日益恶化的今天，绿色环保成为主旋律。而共享单车自带的环保、灵活、锻炼的产品属性，刚好符合了消费者的口味，受到用户青睐是必然的。

第一，符合绿色、环保的生活观念，完善公共交通系统。从20世纪70年代开始，随着环境破坏、资源短缺、人口爆炸、通货膨胀和忽视社会服务等问题的日益严重，西方市场营销学界就提出了以社会长远利益为中心的观念。当今，中国城市空气污染日趋严重、雾霾天气逐年增加，环境状况不容乐观，这就要求企业在开发新产品时必须考虑环境问题。现实中，又存在这样一种情况，即使在地铁、公交汽车等交通网络的覆盖日趋完善的一线城市，依旧存在“从站台到目的地‘最后一公里’”的难题。此时，共享单车的出现，有效地解决了环境和交通问题，进而成功地提升了城市形象。首先，单车出行作为绿色的交通方式，其环境效益显而易见：自行车代替汽车出行，可有效减少二氧化碳的排放量；其次，共享单车作为日趋完善的城市交通网络有效的补充，其自由灵活的租赁模式，能够为1～3千米的短途出行提供服务，配合公共交通系统，形成“点对点”的运输服务，提高现有公共交通系统的可达性，并且起到了缓解城市交通拥堵的作用。

第二，带动产业链各行业，实现多方共赢。“闲置资源、共享网络平台、人人参与”是共享经济的三大基本要素。共享单车的出现，解决了政府交通拥堵和环境污染问题、市民出行无序需求的问题以及为其运营商创造了商业价值。并且，在产业链方面，共享单车企业成功地连接了上游和下游的产业链。以ofo共享单车企业为例，使用者通过具有GPS定位功能的App智能终端找到单车，完成骑行行为后通过支付宝或微信提供的移动支付平台进行支付。此外，ofo企业积极与飞鸽、凤凰等老牌自行车生产商合作，获得单车供应，与华为、电信企业合作进行电子锁技术方面的提升。所以说，共享单车真正实现了多角色、多行业互利互助，共同发展。

（二）问题并行　烦恼不少

虽然共享单车崛起的速度很快，但大部分共享单车还处在一个成长阶段，仍然需要摸着石头过河。共享单车想要尽快成长，至少应先解决以下三个问题：

1. 高品质带来高成本

在市场营销活动中所指的产品不仅仅是指产品的实体，还指产品整体概念。产品整体概念分为三个层次：产品核心层、产品有形层和产品延伸层。产品核心层是产品整体概念中最主要的部分，是指向购买者提供的基本效用和利益，是产品的实质。没有这一层次，就没有人去花钱购买使用它，产品也就丧失了价值。共享单车企业为了夺得消费者的喜爱，必须在这方面下足功夫，提升产品的品质。

以摩拜单车为例。摩拜是一个“制造业”企业，它们研发和生产产品，但不销售产品，这种模式在循环经济中叫作“不卖产品卖服务”，也就是产品服务系统，是分享经济的一种类型。

摩拜单车一开始就采用自主研发和自行生产的模式，在这样的投入期阶段，为了保证质量，摩拜单车采用实心车胎、汽车轮胎5辐轮毂的设计，重达25千克，是普通车辆的2倍。这一做法不仅造成摩拜单车骑行体验不佳，还造成企业资产负荷过重，影响盈利。

摩拜单车初期设计生产一辆车的费用高达6 000元，后来随着产品进入成长期阶段，消费者对摩拜单车的需求越来越大，公司的研发技术也越来越好，因而使得原材料采购量增加，继而单车成本逐步降低到3 000元左右，随着发布了最新版“摩拜轻骑”，其成本降至1 000元以内，但这笔投入依然不菲。

2. 盈利模式有待探讨

盈利模式也困扰共享单车企业。以校园市场起家的 ofo 为例，其运营模式更加简便。如果 ofo 的单车成本以 270 元计算，每天每辆车骑行量为 10 次，每次骑行单价为 0.3 元，3 个月左右可以收回成本。然而，ofo 的劣势同样明显，首先，相比摩拜单车的时尚外形，ofo 单车的外观则显得较为普通；其次，ofo 的维护成本高，且几乎无法降低，当然这也是绝大多数公共自行车项目实现盈利的最大障碍。

由于当下的共享单车企业无法摆脱重资产模式，即使是再便宜的单车生产成本也要比闲置资源再利用的成本高，单车公司要承担高昂的包括车辆制造、维护、丢失、损坏、寻找等成本。同样，也无法获得供需双方相互促进的双边市场的益处，也难以在短时间内形成超级的具有广泛影响力的平台。

3. 用户体验难升级

第一，政府目前虽然没有对自行车的停放进行过多的限制，但随处停放的单车占据了更多的城市道路资源，实际上又增加了管理难度。

第二，单车频遭恶意破坏。单车自从推出以来，几乎成了社会新闻中的主角，被用户藏在花丛中，挂在树上，甚至扔进江里，更有用户将单车骑回家。

第三，单车征信体系有待提高。只靠积分制来控制破坏、违规行为是不够的，应将其纳入社会的诚信体系，进一步完善社会的诚信体系。

第四，从目前市场上的单车来看，功能单一，服务渐渐同质化，若不采取差异化竞争，对消费者来说，将逐渐丧失吸引力。

随着社会经济的发展，消费者的购买力水平不断提高，消费需求的个性越来越突出，消费需求的周期也越来越短。市场变化要求企业不断地提升产品品质，甚至开发出新产品来适应消费者需求新的变化，从而扩大企业的市场销售。现阶段，单车品牌的竞争者越来越多，竞争也趋向白热化，而单车产品的同质化严重，这就需要企业进一步加大研发力度，提升产品品质，力争把上升的市场需求集中到本企业的品牌上来，这样必然会导致研发成本和营销成本的增加。

三、竞争白热化　输赢不可知

（一）盲目跟风　败式已定

在共享单车兴盛之初，尤其是竞争对手蜂拥而至时，对企业的业务成长速度提出了更高要求，因此共享单车企业不太可能放慢扩张脚步。新开城市提速和加大车辆投放力度的目的是提高用户量和活跃度，这两大关键指标是共享单车比拼的重点。有很多单车企业就因此成为陪跑，连最早出现并且运营还不错的 ofo 最后都在此栽了跟头。

1. 悟空单车率先出局

2017 年 6 月 13 日，悟空单车的运营方重庆战国科技有限公司宣布，由于公司战略发生调整，自 2017 年 6 月起，将正式终止对悟空单车提供支持服务，退出共享单车市场。而悟空单车从 1 月 7 日对外运营到宣告推出市场，上线仅只有 5 个月的时间，生命显得何其短暂。

悟空单车退出竞争的主要原因是他们拿不到顶级的供应链资源，摩拜、ofo 都可以和全球最大的供应链厂商合作，而悟空单车合作的都是小厂商，产品品质上不是特别好，车子容易坏。而且他们采用的是机械锁，大部分已经找不到了。另外，还有一个重要原因是 ofo 在重庆基本上免费，就像是给悟空带上了紧箍咒，无法施展法力。

2. 3Vbike 与町町单车退出市场

2017 年 6 月，重庆的悟空单车宣布退出共享单车市场。而后，3Vbike 与町町单车也传出停运倒闭的消息。随后，酷骑单车也发出一纸“酷骑单车后续使用及退押金事宜的通知”。紧接着在共享单车行业中小有名气的小蓝单车也被迫“卖身”。

物极必反。共享单车原本作为方便市民出行的交通工具，不仅绿色环保，也有效地缓解了交通压力，但随后资本一拥而上，诞生了大量共享单车企业，竞争也很快从激烈演变到白热化。城市街道的容量有限，而共享单车的数量远远超过了容纳的极限，曾经的便利工具反而成了一些街道拥挤的主要原因之一。

产品市场生命周期及其四个阶段的划分，只是一种理想化或典型化的描述，它说明了产品在市场上发展的典型状态。实际上，由于产品本身以及所处的外部环境和企业内部各种因素及条件的影响，各种主观因素和客观因素的影响，常使产品市场生命周期发生变异。如悟空单车等由于本身产品品质不够好，加上外部的激烈竞争，使得他们的生命周期呈现出“夭折”的状态，而不是典型的四个阶段的产品生命周期。

3. 先行者 ofo 危在旦夕

由于资本的进入，ofo 也因盲目追求扩张而导致产品服务质量下降，现面临大批用户退押金的局面。

相比于其他竞争对手，ofo 投放的车辆要便宜得多，其成本大约只有竞争对手的一半。低成本车辆投放自然铺货快，可以抢占更多市场，但付出的代价也是巨大的。ofo 选用了充气轮胎、普通车架，由于未使用 GPS 模块，以至于车辆投放达到一定数量后，面临超高的损坏率和运维成本。虽然后期 ofo 通过产品迭代一定程度上提升了车身坚固度，但 ofo 用户上报车辆故障的比例整体仍高于摩拜 13 个百分点。

共享单车的硬件质量不仅决定了单车后期的运维成本，也决定用户体验。从 2016 年共享单车全面扩张开始，ofo 就背上了体验差的坏名声，主要原因就在于破损率太高。而且报修之后，解决问题的效率也非常低。而用户体验最核心的是产品服务的稳定性，ofo 从一开始就忽略了这一点，虽然早期铺货最快、用户最多，但因体验太差而缺少用户黏性。这样，既会赶走老用户，也难吸引新用户。

（二）专家支招　力争共赢

专家认为，共享单车与政府合作或更具前景。与政府项目相比较，摩拜单车等具有几大优势：一是借还更便捷，App 支持扫二维码单车联网并进行用户身份认证；二是随骑随停，取消了停车桩和管理站；三是手机移动支付更便捷，体验更好。

作为传统公共自行车的供给主体，政府是如何对待共享单车的？2016 年 6 月 24 日，摩拜单车与上海杨浦区签署战略合作协议，标志着杨浦区将成为摩拜单车全国首个政府合作方，杨浦区给予摩拜单车交通协管、停车规划等方面支持。在北京市场方面，摩拜单车也在积极与政府部门接触。从上海的实践来看，政府对摩拜单车以及类似的新模式采取了宽容、鼓励和扶持的态度。政府供给模式的逐渐退出以及市场供给模式的持续进入很可能成为大城市公共自行车领域的基本趋势。

共享单车企业如果能与当地政府基于市场经济原则实现双赢合作，如政府采购服务、通过线上和线下广告等商业模式创新，可以实现经济效益、社会效益双丰收。

共享单车市场的竞争才正式拉开帷幕，现在说谁是最后赢家还充满变数。在接下来的市场竞争中，共享单车企业除了要继续完善产品性能外，还需要寻求合作伙伴的经济支援来增加竞争砝码。不管怎样竞争，没有质量，就赢不了消费者的心，最终无法实现企业的可持续发展。但是，如何更加丰富产品内涵去突破同质化，如何去升级消费者们的产品体验感，如何获得其他企业的大力支持以及获得政府的认可，依然是巩固市场地位的难题。

参考文献

[1] 张子轩，吴蔚. 共享单车的现状、问题以及其发展对策建议 [J]. 现代商业，2017 (15)：89.

[2] 肖院生. 市场营销实务 [M]. 大连：东北财经大学出版社，2015：65-66，74-75，82-83.

[3] 马晓霞. 产品同质化与消费个性化的平衡模式探究 [J]. 中国高新区，2017 (21)：24.

[4] 中国网中国商务.共享单车“激战”，真正赢家到底是谁？[EB/OL].(2017-05-27). http://www.sohu.com/a/144045104_564549.

补充阅读

[1] 何慧爽. 产品差异化与企业竞争策略研究 [M]. 北京：中国水利水电出版社，2014.

[2] 陈璐，张胜权. 共享单车标准化的需求与对策研究 [C] //中国标准化协会. 第十五届中国标准化论坛论文集. 北京：中国学术期刊（光盘版），2018.

分析讨论题

1. 以 ofo 单车为例，分析产品的三个层次。

2. 请以摩拜单车为例，试分析其产品组合的方式，并讨论此种产品组合方式有什么优缺点？

3. 请结合现阶段市场实际情况分析，ofo 与摩拜现正处于生命周期的哪个阶段，需要哪些营销策略？

4. 请了解市场上的某一单车，并分析其品牌设计是否能抓住消费者的心。

实践实训

一、任务目标

通过市场调研，了解当地共享单车的现状，如有哪几个品牌、产品的三个层次做得如何等。

二、任务描述

1. 进行当地共享单车的网络调查。

2. 进行当地共享单车的实地调查。

3. 选择当地某一单车品牌的某一产品项目，说明其类别、名称、规格、价格、消费对象等。

三、实训步骤

将学生分组，以小组为单位开展调查，收集信息，信息汇总后学生进行分析研究，完成研究小结。

四、考核记录表

将对学生任务完成情况的评价填入表7.1中。

表7.1　任务完成情况评价要素表

组别：　　　　　　　　　　　　　　　　学生姓名：

序号	考核点	分值（100分）	得分	累计积分账户
小组评价		共计30分		
1	态度与纪律	5		
2	出勤情况	5		
3	参与调研时与人沟通的能力	6		
4	参与讨论的积极性	6		
5	团队合作表现	8		
本人评价		共30分		
6	收集信息的能力	10		
7	产品层次分析的正确性	10		
8	产品项目分析的正确性	10		
教师评价		共40分		
9	产品知识的掌握	20		
10	分析报告的撰写	20		
本次实训分数小计				

第八章　定价策略

知识要点

（1）影响产品定价的因素包括定价目标、成本费用、市场需求、竞争状况和竞争者的价格策略。

（2）企业在确定定价目标时，可以根据企业经营实际情况选择持续经营、当期利润最大化、市场份额最大化、产品质量领先等作为定价目标。

（3）企业定价的方法主要有成本导向、需求导向和竞争导向定价法。其中，成本导向定价是以成本为依据来制定价格的。需求导向定价是根据市场需求状况和消费者对产品的感觉差异来确定价格的，主要包括认知价值定价、需求差异定价和反向定价。竞争导向定价主要以同类竞争对手的定价为依据，以应对激烈的市场竞争。

（4）企业制定价格时，需要根据市场细分要求、购买时机、订单水平和其他因素的变化实行不同的价格制定策略，如地理定价、价格折扣与折让、促销定价、差别定价、新产品撇脂或渗透定价、产品组合定价等。

（5）企业在制定定价策略后，会面临修改价格即降价或提价的情况。提价的原因可能是成本上涨或产品供不应求；降价的原因可能是由于过剩的生产能力，市场份额的下降，通过低价来争取市场主导地位。预测顾客和竞争者对价格变动的反应是困难的。

（6）企业所处的市场环境是动态的，企业必须根据市场环境和竞争者策略适时调整价格策略，以顺势发展。

案例

星巴克“暴利门”背后的定价逻辑

“我不是在星巴克，就是在去星巴克的路上。”这句小资宣言，曾一度让中国的星巴克成了白领的青睐之地，与优雅和品位相关。2013 年 10 月 20 日，央视新闻频道播出的一则“星巴克咖啡 中国市场高价”的新闻后，关于星巴克咖啡的价格就成了全民热点讨论的话题之一。

一、这杯咖啡是否有点贵

2013 年 10 月 20 日，央视新闻频道借助全球记者站的资源，对星巴克在全球的价格做了全面调查，选取了美国的芝加哥、英国的伦敦、印度的孟买三个城市，与北京的价格来进行比对，最后播出了一则“星巴克咖啡 中国市场高价”的新闻。

在北京西单商业区的某家星巴克咖啡店，从价目表上看，几乎所有的咖啡每杯价格都超过 20 元人民币。其中，美式中杯咖啡的价格是 22 元一杯，拿铁中杯咖啡的价格是 27 元一杯，摩卡中杯咖啡的价格是 30 元一杯。

美国是星巴克咖啡的起源地，在芝加哥市的某咖啡馆里，同样的 354 毫升的中杯拿铁咖啡在当地的售价是 3.26 美元，折合人民币 19.98 元。

在英国喝咖啡是非常普遍的一种生活方式，随意从某星巴克的店里买一中杯拿铁咖啡，在当地的售价是 2 镑 5，折合人民币 24.25 元。这个价格虽然比美国稍微贵一些，但是相对于中国 27 元一杯的价格还是要便宜一些。

2012 年 10 月 19 日，第一家星巴克在印度的孟买开业，随后在不到一年的时间内，就已经建立了 24 家店。一杯 354 毫升的中杯拿铁咖啡在印度星巴克的标价是 130 卢比，加上 12.5%的增值税，折合人民币 14.6 元，如果是在店内饮用，还要支付 4.95%的服务税费。这样算下来，一中杯拿铁咖啡的价格大约是 15 元人民币。

美国 2012 年人均国民收入是 50 120 美元，英国 2012 年人均国民收入是 38 250 美元，印度 2012 年人均国民收入是 1 530 美元，中国 2012 年人均国民收入是 5 740 美元。由此可以看出，我国的人均国民收入并不算高，但同样是 354 毫升的中杯拿铁咖啡，在北京的售价显然是最贵的，在美国的芝加哥、印度的孟买的售价则相对便宜。

价格高是因为成本高吗？一般来说，一杯咖啡大概用 20 克的咖啡豆，计 1.6 元。接着需要打发一个奶沫，大概要倒入 300 毫升的牛奶，计 2 元。纸杯成本主要包括一个杯子、一个防烫的杯套、一个杯盖。如果是拿铁可能还会拿一个糖包，包括一些一次性的搅拌棒以及餐巾纸。加在一起的话差不多一套会有 1 元钱的成本。一杯拿铁咖啡的物料成本，加起来不到 5 元人民币，而它在中国的定价却为 27 元。

那么，中国的星巴克拿铁咖啡比美国的贵，是不是人工、运输等成本造成的呢？

咖啡豆运费是 5 美分/千克，但是每一千克咖啡，大概可以做 50 杯咖啡，所以分摊到每一杯咖啡之后，几乎可以忽略不计。中国的人工成本会比美国低很多，中国咖啡师的月平均收入基本上都是在 3 000~4 000 元人民币，超过 4 000 元的都非常少，作为店长也只能拿到 5 000 元左右，他们的收入相对欧美这些国家来说还是非常低的。

成本低廉的咖啡，却有着高昂的定价，使得央视新闻频道认为在中国市场星巴克“这杯咖啡有点贵”。但是，影响定价的因素只是成本吗？

二、深度区分成本与价格

（一）成本构成是多样性的

马克思主义理论告诉人们，商品的价值是构成价格的基础。显然，对企业的定价来说，成本是一个关键因素。成本是产品在生产与流通过程中所耗费的物化劳动和活劳动的总和，是指企业为了生产产品而发生的各种耗费，既可以指一定时期为生产一定数量产品而发生的成本总额，也可以指一定时期生产产品的单位成本。产品成本有狭义和广义之分。狭义的产品成本是指企业在生产单位（车间、分厂）内为生产和管理而支出的各种耗费，主要有原材料、燃料和动力，生产工人工资和各项制造费用；广义的产品成本包括生产发生的各项管理费用和销售费用等。

虽然星巴克咖啡的物料成本不到 5 元，但成本的构成并非仅为物料。在地价日益上涨的今天，在一线城市的繁华商业区，物业租金非常高，往往占到成本中很大的比例。除此以外，装修、人力、日常运营的水电气费、税费等，都构成了商家的成本。

在美国星巴克，打包外带的比例高达 86%，意味着有将近九成的人对它的装修、对它的体量没有太多要求，基本上不会占用城市空间。而在中国，很多消费者甚至是接近七八成的消费人群会在店内坐几小时，它消费的不只是咖啡，还包括房租、服务、背景音乐以及整个空间……消费的整个综合资源的量要大得多，咖啡消费却只占整个消费过程中很小的比例。在这种背景下，星巴克怎么可能是一样的定价呢？

《华尔街日报》根据星巴克 2012 年财报绘制过一张中国星巴克定价依据图，以一杯售价 4. 8 美元的星巴克大杯拿铁咖啡为例，具体构成为：房租 1. 25 美元，占 25%；利润 0. 85 美元，占 18%；店铺运营成本 0. 72 美元，占 15%；原材料 0. 64 美元，占 13%；劳动力成本 0. 41 美元，占 9%；一般管理费用 0. 28 美元，占 6%；税收 0. 24 美元，占 5%；设备成本 0. 17 美元，占 4%；其他运营费用 0. 23 美元，占 5%。

（二）成本不完全决定价格

影响产品定价的因素是多方面的，包括定价目标、成本、市场需求、竞争者的产品和价格等。从另外一个角度来看，产品定价的上限取决于市场需求，产品定价的下限取决于该产品的成本、费用等。在上限和下限内如何确定价格水平，则取决于一个企业的定价目标、政府的政策法规和竞争者同类产品的价格。

商品的价格包含成本，但成本并不决定价格。成本是价格的底线，准确地说是边际成本，即物料成本，不包括店租或者人工成本。实际上，成本如何并不重要。西方经济学的基本理论是，在市场中决定价格的并不是成本而是稀缺性。中国古话也说过，物以稀为贵。实际上，在竞争的市场中，对单个厂商而言，成本其实是相对次要的东西：产品好，利润再高也卖得出去；产品不好，价格低于成本也无人问津。

咖啡店经营是一个竞争十分激烈的服务行业，在中国除了星巴克以外，上岛、两岸、COST、爵士岛、伊布里克、SPR 等企业都提供类似的服务。而且，这些品牌咖啡的价格并不比星巴克便宜。以国产品牌上岛咖啡为例，一杯热拿铁咖啡的售价为 38 元，而一杯冰拿铁咖啡的售价达到 40 元，甚至比星巴克更贵。

既然咖啡店经营是一个准入不受限制的充分竞争行业，而星巴克咖啡的售价也没有超过行业平均水平，即说明星巴克的咖啡定价是中国市场供求关系反映出的合理定价，仅通过核算成本指责其暴利是不恰当的。此外，在星巴克的品牌运作之下，星巴克在中国市场的品牌形象与欧美地区有明显差异，中国消费者在星巴克购买的不仅是咖啡，也享受星巴克带来的休闲时光并使用上网服务，还是一种心理上的愉悦，这就导致中国星巴克门店的翻台率远低于欧美地区。

（三）入乡随俗的中国高价

在实践中，企业需要考虑和利用灵活多变的定价策略来调整产品价格。常见的定价基本策略有折扣定价、心理定价、差别定价、地区定价、组合定价、新产品定价。

星巴克在各个国家的定价不同，在不同的市场采取地方差别定价策略，即差别定价。差别定价或需求差异定价，又称“弹性定价”，是指企业按照两种或两种以上不反映成本费用的差异价格来销售一种产品或一项服务，是一种“以顾客支付意愿”而制定不同价格的定价法。其目的在于，建立基本需求、缓和需求的波动和刺激消费。星巴克在我国定价偏高主要是因为：一方面，星巴克提供了中国人稀缺的休闲环境。中国人在星巴克的消费模式与美国人不同：有数据表明，有80%的美国消费者拿到咖啡后就走，而大多中国消费者喜欢在咖啡店休闲放松，很多人一待就是几小时，在中国星巴克的翻台率远低于美国，由此造成的机会成本可能是国内价格高的原因。另一方面，国内星巴克的消费群体对其产品的需求弹性较小也是国内市场星巴克定价偏高的原因之一。国内消费者对一杯星巴克咖啡的敏感性，没有其他国家高，而企业基于利润最大化的角度考虑，自然会对产品价格进行调整。

产品能否维持高价在于企业是否能不断创新，星巴克的成功证明了这一点。它的秘诀就是不断地追求产品创新。星巴克在产品创新方面一直走在前列，不断推陈出新，从不安于现状，为了增加对年轻一代的吸引力，针对初中、高中学生群体，推出了不添加咖啡的或带有甜味的饮品。除此之外，为了更好地进行本土化营销策略，星巴克还将许多国内的传统元素融入产品中。例如，为了最大限度地满足顾客的需求，在一些门店甚至允许消费者选择多种口味，自由搭配。除了注重咖啡以外，星巴克还在茶类饮品下功夫，推出了高端茶品牌——茶瓦纳，旗下的产品冰摇茶更是深受年轻顾客的喜爱，分为绿茶/乌龙茶和蜂蜜红茶两种，以满足不同人群的口味。星巴克十分善于赋予咖啡更多的文化体验，借助高超的定价技巧，从而获得丰厚的回报。他们卖的不仅是咖啡，而且提供一种体验。

三、“疯狂”咖啡显体验价值

常见的定价方法包括成本导向定价法、需求导向定价法、竞争导向定价法。成本导向定价法是指依据产品的成本决定其销售价格的定价方法。此处的成本是指产品的总成本，包括固定成本和变动成本两部分。成本导向定价法中最常用的有成本加成定价法、售价加成定价法、目标利润定价法。需求导向定价法是指一种以市场需求强度及消费者感受为主要依据的定价方法，包括认知价值定价法、反向定价法和需求差异定价法。其中，需求差异定价法（又叫作差别定价）既是一种定价方法，又涉及灵活多变的定价策略。竞争导向定价法是指企业通过研究竞争对手的生产条件、服务状况、价格水平等因素，依据自身的竞争实力，参考成本和供求状况来确定商品价格。以市场上竞争者的类似产品的价格作为本企业产品定价的参照系的一种定价方法，主要包括随行就市定价法和密封投标定价法。

为了加深消费者对商品价值的理解程度，从而提高其愿意支付的价格限度，拉开本企业商品与市场上同类商品的差异，突出商品的特征，并综合运用这种营销手段，加深消费者对商品的印象，使消费者明白购买这些商品能获得更多的相对利益，从而提高他们接受价格的限度。所以，星巴克没有按照成本导向定价法来定价，而是采用的理解价值定价法。

理解价值定价法，也称感受价值定价法或认知价值定价法。消费者往往根据他们对产品的认识、感受或理解的价值水平，综合购物经验、对市场行情和同类产品的了解而对价格做出评判。当商品价格水平与消费者对商品价值的理解水平大体一致时，消费者就会接受这个价格；反之，消费者就不会接受这个价格，商品就卖不出去。星巴克只要找到这部分认可其价值并愿意按照星巴克的价格表买单的客户就行了。星巴克一直将自己定位为独立于家庭、工作室以外的“第三空间”，它的目标市场是一群注重享受、休闲、崇尚知识的富有小资情调的城市白领。而这群消费者们不认为 27 元的拿铁咖啡贵，并愿意买单。

国内的这群消费者们为什么愿意和星巴克一起疯狂，主要源于星巴克独特的体验价值。

“我不在办公室，就在星巴克；我不在星巴克，就在去星巴克的路上。”星巴克的这句经典广告语为绝大多数时尚小资所熟知。不可否认的是，星巴克无论是在广告台词设计上还是在画面的表现力上，都十分吸引人。但是，星巴克能够成功的真正奥秘，不仅仅在它的宣传上。

无论是在繁华的闹市还是在古色古香的小巷，星巴克的存在总是那么“原汁原味”。它不仅彰显了自己独特的咖啡文化，也保留了周围的建筑风格，不至于让自己的存在显得那么格格不入。大部分美国顾客习惯打包外带，而大多数中国顾客喜欢在店内逗留。为了营造一种融合中国气息的“体验式”氛围，星巴克对店面的投资很大。首先通过营造一种轻松、温馨的文化体验氛围来感染消费者；其次，创造一种雅致生活方式和一个让顾客体验香醇咖啡的帝国；最后，潜移默化地改变顾客的生活状态、提高顾客品味。

星巴克注重当下体验的观念，强调在工作、生活及休闲娱乐中，用心经营“当下”这一次的生活体验。即使昂贵，星巴克依然是时尚小资的选择，这源于星巴克的体验点设计。星巴克善于通过打造体验点给客户带来惊喜。

星巴克的咖啡厅，就是顾客体验点的承载物，从顾客来到门口—进门—消费—出门，所看到的、听到的、闻到的、体会到的，都在刺激客户的神经。任何一个微不足道的事物，都有可能是刻意安排的邂逅，每一处都在为星巴克加分，其目的是突破客户心理期望。用品区有各式各样的调味品，如奶糖、奶精、肉桂粉以及一些餐具，可以自行拿取；来到店里的顾客不会被迎面一声“请问您需要什么”而弄得失去心情，而是自行走到柜台前，选取自己所需的饮料和其他小食，吸管、糖等也是自取，在完成点单之后，侍者会迅速端上所需咖啡，并报以一个淡淡的微笑。这是一种体验和一种氛围。而这些恰恰是星巴克增值的主要因素。

认知价值是指消费者对产品价值的主观判断，通常会大大高于产品成本，使企业获得较高的利润，因而对企业非常有利；同时，该价格也能顺利地为消费者所接受。而这恰恰是星巴克成功定价的方法之一，也符合了星巴克在中国市场的定位。

星巴克的经营理念是致力于为顾客提供世界顶级咖啡和消费体验。为此，星巴克所使用的咖啡豆都是来自世界主要咖啡豆产地的极品，并在西雅图烘制；根据不同产地的咖啡豆，配上不同的酿造工艺、手法而产生不同的口味，品种有几十种之多；员工要经过约3个月的严格培训，对于咖啡知识及咖啡饮料的方法，都有严格的标准；在星巴克还可以买到与咖啡制作有关的器具及相关小商品，这在一般咖啡店是很难见到的；在营造咖啡气氛方面，星巴克所有分店的店面设计都来自其总部的专业设计团队，星巴克精心营造的特殊空间，成为许多人在家庭与工作地点之外的“第三个最佳去处”。

这使星巴克咖啡成了最为专业的、与众不同的、味道与服务质量永恒不变的，具有巨大品牌资产的产品，被消费者认为是“时尚、成功、地位”的象征，产品的认知价值得到了极大提升，消费者对价格的敏感度就自然降低了。无疑，认知价值定价给星巴克营造了巨大的利润空间。因为，星巴克能给前来消费的顾客带来不一样的体验。来这里喝咖啡的人，更多的是来享受的。

星巴克在中国表面上虽然是咖啡的提供者，但注重的是在咖啡店感受到的温馨氛围。星巴克为顾客提供的舒适场所满足了目标人群的价值追求，顾客在品尝咖啡的同时，可以在店内欣赏舒缓的音乐、浏览网站、阅读书籍、回复邮件，这些都成了很好的“咖啡伴侣”。此时，咖啡成了一种托词和借口，星巴克借咖啡之名融合文化因素，使这里的顾客能够放飞心灵、回归自我。

星巴克通过以咖啡为载体、企业价值观为核心，塑造了星巴克品牌，针对顾客体验进行营销，提升了顾客的感知价值，给顾客带来了精神的绝佳享受，使高价策略在中国成功实施。

四、锦上添花的定价策略

定价策略即定价的技巧，就是把产品定价与营销组合的其他要素结合起来，制定出有利的价格。定价策略主要有新产品定价策略、心理定价策略、折价与让价策略、促销定价策略和产品组合定价策略等。星巴克为了赢得中国市场，也采用了多种定价策略。

（一）产品线定价

产品线定价是指针对整个产品线制定价格，而不是对单个产品定价。当企业生产的系列产品存在需求和成本的内在关联性时，为了充分发挥这种内在关联性的积极效应，可以采用产品线定价策略。

通常餐饮企业生产的不是单个产品，而是多系列、多品种的产品。产品线定价策略就是合理确定一个产品线里不同产品之间的价格差异，力求实现整体产品组合的利润最大化。许多公司通过开发不同的产品品种，来满足消费者的不同需求，同时针对不同品种和不同类型产品制定高低不等的价格，既可以方便消费者选择，又有助于扩大产品的销售。

星巴克之所以在中国市场如此成功，是因为它在中国本土不断地进行创新与融合。在内地市场上，它结合国内消费者的口味，向消费者提供了一系列令人眼花缭乱的饮品选择，以及各式新鲜美味的糕点。比如，星巴克结合中国的茶品文化，推出新式的碧螺春茶饮；借助中国传统节日的平台，不断推陈出新，典型的有中秋节的特色月饼、端午节的粽子、春节的十二生肖储蓄罐等。配合季节的变化以及不同国家、不同地区消费者的需求，其花色品种还在不断地更新。极为丰富的品种充分体现了世界顶级咖啡品牌的形象。与此同时，产品线定价策略也有利于吸引顾客、扩大产品销售。星巴克在中国西部市场的首家成都专卖店，刚开业就有 30 种口味的咖啡上市，出人意料的是最低价位的一款只需 12 元，最贵的焦糖马奇朵咖啡每杯 32 元，每杯摩卡咖啡的售价为 23~30 元，每杯卡布奇诺咖啡的售价为 19~26 元，每杯拿铁咖啡的售价为 17 元。消费者据此与自己的预期以及其他品牌咖啡的价格做比较，往往会认为星巴克咖啡并不比其他品牌贵多少，有的甚至比其他咖啡还便宜，从而很容易接受。星巴克合理细分不同产品、季节、地区，实现了整体产品组合的利润最大化。

（二）反向互补定价

反向互补定价是指将互补产品中的基本产品定低价、配套产品定高价的定价策略。

按照一般的定价逻辑，在餐馆或类似的营业场所，主打的招牌食品往往很便宜，但是相关的其他食品就很贵，这是典型的互补定价策略。主打产品定价低，有利于扩大产品的销售，从而带动附带产品的销售，企业则可以从附带产品上获得较高的利润回报。按此逻辑，咖啡馆应对小蛋糕之类的点心定较高的价格，而咖啡本身则是平价商品。但星巴克的做法却截然相反。

在星巴克，各式新鲜、美味的糕点也在默默诠释咖啡的范畴，这些食品非常适合一边喝咖啡一边品尝，从而构成了与咖啡的完美味觉搭配。品种繁多且风味独特的糕点和顾客在商场购买的价格接近，星巴克赚的是咖啡钱！因为可能有人不买蛋糕，只喝咖啡。星巴克异乎寻常的反向互补定价的好处还有，由于在咖啡中已经获得了丰厚的利润，所以其服务员不会强烈暗示消费者还“应该”另点一些其他食品，没有服务员多余的热情，顾客会倍感其轻松舒适的氛围与真情服务的价值。

（三）针对性促销定价

促销定价是指有些企业利用多数顾客有贪便宜的心理，将几种产品定低价（低于正常价格甚至低于成本价格），以招徕顾客；或利用节假日和换季时机举行大甩卖、限时特卖等活动，把部分产品打折出售，有时甚至低于成本价格，以创造购买的热情和急迫感，吸引顾客，促进全部产品的销售。

低价促销策略最常规的做法就是赠送现金券和积分礼品卡。星巴克除了常规做法，如赠送限期 15 日内使用的 5 元现金券，还特别重视老顾客及口碑效应。为了提高顾客忠诚度，星巴克于 2006 年 1 月推出的“熟客俱乐部”，实行会员制，如今已更名为“星享俱乐部”并推出最新版优惠条款，于 2017 年 2 月 28 日正式生效。最新版优惠条款表明会员分为银星级、玉星级和金星级，每消费50元就获得一颗星星，星星数量越多，级别越高，积攒到5颗星星时，会升级到玉星级，积攒到25颗星星时则升级为金星级。针对每个会员的级别不同，提供不同程度的优惠，如银星级能够获得买一赠一券、早餐邀请券以及升杯邀请券。如果是金星级会员，除了能享受上一级会员的优惠外，还会额外获得周年庆邀请券，拥有“专属金卡”。另外，星巴克还与时俱进，为了迎接微信时代的到来，还推出微信营销。门店宣传二维码，创立公众号，线上、线下结合起来，客户扫描二维码后，自然会关注星巴克，每天都可以及时收到最新的打折优惠、当季新品、节假日活动等公告。消费者在网络上可以下载游戏，一旦过关就可以获得优惠券。很多消费者就将这些信息与好朋友分享，达到一传十、十传百的效果。上海星巴克还率先推出电子发票，一张电子发票的最下端，被设计成优惠券。

此外，收银员除了在收银机里键入品名、价格以外，还要键入顾客的性别和大致年龄，否则打不开收银机。这样，POS机就会在不知不觉间将顾客的性别、大致年龄、消费时间、购买物品以及消费数目等数据即时传回总部。通过其先进的后勤管理系统，星巴克还可以准确把握目标客户。

（四）节俭心理定价

在市场营销中，有一个很有趣的现象，少量消费不会有很高的价格敏感性。就像偶尔来北京的人不会抱怨这里食品的价格，因为他只是偶尔消费一次。只有大量消费后，顾客才会产生价格敏感性，并想寻找廉价的替代品。

27元钱一杯的咖啡虽然算不上昂贵，但也不便宜，因此顾客就希望有某种替代品的出现。对于这点，星巴克早有考虑，为顾客提供小袋包装的咖啡，100元钱左右能买到一大包，可以制作出许多杯咖啡来，这样看起来似乎便宜很多。其实，顾客在寻求节俭的同时，星巴克再次获得大量的利润。

众所周知，27元钱一杯的咖啡，咖啡本身的成本（只有5元钱左右）几乎可以忽略不计，其消费点在于星巴克提供的饮用环境。当顾客选择了袋装的咖啡，那么，星巴克在不提供环境的前提下，又能获得相应的赢利：一包研磨好的咖啡，并不能直接饮用，还需要一个咖啡壶，以便能将咖啡渣和咖啡分离，这种机器在星巴克的柜台就有销售；可能有些顾客还需要一个印有星巴克标志的陶瓷杯子，星巴克自然也乐意提供，价格是85元，如果在自由市场，类似的杯子仅用3元钱就可以买到。这就是星巴克利用顾客寻求节俭的心理再次获得利润的奥秘所在。

价格既是企业营销人员销售产品的重要依据，也是企业获取利润的重要途径，获取利润是企业生存和发展的必要条件，是企业经营的直接动力和最终目的。因此，价格的重要性直接影响到企业的生存和发展。企业只有制定好产品价格，才能使企业更好地适应市场竞争发展，吸引更多的客户来购买企业的产品。企业定价的目的，除了积极参与市场竞争战胜对手外，还包含企业对产品的市场筹划和利润期望。星巴克咖啡不用成本导向定价法，而主要采用理解价值定价法的主要目的就是为了和竞争对手有所区别，体现出星巴克咖啡与众不同。星巴克以差异化为基础，成功地做到了以最好的咖啡卖出最高的价格，使企业同时具备了巨大的竞争优势和利润空间。

星巴克的经营理念以及其经营销售模式，使得星巴克的品牌价值也得到了极大的提升。随着生活水平的提高，消费者在追求产品本身价值的基础之上，也越来越关注产品的附加价值。星巴克所提供的产品、服务和体验迎合了目标群体的需要，且消费者认可其品牌价值，这也是星巴克成功的重要原因。

参考文献

[1] 李莹. 星巴克在中国的定价策略及收益分析 [D]. 长春：吉林大学，2017.

[2] 新浪财经网. 图解星巴克拿铁咖啡在华售价构成 [EB/OL]. (2015-09-04). http://finance.sina.com.cn/stock/usstock/c/20130904/173316664353.shtml.

[3] 星巴克为何敢搞“中国式定价” [N]. 中国消费者报，2013-10-23.

[4] 肖院生. 市场营销实务 [M]. 大连：东北财经大学出版社，2015：98-99，105.

补充阅读

[1] 央视网. [视频] 记者调查：星巴克咖啡 中国市场高价 [EB/OL]. (2013-10-20). http://news.cntv.cn/2013/10/20/VIDE1382232002696929.shtml.

[2] 张辛瑞. 星巴克（中国）的市场营销策略分析 [D]. 长春：吉林大学，2014.

[3] 蒂姆·史密斯. 定价策略 [M]. 周庭锐，译. 北京：中国人民大学出版社，2015.

分析讨论题

1. 结合案例分析影响星巴克定价的因素有哪些？
2. 请尝试从市场营销角度分析星巴克在国内价格偏高的原因。
3. 你认为星巴克是否应该降价来应对目前的舆论？

实践实训

一、任务目标

1. 熟悉企业定价的主要因素、变价的策略。
2. 掌握基本的定价方法。
3. 学习定价的技巧。

二、任务描述

1. 为教师给定的商品定价。
2. 结合市场竞争的要求，对产品进行价格调整。

三、实训步骤

1. 教师给定一个相关商品。

2. 学生对该商品进行资料收集。

3. 就给定的商品进行定价。

4. 结合市场竞争的要求，对产品进行价格调整。

四、实训材料

教师向学生给出当地市场上奶茶价格竞争现状的基本资料。学生以小组为单位在市场上收集该类产品中相近产品不同企业的定价信息及了解存在的问题。

五、考核记录表

将对学生任务完成情况的评价填入表 8.1。

表 8.1　任务完成情况评价要素表

组别：　　　　　　　　　　　　　　　　　　学生姓名：

序号	考核点	分值（100 分）	得分	累计积分账户
小组评价		共计 30 分		
1	态度与纪律	5		
2	出勤情况	5		
3	参与调研时与人沟通的能力	6		
4	参与讨论的积极性	6		
5	团队合作表现	8		
本人评价		共 30 分		
6	收集信息的能力	10		
7	定价方法技巧运用的正确性	10		
8	价格调整策略运用的正确性	10		
教师评价		共 40 分		
9	定价知识的掌握	20		
10	定价技能的掌握	20		
本次实训分数小计				

第九章　渠道策略

知识要点

（1）大多数生产商不直接面向最终顾客，而是通过分销渠道向最终顾客销售产品。按不同的划分标准，分销渠道可以划分为直接渠道和间接渠道、长渠道和短渠道、宽渠道和窄渠道。

（2）中间商是指在生产者与消费者之间参与商品交易业务，促使买卖行为发生和实现的、具有法人资格的经济组织或个人。他们的基本职能是作为生产和消费之间的媒介，促成商品交换。

（3）中间商主要分为批发商和零售商。以批发经营活动为主的企业或个人称为批发商；以零售经营活动为主的企业和个人则称为零售商。

（4）企业选择分销渠道时应考虑顾客的需要和购买行为、产品自身的特点、企业本身的实力等。企业在具体选择中间商时还要考虑以下因素：市场覆盖面；中间商是否具有分销某种产品必要的专门经验、市场知识、营销技术和专业设施；预期合作程度；中间商的目标和要求。

（5）有效的渠道策略要求选好中间商并激励它们。其目标是建立一个长期的网络伙伴关系，并使所有的渠道成员盈利，定期按预设的标准对渠道成员的绩效进行评估，并且在市场条件发生变化时，对渠道策略进行修正。

（6）渠道冲突指的是渠道成员之间或渠道成员和生产厂商之间发生的矛盾。当一个渠道成员为了自己的利益而做出不利于渠道发展的行为时就会发生渠道冲突。

案例

格力空调能否借渠道再创巅峰?

一、道不相同，与合作伙伴分道扬镳?

（一）格力与国美决裂

分销渠道策略是指企业为了使其产品进入目标市场所进行的路径选择活动和管理过程。它关系到企业在什么地点、在什么时间、由什么组织向消费者提供商品和劳务。

分销渠道决策包括渠道的长短、宽窄决策，受中间商、产品、企业自身、竞争者、顾客等因素的影响。多年以来，格力空调结合自身情况一直采取的是厂家—区域销售公司—经销商/代理商—零售商—消费者的渠道策略，并在这种渠道模式下取得了较高的市场占有率。

然而，一批优秀的渠道商经过多年发展，已经成长为市场上的一支非常重要的力量。其中，尤以北京国美、山东三联、南京苏宁为代表的大型专业家电连锁企业的表现最为抢眼。这些超级终端浮出水面，甚至公开和制造企业“叫板”。自2000年以来，这些大型专业连锁企业开始在全国各大中城市攻城略地，在整个家电市场中的销量份额大幅度提高，其地位也直线上升。

2004年3月，格力电器与国美在格力空调的销售上发生争执，格力电器认为成都国美擅自降价破坏了格力空调在市场中长期稳定统一的价格体系，决定停止向国美供货。国美则称由于格力电器在价格上不肯让步，与国美“薄利多销”的原则相违背，要求各地分公司将格力空调的库存清理完毕。自此，双方的合作关系破裂。

（二）格力与苏宁闹翻

苏宁电器是中国家电连锁零售行业老大。而格力是属于国产渠道开发做得最好的厂商，是空调界的老大，其经销商遍及全国。董明珠认为可以抛开苏宁这种量贩店的压榨，不仅能维护格力与经销商的利润，还能更好地控制市场上的价格，那么不在苏宁贩卖格力也是水到渠成的事情。

苏宁不想破坏“线上、线下同价”战略的落地，希望线下价格向线上价格看齐；而格力则要维护价格体系，避免损害专卖店和经销商的利益。双方因此而谈不拢，于是2014年，格力全面撤出苏宁。

当一个渠道成员为了自己的利益而做出不利于渠道整体健康发展的行为时就会发生渠道冲突。按照冲突的对象来划分，可将渠道冲突分为垂直渠道冲突、水平渠道冲突和多渠道冲突。所谓垂直渠道冲突指的是同一渠道中不同层次之间的冲突，是营销渠道冲突中最常见的冲突。生产商与总代理商、二级代理商或经销商之间发生矛盾属于垂直性冲突；不同层级上渠道成员间的不合作也是垂直渠道冲突。格力与国美决裂、与苏宁闹翻就属于典型的垂直渠道冲突。

二、砥砺前行，格力的渠道创新之路？

在激烈的市场竞争中，分销渠道决策是企业最重要的决策之一，它将直接影响所有的其他营销决策。分销渠道决策的关键之一就是渠道成员的选择，就是从众多的相同类型的分销成员中选出适合公司渠道结构的能有效帮助完成公司分销目标的分销伙伴的过程。随着市场经济的深入发展，各种新型渠道成员在不断涌现，企业选择渠道成员所追求的就是寻找能高效完成渠道功能的中介组织或个人。

格力之所以敢这么大胆的与国美决裂、与苏宁闹翻，主要在于格力与其他家电企业完全不同的销售渠道。格力并不像一些家电企业完全或很大程度地依赖家电卖场渠道，它只是把这些卖场当作自己的普通经销网点。格力电器一直坚持以自身经销网点为主要销售渠道。

（一）厂商股份制合作渠道的创新

1. 内斗之中山重水复疑无路

水平渠道冲突是指由同一营销渠道中某个环节上同类中间商之间的利益矛盾所引发的渠道冲突。1996 年，格力在湖北的四个业绩很好的空调批发大户，为抢占地盘，开始恶性竞争，结果是商家和厂家利益都受到严重损害。这种情况属于典型的水平渠道冲突。为了解决这一冲突，1997 年年底，在董明珠的倡导下，中国第一家由厂商联合组成的区域性品牌销售公司——湖北格力空调销售公司正式诞生。

其倡导的中心内容是以资产为纽带，以格力品牌为旗帜，在每个区域选定几家大的经销商，共同出资参股组建一家专营格力品牌的股份制销售公司。其中，格力只负责公司品牌建设，在销售分公司中占有少许股份，厂方在该区域的一切市场开拓、管理和售后服务工作均由该销售公司来实现。格力总部相当于制造商及全国性总批发商，销售公司相当于各省级市场的总代理商。从此以后，格力就觅得了一宝，开始了自建渠道之路。

商品分销渠道的变化在整个流通领域中是最大的，一些新型的分销渠道压缩了一些不必要的中间环节，由直线式向扁平式分销渠道转化，能够专业化管理、集中计划，销售系统中的成员为了共同的利益目标，采用一体化或联合经营。格力自创的厂商股份制合作制渠道模式，相较于其他的传统渠道模式，具有无法想象的神奇力量。

2. 化敌为友柳暗花明又一村

自建渠道作为格力公司的法宝，其最大的特点就是格力电器股份有限公司以厂商股份制的形式在每个省和当地经销商合资建立了销售公司。这就是所谓的使经销商之间化敌为友，“以控价为主线，坚持区域自治原则，确保各级经销商有合理的利润”，由多方参股的区域销售公司形式。各地市级的经销商也成立了合资销售分公司，由这些合资企业负责格力空调的销售工作。

各地区的销售公司严禁跨区窜货，厂家以统一价格对各区域销售公司发货，当地所有一级经销商必须从当地销售公司进货，严禁跨省市拿货。同时，格力总部还给产品价格划定一条标准线，各销售公司在批发给下一级经销商时结合当地实际情况“有节制地上下浮动”，但浮动不得过于悬殊。

格力自建渠道这种销售模式根本性的变化在于，格力公司与经销商组织起来建立一个地区性的、格力为大股东的合资销售公司，以这个公司来充当格力空调的分公司管理当地市场，有效地遏制了窜货行为的发生。

一般区域销售公司董事长由格力方出任，总经理按参股经销商的出资数目共同推举产生，年终股东按股本结构分红，入股经销商形成一个利益联盟。格力对入股经销商的基本要求是：当地空调大户，并且格力占其经营业务的 70%以上。

分销渠道的宽度是指渠道中的每个层次使用的同种类型中间商的数目。企业的分销策略通常分为三种，即密集分销、选择性分销和独家分销。选择性分销渠道是指在某一渠道层级上选择少量的渠道中间商来进行商品分销的一种渠道类型。格力电器主要选择少量中间商进行销售代理，即采用了选择性分销渠道。格力电器在各个分销地区设置分销的格力分公司，分公司之下并相应地选择个别的经销商、零售商进行代理，靠诚信、亲情、公平这三招，格力在商界赢得了渠道成员的普遍尊敬，从而居于领先的主动地位。

格力空调这种销售渠道主要在于格力电器与各地经销商成立销售分公司，实现“工商分离”。除了“工商分离”以外，格力还表现在强大的市场控制力上：对自己的每一台空调都实行“明码标记”，所有销售出去的产品和库存产品全部实现电脑控制，鼠标轻轻一点，立刻就可知道每台空调的详细情况，这样有效地避免了市场混乱。

传统的渠道关系是“我”和“你”的关系，即每一个渠道成员都是一个独立的经营实体，以追求个体利益最大化为目标，甚至不惜牺牲渠道成员和厂商的整体利益。而在格力采用的这种伙伴式销售渠道中，厂家与经销商由“我”和“你”的关系变为“我们”的关系。厂家与经销商一体化经营，实现厂家对渠道成员的有效控制，使分散的经销商形成一个整合体系，渠道成员为实现自己或大家的目标共同努力，追求双赢或多赢。

3. 明确合作伙伴的选择与激励

（1）渠道成员的选择

有效的渠道设计以确定企业所要达到的市场为起点。格力自创的厂商股份制合作渠道既有效地避免了经销商之间窜货行为的发生，又能够使产品有效、快速地到达消费者手中。在渠道设计完成之后，生产者还要重视对渠道成员的管理，主要是对中间商进行选择、激励与定期评估。

一般来讲，生产者要评估中间商经营时间的长短及成长记录、清偿能力、合作态度、声望等。当中间商是销售代理商时，还需要评估其经销的其他产品大类的数量与性质、推销人员的素质与数量等。

选择好的经销商，销售工作也就成功了一半。格力公司对经销商的要求很高，即使是市级的经销商都要求是分销能力最强、专业素养最高，并且有着强烈的销售格力空调意愿以及高品牌忠诚度。要成为格力批发商则不仅需要下线资源，还被要求不能经营其他空调品牌。

（2）渠道成员的激励

生产者不仅要选择中间商，而且要经常激励中间商，使之尽责。促使中间商进入渠道的因素和条件已构成部分激励因素，但仍需生产者不断监督、指导与鼓励。生产者还可以借助强制力、奖赏力、法定力、专长力、感召力等来赢得中间商的合作。格力从政策激励以及利益奖励等方面激励经销商，其中包括格力首创的淡季预付款政策以及模糊返利政策。

政策激励。在每年度的销售协议里，格力销售公司明确规定每一个代理商的出货范围、发货对象，严禁批发给范围外的经销商，严禁代理商向非指定经销商或没有格力经销资格的经销商发货。同时，严格规定各指定经销商的进货渠道。

格力还十分重视品牌建设，每年在中央级媒体投入巨资进行形象宣传，“好空调，格力造”的品牌形象已经深入人心。

年终模糊返利政策。格力的年终返利政策始于1996年，也是在那一年格力在全国确立了龙头老大的地位。1996年格力拿出一亿元补贴返还经销商，这是在没有任何承诺的情况下对经销商的返利。通过这次返利，格力传递给所有经销商一个信息，即格力和所有经销商是利益共同体，格力会和所有经销商共赢。采用感召力使中间商对生产者深怀敬意，并希望与之长期合作。返利政策得到了经销商的拥护，经销商都仿佛吃了定心丸，认定选择经销格力空调就等于进了保险箱，不会有亏本的风险。

淡季预付款政策。空调销售有着明显的季节区分，一般而言，每年的9月到第二年的4月为空调的淡季，市场销量很少，而每年的5~8月，又会出现卖断货的现象。格力首创的淡季预付款政策，即在旺季来临之前打款的经销商可以有贴息的返利。因为贴息率大于银行的存款利率，所以该政策得到了经销商的大力响应和支持。这项政策既解决了制造商淡季生产的资金问题，又缓解了制造商旺季供货的压力。

相关费用补贴。为了不断提高格力的知名度，吸引消费者的眼球，提高市场占有率，格力在各个区域的广告投放力度很大。格力鼓励每个经销商积极宣传、加大广告投入以及举办各种有利销售的促销宣传活动。经销商凭借宣传横幅的照片、户外广告照片或电视台广告发票领取销售公司的费用补贴。

（二）专卖店销售模式的独特魅力

零售是指所有向最终消费者直接销售产品和服务，用于个人及非商业性用途的活动。零售商是指那些销售量主要来自零售的商业企业。零售业商店主要包括百货店、超级市场、大型综合超市、便利店、仓储式商场、专业店、专卖店、购物中心。

占领了渠道就占领了市场，渠道决定了企业的生存和发展。格力高调宣布与国美决裂之后就果断地建立了专卖店模式。格力电器所采取的是“农村包围城市”战略，所运用的渠道主要是重点经营专卖店，通过良好的售后服务保证顾客利益。格力专卖店并不是格力自己建立的专卖店，而是格力的从业人员通过在当地对潜在经销商进行评选而最终选择的有格力产品经营权的经销商建立的专卖店。专卖店具有较强的品牌效应，可以将产品维持在较高的价格水平，利润相对较高。截至目前，格力专卖店在全国的数量已经发展到了4万多家，极大地促进了格力空调的销售。

三、痛点难消，死灰复燃重归于好？

2014年1月格力选择与决裂十年的国美重新合作，又于2015年快速与阿里巴巴、京东达成战略合作协议，并于2016年年初与分开两年的苏宁继续合作。主要原因是，从2015年开始，市场上的格力空调窜货机会多了，市场上格力空调的价格乱了，市场上的格力空调不太好卖了。种种迹象表明，迫于库存清理压力的格力，正一步步亲手拆掉自建的渠道网络。

（一）电商冲击，专卖店的风光已不在

专卖店也称专营店，是指专门经营或授权经营某一主要品牌商品（制造商品牌和中间商品牌）的零售业形态。长期以来，专卖店模式被誉为格力电器两大核心竞争力之一（另一大核心竞争力是技术），但是今天，这一核心竞争力随着电子商务的迅速崛起而急速下降。在互联网渠道中，中间商的地位受到动摇，即使最小的生产商也能在

互联网上向广大消费者提供信息；数以万计的消费者通过互联网与生产商直接联系，在网上购买。这在某种程度上已经成为格力企业转型的阻碍因素。在中国家电领域，格力是电商反应最迟钝、布局最滞后的企业。

自2014年起空调市场就进入饱和期，市场已经难有增量，主流企业的增长主要靠从竞争对手那里分抢，也就是我们常说的“切蛋糕”。

电商时代的到来，对专卖店的生存造成很大的威胁。过去，专卖店只需和大卖场竞争，现在不仅要和大卖场竞争，还要和电商竞争，多了一个对手，少了一份生存空间。

（二）库存压力，寻求昔日伙伴再帮忙

格力是“淡季预打款”模式执行力度最大的家电企业，每年的第四季度都能把当年的任务完成，至于第二年这么多的库存怎么消化到时候再想办法。格力空调的高库存压力，在整个家电行业都不是什么秘密。

多渠道系统，或称复合渠道，是指对同一或不同的细分市场，采用多种渠道的分销体系。就一家公司而言，如果其通过两种以上的渠道形式进行分销活动，就属于多渠道系统。这种渠道的优点是：可以增加产品的市场覆盖面，提高市场占有率。其缺点是：会加大渠道管理难度；窜货现象更容易发生。

在短时间内，格力为了消化库存，开始从自己的自建渠道，进入公共渠道，实现多渠道销售。

从表面上看，从自己的渠道进入公共渠道，给格力空调带来的将是销售渠道和网点的成倍增加。从消化库存的角度来看，格力无疑可以在短期内迅速依靠国美、苏宁以及京东、阿里巴巴的渠道和平台影响力，至少一年增长近300亿元的营业收入。

现实情况是渠道是动态的，渠道商之间也是兵刃相见下的市场相斗。无论是国美和苏宁还是阿里巴巴、京东，在当前的家电市场格局之下，都是在相互抢蛋糕、抢地盘。对于格力来说，将面临自建渠道与公共渠道之间的相互倾轧，以及自建渠道内部、公共渠道内部的左右手互搏等问题。

四、冰释前嫌，昔日美景可否再现?

（一）难以遏制的渠道末端乱象

2016年，作为格力空调渠道最末端的经销商，也就是乡镇市场上格力专营店的老板开始发现了一个非常重要的问题：除了原有格力的渠道体系，即省分公司、市级分公司、代理商、分销商这个一级一级严密的批发、零售组织体系之外，突然在乡镇市场上又冒出了三股力量。一股力量是来自电商巨头的线下拓展人员，比如说京东帮的人员，就直接到店里送价格表，格力空调价格很低；另一股力量是来自大连锁的线下人员，比如说国美的员工也会往乡镇出货；还有一股力量则是来自市场上的那些窜货商，价格便宜，送货速度快。甚至窜货商手中的货，大部分竟然是从格力一些分公司等正规渠道流出来的。

窜货是商业行为，目的是盈利，是经销商跨过自身覆盖的销售区域而进行的有意识的销售，是经商网络中的公司分支机构或中间商受利益驱动，把所经销的产品跨区

域销售，造成市场倾轧、价格混乱，严重影响厂商声誉的恶性营销现象。窜货属于典型的水平渠道冲突。窜货以及其他渠道成员的加入，使得格力的渠道变得乱象丛生，原有的经销商受到了极大的冲击。

（二）自建渠道慢慢土崩瓦解

多渠道系统是指企业设计构建的组合多种营销途径和组织的渠道系统。由于任何产品都不存在一个同质的市场环境，所有市场都可以进一步细分，仅依靠单一分销渠道不可能满足整个市场需求，所以，为有效占领多个细分目标市场，多渠道系统便成为许多企业的选择。但该系统很容易造成渠道之间的冲突。

格力在自己原有的 4 万多家专卖店渠道体系之外，又突然扩展了国美、苏宁两大线下大连锁体系以及天猫和京东商城两大电商体系，虽然从门店数量和出货口径上，在短短几个月时间内至少可增加超过 2 000 多个门店出货口以及上亿的电商用户流量。这似乎在加速推动格力空调库存消化朝着良性的方向迈进。然而，在具体的市场竞争中，来自自有渠道和公共渠道之间的相互拼杀，已经在一线市场上给大量实力偏弱和规模偏小的格力专营店老板们，造成持续不断的低价、乱价、窜货，甚至是直接公开赤裸裸地抢夺等冲击和伤害。

多渠道冲突是指企业建立了两条或两条以上的渠道向同一市场分销产品而产生的冲突，其本质是几种分销渠道在同一个市场内争夺同一种客户群而引起的利益冲突。由于市场竞争的压力，使得企业加强了对市场的争夺，几乎到了“寸土必争”的地步，所以在同一区域市场往往会使用多种分销渠道，不可避免地就会发生几种分销渠道将产品销售给同种客户群的现象。当前国内电子网络销售发展迅猛，对传统家电渠道销售产生较大冲击，而生产者既不能放弃传统销售渠道，又不能放弃电子商务销售渠道，就是属于多渠道冲突。

从表面上看，格力是为了拓渠道、清库存。虽然弱肉强食是自然法则，一些不符合格力要求的专营店退出也是必然。但对于格力自建渠道而言，却不能因为一时的库存压力释放而采取任凭“左手砍右手”这种相互自杀局面持续存在和发展。

更为重要的是，对于格力这样已经通过自有渠道、占据国内空调市场超过四成份额的企业来说，想要在短时期内借助第三方，再去抢夺更大的市场份额，本身就是一个“杀敌一千自损八百”的商业游戏。

五、格力渠道能为企业带来何种警示？

格力空调为了清库存而一步步“拆解”原有的自建渠道体系，这并不意味着就是其他空调企业的机会。但是，对于正在经历渠道变革和转型的其他空调企业而言，却有着非常重要的借鉴意义，至少可以避免在两个方面少走弯路：一是对于当前正在进行的家电全渠道布局，看上去是一件很美好的事物，似乎可以解决家电企业出货、规模做大的问题。但是，如果解决不了各个渠道的利益分配问题，那么这么做绝对不是馅饼而是陷阱。二是任何渠道都是有边界的，而不是一些人认为的无边界。无论是电商从线上向线下发展，还是连锁卖场从线下向线上挺进，对于家电企业而言，短期内都是左右手互搏，虽然感觉上会带来 1+1>2 的效果，但绝对是 1+1<2 的结果。

市场是动态的，市场的变化必然要求企业对营销策略做出相应的改进。随着现代市场消费结构的不断变化，消费者的需求呈现多样性的发展，势必会引起商品流通中各个环节的不断变化。因此，对于格力来说，如何在消化库存的过程中，避免对原有自建渠道网络产生冲击，建立起线上和线下、城市和农村相对协同的新渠道生态，实现渠道的创新，已迫在眉睫。

参考文献

[1] 常伟. 为泄库存，格力空调正在拆掉渠道护城河？[EB/OL].（2016-06-11）. http://www.sohu.com/a/82402302_111100.

[2] 游文广. 格力电器营销渠道冲突管理研究 [D]. 苏州：苏州大学，2014.

[3] 马红霞. 格力营销渠道模式解析 [J]. 中国商界（上半月），2010（7）：6.

补充阅读

[1] 朱国超，刘凤军. 格力打造互联网渠道新格局 [J]. 企业管理，2017（2）：20.

[2] 伯特·罗森布洛姆. 营销渠道·管理的视野 [M]. 宋华，译. 8 版. 北京：中国人民大学出版社，2014.

[3] 家电魂资讯. 格力遭遇转型危机，但“护城河”——经销商群体很稳固 [EB/OL].（2016-12-01）. http://www.sohu.com/a/144045104_564549.

分析讨论题

1. 格力电器的渠道模式是怎么样的？
2. 格力电器是怎样管理渠道成员的？
3. 格力电器的渠道策略有什么优点？存在哪些缺点？
4. 格力电器的渠道管理变革经历可以给其他类似企业带来什么启示？

实践实训

一、任务目标

通过该任务，使学生掌握企业选择分销渠道时要考虑的因素，并能结合实际情况选择合适的分销渠道。

二、任务描述

请以服装产品为例，结合当地的实际情况，分析不同的服装企业是如何进货的，又是如何把产品销售到消费者手中的。

三、实训步骤

1. 结合消费品分销渠道，找出服装到达消费者手中的渠道。

2. 以服装零售商为例，找出他们的进货来源。

3. 结合实际情况分析服装企业现有的渠道是否需要调整。

四、实训材料

教师向学生指定当地市场上几家服装企业为研究对象，学生以小组为单位收集该服装企业的相关渠道资料并做分析。

五、考核记录表

将对学生任务完成情况的评价填入表 9.1 中。

表 9.1　任务完成情况评价要素表

组别：　　　　　　　　　　　　　　学生姓名：

序号	考核点	分值（100 分）	得分	累计积分账户
小组评价		共计 30 分		
1	态度与纪律	5		
2	出勤情况	5		
3	参与调研时与人沟通的能力	6		
4	参与讨论的积极性	6		
5	团队合作表现	8		
本人评价		共 30 分		
6	收集信息的能力	10		
7	分销渠道选择分析的正确性	10		
8	分销策略分析的正确性	10		
教师评价		共 40 分		
9	分销策略知识的掌握	20		
10	分销策略技能的掌握	20		
本次实训分数小计				

第十章　促销策略

知识要点

(1) 促销就是营销者向消费者传递有关本企业及产品的各种信息，说服或吸引消费者购买其产品，以达到扩大销售量目的的系列行为。

促销实质上是一种沟通活动，即营销者发出作为刺激消费的各种信息，把信息传递到一个或更多的目标对象，以影响其态度和行为。常用的促销手段有广告、人员推销、营业推广和公共关系。

(2) 广告是一种高度公开的信息沟通方式，具有“广而告之”的特点，提供将一个公司及其产品戏剧化的表现机会，适用于创立一个公司或产品的长期形象，能促进快速销售，是一种较为有效并被广泛使用的沟通促销方式。

(3) 公共关系包括各种设计后用于推广或保护公司形象或个别产品的活动，主要工具包括事件、新闻、演讲、公益服务活动和形象识别媒体。

案例

青春型白酒江小白的促销纪实

一、年轻企业江小白的简单介绍

重庆江小白酒业有限公司是一家于2012年8月注册的年轻企业，是一家集高粱酒研发、酿造、分装和销售于一体的专业酒业公司。公司产品面向新青年群体，主张简单、纯粹的生活态度，坚持小众而独特的企业经营价值，做具有长期价值的事业。

江小白在2013年下半年实现盈利，2013年全年综合收支平衡，销售额为人民币5 000万元。从成立公司到在业内打响名声——“我是江小白”这个品牌仅用了一年的时间。

定位为青春型小酒的江小白，致力于向年轻群体提供高品质的单纯高粱酒，致力于捕捉和表达都市文艺青年群体的丰富情绪。针对不同的情境可以选择不同的产品来表达心声，主要产品有表达瓶、青春版500毫升以及三五挚友、拾人饮等。其中，表达瓶是其主力产品，是江小白最出名的产品，净含量为100毫升，酒精度为40度。表达瓶采用小瓶加语录的至简设计，用户自己可以在瓶身上创作文案，让用户有一个表达自己观点的机会。所有表达瓶上的文案都由消费者提供，以语录和表达功能实现与消费者的互动。拾人饮净含量为2升，酒精度为25度。单瓶重达2千克，口味清甜柔顺，伴有少许类似酸奶的香甜味道与醪糟香气，带来清新甜美的印象，被赞誉为团队建设神器。

二、与众不同的青春型促销定位

所谓促销定位主要是指对促销方式和媒体的选择，有两层含义：一是促销方式的选择，即人员推销、广告、公共关系、营业推广等方式的选择及其组合；二是选择促销方式的具体手段或媒体。促销定位准确与否直接影响促销效果。要提高促销定位的准确性，必须深入分析产品的属性和消费者的特性，从而找准既适合产品又适合消费者的促销方式，同时还要考虑企业自身的实力。

白酒行业一直属于传统行业，品牌诉求千篇一律的都是对于历史文化的诉求、对于高端奢侈化生活方式的诉求。多数企业的做法是以陈年老酒的品质诉求、以历史悠久的文化诉求、以豪华奢侈的包装形象、以政务接待商务宴请为目标市场，在价格上不断上涨以彰显阶层地位。

而在逐渐成长为社会主流的“80后”“90后”眼中，白酒几乎是老气横秋的代名词，几乎是属于爷爷、叔叔辈才会饮用的酒类，从心底里拒绝而转向更加时尚年轻化的啤酒、洋酒等酒种。传统产业面临失去年轻一代消费者的巨大危机，很多名酒企业都做过年轻化、时尚化的尝试，希望与年轻人接轨，然而几经尝试之后发现，要想从市场中分得一杯羹，还得另辟蹊径。

江小白的品牌形象是一个卡通男孩人物：大众脸、青春型、文艺心。这几乎是“80后”的群体特征，很多“80后”都是这个样子。江小白代表青春而简单的个性，有强烈的个性表达、爱憎分明的文艺青年情结。而这正契合“80后”一代人的生活形态。注定能引起他们的共鸣。

品牌是一种生活方式，每一种品牌都代表了一种生活方式、代表了不同的生活形态。白酒品牌营销的主要任务就是把自己的品牌镶嵌到一种生活方式中，成为生活方式品牌集合下的一分子，进入消费者的“消费菜单”。江小白就是致力于成为“80后”年轻一代的一种生活方式。因此，江小白被定义为“青春型白酒”。

除了在品牌理念上贴近“80后”以外，江小白也不遗余力的在产品品质和包装上迎合年轻一代。江小白摒弃了传统白酒基于浓香味厚的口感特征，改以传统高粱白酒为基础，通过现代工艺达到“清香甜淡、柔和纯净”的年轻化口感要求。亦可加冰、加水、加冰红茶等兑饮。

在包装上，由于受到了苹果手机壳的启发，瓶身采用磨砂材质，江小白就如同iPhone，套上不同的青春感言就变成了每个人不同的江小白，并且把套在瓶身上的纸套当作了一个自媒体。也正是那些简单却击中心灵的文字，让江小白赢得了年轻一代的认同。

三、另辟蹊径的走心式广告定位

现代商业社会中，广告在促销中的地位尤其重要和突出。成功的广告定位必须解决两个问题：一是广告媒体选择，二是广告创意。广告媒体选择恰当，既宣传了产品，又节约了广告促销费用。而广告创意的精彩和独特可以对广告定位起到画龙点睛的作用。

（一）“走心”的广告文案

在广告传播中，文案与图案或图形同等重要，图形具有前期的冲击力，广告文案具有较大的影响力。好的广告文案能够打动消费者的内心。

江小白的广告文案总是金句不断，被奉为业界经典，甚至让许多一线广告公司汗颜。有网友调侃道：“江小白是一家被卖酒耽误的广告公司。”江小白写的不是文案，是情绪、是故事，字字句句都是想约你的理由。

1. 表达瓶文案

表达瓶就是一种可以用来表达的瓶子。扫描江小白瓶身二维码，输入你想表达的文字，上传你的照片，自动生成一个专属于你的酒瓶。如果你的内容被选中，它就可以作为江小白正式产品，付诸批量生产并在全国同步上市。就是这个二维码，解释了江小白的经典文案来源，也消除了白酒行业与消费者与日俱增的隔离感，让品牌与消费者之间有了双向互动，也给了用户一个表达自己观点的机会。这一方式对于促进用户和品牌之间的互动大有裨益，同时还能为文案的持续创新提供更多的思路和想法。

以下是江小白的表达瓶语录鉴赏。如此感性的语言，默默传递的情感，是否也让你心有灵犀？

耽误你的不是运气和时机，而是你数不清的犹豫。

从前羞于告白，现在害怕告别。

懂得越多，能懂你的就越少。

世上的美景无数，可最美的风景却是回家的路。

我们总是走得太急，却忘了出发的原因。

春意越来越浓，你我的友情却越来越淡，欠我的那杯酒，什么时候还？

人生就像是一道多项选择题，困扰你的，往往是众多的选择项，而不是题目本身。但正是这些选择，使得每个人的生命变得与众不同！

有时候，事情很简单，复杂的是我们的脑袋。保持内心的清澈明净，才能让生活更加简单。

为情受伤的时候，他们会说，时间久了就会忘了；日子难熬的时候，他们会说，过段时间就好了。时间真的可以冲淡一切。

许久未见的老同学相聚，菜过五味，也仅剩彼此客套的寒暄。只有酒过三巡，才能知道你到底过得好不好？

每个人都在导演自己的人生，扮演过很多自己“不擅长”的角色，隐藏了许多未曾说出口的话。

忘了在最熟悉的人面前，一切抵御世俗的甲胄都多余。少一分防备，就多一份简单。少一分芥蒂，就多一份热情。

我们路过了青春，路过了时间流逝最快的日子，最多第一次发生的年头，路过了某些人一阵子，但他却会在记忆里搁浅一辈子。

2. 地铁广告文案

江小白在上市初期，与消费者接触最频繁的就是地铁广告。地铁是一个封闭的环境，很容易带动来来往往人群的情绪。能在 1 秒内抓住过路人的视线，使他们停下脚步，就成功了。

以下是江小白的地铁广告语录鉴赏。如此真挚的语言，默默传递的情感，是否也让你怦然心动?

@青春的我们：有时候，我们做错事，是因为该用脑子的时候却动用了感情。有时候，我们说错话，是因为该喝饮料的时候却喝了江小白。不做错事，不说错话，青春白走一回。

@我的兄弟：1 瓶绿票票=2 瓶江小白，方便兄弟伙亲切交谈。狂欢，不过是一群人的孤单。真正的兄弟，是能够陪伴度过寂寞、孤独以及沉默的那个人。

亲爱的@小娜：成都的冬天到了，你在北京会冷吗？今天喝酒了，我很想你，一起喝酒的兄弟告诉我，喝酒后第一个会想到的人是自己的最爱，这叫酒后吐真言？已经吐了，收不回来了。

对用户的足够了解，是写出优秀广告文案的前提。江小白的每一句文案，都是消费者心底最想说的话，符合“80 后”“90 后”的心理，每一句都是消费者心底最真挚的情感表达，打动了很多年轻人。如果没有对用户足够深入的了解，是写不出这样的文案的。

（二）精准的媒介选择

广告作为促销方式，是一门带有浓郁商业色彩的综合艺术。成功的广告可使默默无闻的企业和产品名声大振，家喻户晓，广为传播。广告媒体作为广告宣传的载体物质，有举足轻重的作用，选用何种媒介作为广告载体是选择广告媒体所要考虑的一个核心内容。比较常用的广告媒体有报纸、杂志、广播、电视、互联网和户外广告等，但是随着科技的进步，使得广告媒介的种类越来越多。

每一种广告媒介都具有一定的受众特征，企业要根据自己的产品定位来找准媒介，并不断分析、预测媒介受众兴趣爱好的发展趋势。这样，根据不同的产品定位，不同的目标受众，形成了不同的媒介选择。

传统的白酒企业大多依赖传统的渠道模式，将电视广告特别是央视广告作为主要的品牌传播手段，而江小白却将社区论坛、微博等社会化营销工具运用得比较娴熟。

根据江小白产品的青春型定位，其媒体受众基本是“80 后”“90 后”这样的一批年轻消费群体。“80 后”“90 后”的特点是传统媒体对其影响力较小，如年轻消费者很少花时间看电视，也很少收听广播或者阅读纸质报纸和杂志。因为现在随着互联网的发展，年轻消费者都将获取信息的渠道转向互联网，同时互联网也充斥大量的吸引年轻消费者的事物，如微博、网游和网上购物等。这样双向的吸引自然将年轻消费者的注意力吸引到了互联网这个平台上来。同时，这个群体乐于接受新事物，消费追求时尚，敢于表达自己的主张，个性突出。因此，从这个方面来讲，参与度高的媒体更容易让他们接受，如微博和微信等。

2011年是微博快速发展的时期，其交互性、便捷性以及能让人更加地展示自己的特点让其备受广大年轻消费者的追捧。江小白看准这一时机，在微博上建立自己的账户，在新浪网上发布了第一条微博，内容是：我是江小白，生活很简单！到目前为止，粉丝数已达到25万多。在微博上，江小白对粉丝的及时回复都以小白哥自称，而且当发生社会事件时，都会在第一时间站出来表明自己的态度，具有鲜明的性格和特点。到目前为止，每条微博都有粉丝参与互动，这是其他小酒品牌无法比拟的。

除了微博之外，微信也成为江小白的广告媒介之一。在微信营销刚刚起步时，江小白就建立了除微信公众号之外的“小白哥”的私人账号，该账号由专人负责维护，并不属于江小白的任何一个员工。通过这个账号，消费者能和江小白分享自己的任何故事，哪怕是今天的午饭吃的是什么，江小白都会认真回复消费者，这样做让江小白这个品牌收买了更多的人心和获得了更多的忠实消费者。

除了在线上微博、微信的推广以外，江小白还选择了两个地点进行线下的广告投放：一个是地铁广告，另一个是在大量的中小型饭店和大排档之类的餐饮地点。选择地铁广告是因为地铁是白领年轻人的首选出行方式，在这里投放广告就能覆盖大量的目标消费者。第二个地点是在大量的中小型饭店和大排档，因为消费者消费与购买江小白的主要渠道集中在饭店和大排档等用餐的场所。

同时，江小白通过在《暗黑者》《火锅英雄》《好先生》和《小别离》等热播影视剧上植入江小白广告，提高江小白品牌在荧幕和网络上的曝光度。

产品广告的信息是通过广告媒介来发布的，如果缺少了广告媒介，那么产品的传播将无法实现，也就无法将商品信息传达给消费者，无法激发消费者的购买欲望，由此可见广告媒介的重要性。正是因为江小白对广告媒介的精准选择，巧妙地利用互联网思维，才能在激烈的市场竞争中脱颖而出，在白酒行业这个激烈的红海市场开辟出了全新的蓝海。

四、层出不穷的立体式公关活动

公共关系由英文“Public Relations”翻译而来，中文译为“公共关系”（简称“公关”），是指通过组织机构与公众之间的沟通与传播活动来密切与公众的关系和树立自己的形象。公共关系不仅是一种传播活动，还是一种管理职能。作为管理职能的公共关系，实际上是一个社会组织用传播手段使自己与公众之间形成双向交流，使双方达到相互了解和相互认同的管理活动。为了培养更多的用户认同感，江小白推出了层出不穷的公共关系活动，在“80后”渐渐成为社会精英、“90后”作为新生代力量走向社会的大背景下，获得年轻群体的青睐。

（一）“青春祭”纪念版公益活动：纪念不曾忘记的青春

2013年4月20日8时2分，四川雅安芦山发生7.0级强震。12时40分许，第13

集团军某部受命第一时间赶赴雅安芦山灾区救灾。在行至四川省雅安市荥经县新溪乡山坝村熊家山时，发生翻车事故，一辆载有 17 名官兵的救灾军车坠入山崖下的河中，重庆籍士兵杨波、李堂东不幸罹难牺牲。

重庆江小白酒业“我是江小白”的设计团队，为了纪念这两位年轻战士和“那不被淡忘的青春”，连夜加班自发做了一个《青春祭》纪念版并拿出来义卖。

“我是江小白”纪念版为 6 两装，1 件 12 瓶，原价 50 元，爱心价 35 元，1 件 420 元起预订包邮费，全部收入包括成本，全部款项捐出。将列表公布所有爱心人士名单，一并署名捐赠给家属，并将委托当地民政部门见证。

活动一经在微博发出，便得到不少网友的支持，纷纷预定。有网友表示：也许，再多的钱也无法挽回这两名英雄的生命，但是，至少可以让他们受伤的家庭，能感受到社会对他们付出的肯定和尊敬！谨以此酒，祭奠那些永恒的青春和热血！“为了那不被遗忘的一腔热血！为了不会被遗忘的青春记忆！为了不会被遗忘的白发父母！”

（二）年度约酒大会：拉近与年经人的距离

2012 年 12 月 21 日晚，江小白酒业在重庆饭江湖号召粉丝在“世界末日”这一天举杯约酒，说出“醉后真言”。从那天起，每年的 12 月 21 日江小白酒业都举办约酒大会。约酒大会的地点会随着主题、规模等因素调整。第一届举办地为重庆饭江湖。

约酒大会的参与者一般都是一群不会过度消费但喜欢精致时尚的“80 后”“90 后”群体，以及内心依然青春或渴望青春的“70 后”“60 后”群体。无关年龄、职业、信仰以及地位的不同，只要内心渴望朋友、渴望交流的年轻人，都是约酒大会欢迎的对象。

每年的约酒大会都会有相应的主题。第一届为“醉后真言”，第二届为“我们约酒吧”，第三届为“约酒不孤单”，第四届为“小约在冬季”。无论主题有何不同，传达的情怀都是呼唤沟通与理解，让人们驱散孤单，重回现实社交。

（三）原创嘻哈音乐节巡演：传递年轻的时代文化

2016 年 10 月 21 日，“2016 第一届江小白有路现场原创嘻哈音乐节四城巡演”率先在长沙开唱，随后准备挥师武汉、重庆和成都等地。

在音乐会现场，江小白同期推出超低度的 YOLO（有路）清淡型高粱酒。这款国内首创的纯粮自然发酵的轻口味高粱酒，将引领年轻消费群体的轻口味趋势，并传递这个时代专属的年轻文化与精神风貌。同时，YOLO（有路）清淡型高粱酒会在江小白电商平台限量发售。

嘻哈音乐常常被贴以“独立”或“地下”的标签，属于小众市场。说唱歌手大都在不被公众理解的情况下走出一条特立独行的路。江小白提出的 YOLO（有路）“自己有路，我有态度”，正是一种时代的叛逆精神，表达了今天多数年轻人敢大声说“不”，不循规蹈矩，不愿意甘于庸俗，如同嘻哈音乐一样，在反主流文化背景里，探索另类的文化生态。

玩嘻哈的现实目标是希望借此打通音乐和酒类的界限，打造一款限量版电商专属产品，影响年轻消费群体。江小白就是一款年轻人的小众酒。从最初的“我是江小白、生活很简单”，到“自己有路、我有态度”，从羞涩的青年文艺范到追求叛逆精神大声说“不”，显然后者更加深刻和持久，更为年轻消费者所认可。对于年轻的小众人群而言，有什么东西能够比文化和精神态度更能影响他们呢？

（四）向原创致敬：青年艺术的扶持计划

2013年12月21日，江小白召集的“2013同城约酒大会”在重庆洋人街如期举行，现场江小白公司公布了一项让小白粉丝们和文艺青年们欢呼的“江小白青年艺术扶植计划”。

诸多有才华的青年艺术家致力于原创艺术的发展，或受制于启动资金，或受制于传播推广，或受制于作品偏文艺小众等原因，在理想与现实间徘徊。“江小白青年艺术扶持计划”旨在关注本土文艺青年群体，旨在推动原创艺术，专项资金用来帮扶摇滚乐、微电影、前卫设计、当代艺术等类型的艺术团体或个人。璨乐团是“江小白青年艺术推动计划”的第一个受益的本土艺术团体，江小白支持12万元，帮助璨乐团在原创摇滚乐、音乐微电影等领域进行艺术创作。

现在，很多年轻人都有自己的梦想，文艺青年扶持计划是一个开始，江小白公司希望以后能有能力启动更多的扶持计划，做更多正能量的事情，也许不能使所有人美梦成真，但希望能通过行动和努力让更多的年轻人离梦想更近一点。

江小白通过对公共关系手段的合理使用，策划了一系列具有新闻价值的活动或事件来吸引公众的注意力，制造新闻热点，不断加深消费者对公司及其产品的良好印象，争取到了消费者的好感和支持，奠定了“人和”的基础，达到了提高知名度、扩大社会影响的目的。

五、传统套路的守规型促销方式

促销是指企业利用各种有效的方法和手段，使消费者了解和注意企业的产品、激发消费者的购买欲望，并促使其实现最终的购买行为。促销的主要方式有赠送式促销、打折式优惠、有奖式促销、降价式促销、免费品尝和试用式促销等。

江小白的促销方式主要集中在线上。比如，在天猫商城购买江小白100毫升×6瓶整箱即得酒杯和下酒菜；在京东超市也做了一些促销活动，如满赠活动：全场满99元赠混饮饮料一罐，满179元赠定制烟灰缸一个；多买优惠活动，满两件总价打9折等。在2017年“双十一”期间，江小白推出“伴你一生酒”，这款酒售价为11 111元。简单地说，这是一份终生大套餐，只要用户买了这款“伴你一生酒”，江小白就会每个月送去一箱100毫升×12瓶的江小白情绪表达经典款白酒，并自动成为江小白旗舰店终生VIP，而且在你生日时还会送上特殊礼物。

江小白的销售渠道主要是通过线上销售，线下的主要销售渠道则是超市和一些小型饭店，所以线下的促销活动并不常见，主要的促销活动则是在京东商城和江小白旗舰店。江小白最多的促销方式就是买一箱赠杯子，或者是满减活动，这些促销方式比较常见，并不能吸引消费者。这种单一且力度不大的促销方式，在宣传效果上比走心的广告文案差了很多。

六、深度探究江小白的“他山之石”

他山之石，可以攻玉。“江小白”作为一个成功的商业案例，其成功还有其他的因素，比如公司管理、产品链的跟进等。但是，作为能够折射现代青年心里的文化载体，这是“江小白”与传统白酒生产行业不同的地方，而它将这个不同运作得很成功。这个商业案例或许对创业者、经营者都有很强的借鉴意义。

第一，在经营商品上，对客户要有精准的定位。只有你能精准定位你要服务的客户群，这样你才能有的放矢。精准定位的首要前提是确定哪个群体，很多企业和实体店喜欢做很全的东西，比如我们进入一家服装店，里面有各个年龄阶段的服装，这种大而全的营销策略本身就存在概念不明确、客户群体不明确等问题。因此，确定一个特定的服务群体很重要，这取决于你能够给客户提供的需求。在确定群体后，仔细研究这个群体的心理、生理、收支、生活等习惯，在这个基础上去打造属于自己不同于其他行业的产品。

第二，寻找合适的文化推广方式进行营销。随着社会物质生活水平的进一步提高以及供给侧改革的进一步落实，基于用户定位的商品销售会成为商业运作的主流形态。因此，如何包装自己的产品很重要。在产品生产出来后，进入流通环节，如何将你手里的东西卖出去，不仅仅是一种商业行为，更是一种文化行为。所以，找到一种合适的方式，扩大自己产品的推广面。

第三，未来的经济发展有个大的方向，就是用户的需求成为第一位。在这个基础上，能够盈利的无疑分为两类：一类是技术创新对生活空白领域的弥补，比如治疗各类疾病的特效药等；另一类是基于文化营销上的市场运作，也就是说首先要提供一种独一无二的文化形态和服务，让更多的人记住你的产品。而未来的实体经济和互联网直销经济恰恰属于第二类范围。因此，未来的商业市场是具有挑战性的市场，不仅挑战做产品的能力，而且挑战知识储备和沟通能力，需要有多学科的知识背景和强大的语言交流能力。

参考文献

[1] 杨叶护.江小白入川记:深度分销的另类玩法[J].销售与市场(管理版),2017(11).

[2] 肖院生. 市场营销实务 [M]. 大连：东北财经大学出版社，2015：151-152，161-163.

[3] 佳酿网. 江小白：用心酿造的简单美酒. [EB/OL]. (2014-12-07). http://www.jianiang.cn/jiuwenhua/jiuping/120K212H014.html.

[4] 邹雪寒. 江小白的精准定位与营销策略研究 [J]. 中国市场，2018 (16).

补充阅读

[1] 杨叶护.江小白社会化营销的5个打法[J].销售与市场(管理版),2017(10).

[2] 吴柏林. 广告学原理 [M]. 2版. 北京：清华大学出版社，2014.

[3] 周安华. 公共关系——理论、实务与技巧 [M]. 5版. 北京：中国人民大学出版社，2016.

[4] 徐惠坚. 促销管理实务 [M]. 北京：科学出版社，2018.

分析讨论题

1. 江小白的广告如何赢得年轻人的心？
2. 请为江小白设计一句广告文案和相关的海报。
3. 江小白的公共关系活动如何获得年轻群体的青睐？
4. 江小白的促销有哪些亮点值得其他企业借鉴？

实践实训

一、任务目标

结合真实的服装店开店项目，学生以小组为单位探讨服装店的促销策略，提高解决实际问题的能力。通过岗位对接和角色互换，有效锻炼学生的团队合作能力、创新能力和准职业人的社会适应能力。

二、任务描述

1. 确定具体的服装产品和店面定位。
2. 结合当地实际情况，为服装店制定促销策略。

三、实训步骤

1. 以小组为单位进行分析和讨论，组长负责组织和协调，同学们积极参与。
2. 确定具体的服装产品和店面定位，并制定相关的促销策略。
3. 将讨论结果写成促销方案。
4. 各小组推荐一名同学在全班面前进行宣讲，向其他小组进行分享。

四、实训材料

学生以小组为单位收集当地服装行业的相关信息和一些企业的促销策略。

五、考核记录表

将对学生任务完成情况的评价填入表10.1中。

任务完成情况评价要素表

组别：　　　　　　　　　　　　　　　　学生姓名：

序号	考核点	分值（100分）	得分	累计积分账户
小组评价		共计30分		
1	态度与纪律	5		
2	出勤情况	5		
3	参与调研时与人沟通的能力	6		
4	参与讨论的积极性	6		
5	团队合作表现	8		
本人评价		共30分		
6	收集信息的能力	10		
7	促销策略运用的正确性	10		
8	方案撰写的正确性	10		
教师评价		共40分		
9	促销知识及技能的掌握	20		
10	促销方案的撰写	20		
本次实训分数小计				

第十一章　农产品市场营销

知识要点

（1）农产品市场营销是农产品生产者满足农产品消费者的需求，实现农产品价值的一系列交易过程，是市场营销在农产品生产和消费领域的应用。

（2）农产品市场营销遵循市场营销的基本原理。同时，农产品因为自身的特殊性而具有独特的营销规律，如农产品的刚需性、价格的政策保护、地域性和短渠道特点等。

（3）农产品品牌管理的核心是通过对农产品品牌的管理，最终形成农产品品牌的核心竞争优势，包括农产品品牌塑造、农产品品牌维护和农产品 IP 等内容。

（4）IP 是 Intellectual Property 的缩写。IP 营销是品牌管理的重要内容，其营销主张是：通过人格代理持续产出优质内容来输出价值观，通过价值观来聚拢粉丝。只要粉丝认可了价值观，实现了身份认同和角色认可，就会信任其产品。

案例一

竹叶青：迅速崛起的茶叶品牌

一、峨眉山诞生新品牌

峨眉山是我国重点风景旅游区之一，山门上“天下名山”四个大字是郭沫若所写。历代文人都赞美峨眉之秀丽，唐代诗人元稹有“锦江滑腻峨眉秀”，南宋诗人范成大有“三峨之秀甲天下”的诗句。峨眉山产茶历史悠久，唐代就有白芽茶被列为贡品。宋代诗人陆游有诗曰：“雪芽近自峨眉得，不减红囊顾渚春。”明代峨眉山白水寺（今万年寺）种茶万株，采制入贡。

竹叶青是源自四川峨眉山的绿茶品牌，在中国茶行业几千年来长期“有品类，无品牌”的历史背景下，是中国第一家开始品牌化运作的茶企。经过 20 多年的品牌化运作，竹叶青从一个偏居峨眉山一隅、亏损累累濒临倒闭的小茶厂，成为当之无愧的川茶骄傲和中国高端绿茶的领先品牌，创造了中国茶企的奇迹，缔造了中国高端绿茶品牌佳话。一个茶叶品牌的崛起，自然离不开品牌塑造的六大支柱，竹叶青也不例外。

二、支柱一——产品质量

创品牌，产品质量是第一步。给消费者提供恒定如一的产品是做品牌的基础，而这也正是传统农产品的一个硬伤。那么，竹叶青茶叶是如何保障自己的高质量呢?

(一) 出自名山

峨眉山名茶历史源远流长，晋代就已声名在外，唐时《文选注》中有“峨眉多药草，茶尤好，异于天下”。从唐代开始，峨眉山茶已被列为贡茶。宋代大文豪苏轼曾写下“分无玉碗捧峨眉”的佳句怀念峨眉山茶。明太祖朱元璋御赐峨眉山万年寺茶园，种茶万株，采制入贡，此制度一直延续到清代。

峨眉山作为历史上著名的茶叶产区，与其所处独特的地理位置、优越的生态环境不无关系。竹叶青，恰是峨眉山茶叶的典型代表。

(二) 长于仙境

按照茶树生长的地理位置来划分，在消费者熟悉的名茶中，西湖龙井、碧螺春等属平原茶，黄山毛峰、峨眉竹叶青等则属高山茶。以竹叶青为例，其主要产自四川峨眉山的高山特定生态茶区。

茶叶专家指出，峨眉山作为历史上著名的产茶地，与其地理位置不无关系。尤其是峨眉半山雨量充沛、湿润多雾，一年不足 950 小时日照，被联合国专家称为世界上同纬度生物、植被保护最好的地区，这种环境特别适合茶树生长。

名山出好茶，竹叶青产区尤为讲究，为峨眉山海拔 800~1 500 米的高山特定茶区。这里群山环抱，终年云雾缭绕，森林茂盛，茶树接受光照时间短、强度低，从而使茶叶香气高、滋味浓厚、鲜爽、品质好。

(三) 工艺精湛

以论道竹叶青为例：茶园选自海拔 1 000 米上下特定区域；采摘标准——春茶第一轮鲜嫩单芽；确定制茶大师经 18 道工序纯手工制作，精心拣剔；据说 500 万个产自峨眉山的鲜嫩单芽中才能挑出 500 克合格的论道竹叶青产品。

竹叶青公司引进一流加工设施。从日本引进全自动提香和干燥设备，建设了名茶保鲜库，实现了空气净化管理，产品质量更加稳定。在传统竹叶青的加工生产上，提高了名优茶的工业化自动化程度和传统竹叶青的产品质量。此外，公司还引进了一套日本生产的抹茶生产线。

(四) 质检严格

公司坚持抓好产品质量和管理体系建设，先后通过了 ISO9001 和 ISO2000 质量体系认证、HACCP 食品安全控制体系认证、“绿色食品”认证、“无公害产品”认证、“QS”认证。

在质量检验检测方面，引进发达国家先进的检测设备和工艺，公司的检验室有美国安捷伦公司生产的检测农药残留的气相色谱仪等国际、国内先进的各种生产和检测设备。做到了原料和成品批批检测不漏网，使竹叶青的生产规模和产品质量获得了飞跃发展。通过“层层设卡、全程把关”，为打造“竹叶青”品牌打下了坚实的基础。

三、支柱二——品牌设计

在中国，著名茶叶大多以地域品类来命名，“西湖龙井”“黄山毛尖”“安溪铁观音”“洞庭碧螺春”和“祁门红茶”等名茶品种老百姓都耳熟能详，但中国茶叶无法回避一个现实，那就是在这些如雷贯耳的名茶品种之下知名的茶叶品牌却寥寥无几。首先，地域决定了茶叶的基因和血统。这是一个两难的命题。一方面，地域赋予了茶叶的独特性和稀缺性；另一方面，这种基于地域性之上的品牌缺失和市场混乱使得茶叶竞争进入亚健康状态。龙井和大红袍都曾红极一时，令各地茶商趋之若鹜，遍地开花。由于龙井和大红袍商标并没有由一个法人单独持有，各路商家良莠不齐，以次充好和假冒伪劣等市场现象层出不穷，这种饮鸩止渴的做法极大地降低了中国名茶的声誉。要做茶品牌，必须从根儿上解决这一问题。

（一）上天恩赐

1964 年 4 月 20 日，时任外交部长的陈毅元帅来到峨眉山考察，在万年寺与老僧人品茗对弈时对所品之茶赞不绝口，问道：“这是何茶?”老僧人答道：“此茶乃峨眉山特产，尚无名称。”老僧人请陈毅元帅给茶叶命名。陈毅元帅仔细审视杯中茶叶，只见汤清叶绿，一片生机，便由衷地说道：“这多像嫩竹叶啊，就叫竹叶青吧。”从此，竹叶青声名不胫而走，茶业界更因此增添了一段传奇佳话。

（二）商标注册

峨眉山竹叶青茶业有限公司于 1998 年成立，一开始公司就以“竹叶青”作为茶叶的品牌名称、商品名称以及企业名称。但是，由于茶行业惯有的原因，商标保护意识也差，“竹叶青”茶叶商品名称被许多茶农广泛使用，造成“叶”出多门，甚至仿冒和假造。每到采茶季节，来自沪、苏、浙、鲁及川内等地的客商云集峨眉山，恶性收购并倾销茶叶，“鸡毛遍地”，一时间竹叶青声名狼藉。

（三）确权保护

峨眉山竹叶青茶业有限公司为了本公司的利益，同时也为了保护四川独有的地方名品，决心彻底解决商标归属问题。只有把这个问题解决了，才能全力投入品牌建设。

峨眉山竹叶青茶业有限公司首先争取到四川各级政府的大力支持，接着他们拿起法律的武器，义无反顾地展开了争取“竹叶青”商标权独家使用的诉讼大战。经过艰苦的努力，峨眉山竹叶青茶业有限公司最终取得了胜利。1999 年 9 月，国家工商行政管理总局商标评审委员会对茶叶“竹叶青”商标注册不当一案做出终局裁定，从而使四川峨眉山竹叶青茶业有限公司独家拥有“竹叶青”商标的专用权。

这场官司胜利的最大收获是，只有峨眉山竹叶青茶业有限公司生产的茶叶才有权利、有资格叫作竹叶青，只有峨眉山竹叶青茶业有限公司才有权利、有资格对竹叶青的茶叶属性与品类进行甄别和分类，竹叶青第一次实现同一品相全国统一定价。这在我国茶叶发展史上从无前例、绝无仅有，具有重大而深远的意义。

（四）设计包装

2007年，峨眉山竹叶青茶业有限公司成立不到10年，但那年它却非常有魄力地在全球发出英雄帖：诚觅国际大师级设计师为其高端品牌“论道·竹叶青”设计包装，并为即将建设的论道生活体验馆进行装潢设计。该帖一出，真的引来了同是爱茶人的世界知名华人设计师陈幼坚的关注和签约。

正如峨眉山竹叶青茶业有限公司负责人提到的，“同道论道撞出的火花是令人震撼的”，陈幼坚为竹叶青论道设计的论道大师装，以金、黑、咖、银为主色，自然稳重，加之《道德经》的书法镌刻，将传统文化与时尚有机融合；至尊论道的包装，则以纯手工制作的漆器，充分体现了论道原料的珍稀。总之，具有典藏价值的包装，从器物上体现了论道的品质和高端定位。

四、支柱三——品牌定位

竹叶青茶曾经面临的市场状况是：作为一个品种的竹叶青虽然在川、渝地区知名度高，但认知度低。在对“竹叶青”茶有所了解的消费者中，绝大多数人认为这是一个茶叶品种而非品牌；消费者与经销商都谈不上对峨眉山竹叶青茶业有限公司的认知。

在峨眉山竹叶青茶业有限公司拿到“竹叶青”品牌的专属使用权后，竹叶青上市推广最重要的工作就是找到喝竹叶青的人，并且感动他。茶叶产品由于其不同的文化、产地和品饮习惯，很难统一于同一个企业品牌之下。因此，竹叶青在品牌结构上采用了多品牌运作的形式。

峨眉山竹叶青茶业有限公司针对不同的细分市场，目前共推出四种不同品牌名称的产品。“论道·竹叶青”及“竹叶青”品牌采用的是文化定位。文化定位是指将文化内涵融入品牌，形成文化上的品牌差异的品牌定位策略。这种文化定位不仅可以提高品牌的品位，而且可以使品牌形象更加独具特色。对于碧潭飘雪则从竞争维度进行品类定位，而宝顶雪芽则从产品维度根据产品利益进行定位。

（一）论道·竹叶青

应人而生的论道是饱含中国茶文化精髓的内敛平和，它决不招摇张扬，在峨眉千年茶史中历经世事，历练一生。所谓集大成者，大象无形，道隐无名。同时，它象征着一种开放包容的心态，大成者不以已是，也不以人鄙，欢迎不同的“道”之间的交流碰撞，正如历史上儒、道、墨的百家争鸣；论道是一种心灵的契合，法虽无定法，但道却有相通；论道还是一种自我超越的态度，正如论道在其十二法则中写道：你的面前永远有一个人无法超越，那就是你自己。做茶如此，做人亦如此！

（二）竹叶青

茶品与中国人的关系非常微妙，从“柴米油盐酱醋茶”的排列来看，茶是属于中国人生活中的必需品范畴的，并且随着人们的生活越来越向着丰富多元的方向发展，对于茶叶品牌的需求已经逐渐强烈。因此，必须要找到适合竹叶青产品气质的诉求点，为产品打上文化的烙印。

平常心，竹叶青。这是竹叶青品牌策划者头脑中刹那间的灵光闪现，这句口号随即成了竹叶青创作的源泉。平常心是超越时代的永恒人性，更是每一个人内心深处的渴望。唯有将竹叶青与之连接，才能赋予竹叶青人格的魅力，使之打动消费者，并不断发扬光大。

（三）碧潭飘雪

竹叶青通过打造高端产品品牌“论道”，在竹叶青的茶叶品类中获得了高端消费者的认同。但也因其高定价策略，很难满足普通消费者的饮茶需求。于是，竹叶青人通过深入研究四川本土的饮茶习惯，有针对性地打造了一款全新品类的产品品牌“飘雪”。

竹叶青人先与飘雪创始人徐金华强强联合，以“中国花茶领衔之作”的名号，展开“正宗飘雪”的产品宣传，树立了市场公信力。

碧潭飘雪颠覆了传统茉莉花茶低质低价的做法，精选峨眉山脉高海拔明前绿茶与广西壮族自治区横县伏天茉莉花瓣窨制 6 次而成。因此，碧潭飘雪将自己定位为中国高端茉莉花茶。

（四）宝顶雪芽

作为竹叶青产品组合中的低端品牌，宝顶雪芽直接从功能性利益出发，强调自己不发酵，成分保持更完整，将自己定位为“鲜醇”好喝的绿茶。

五、支柱四——品牌文化

对于任何一个品牌、一个企业，没有其独具特色的文化做支撑，它是很难长久生存下去的，更谈不上如何发展壮大。产品的功能与属性容易被模仿，而品牌的文化却很难模仿。如何赋予一个农产品独具特色的文化内涵，是“竹叶青”人苦苦思索的一件大事。

正如前文所提到的，竹叶青茶业有限公司针对自己的高端品牌“竹叶青·论道”以及中端品牌“竹叶青”均采用了文化定位的方式与消费者进行沟通。“论道”象征着一种开放包容的心态，欢迎不同的“道”之间的交流碰撞。“竹叶青”的“平常心”既宣示一种人生态度，也赋予竹叶青人格的魅力。利用品牌文化上的不同，竹叶青使自己的品牌与竞争产品取得了显著差异，使自己具有建设高端品牌的撒手锏。

（一）论道生活馆

建设论道生活馆，以高端富有品位的调性，结合茶的产品体验，让消费者在互动体验中获得了品牌认同感。

真实的场景体验对于文化的传递会更有张力。竹叶青基于这种思考，在生活馆中特别增添了体现论道文化的元素，并通过组织馆中的活动和表演，彰显品牌文化的内涵，让人们在品茶的同时，品味“茶禅一味”东方哲学。

（二）东西合璧

名人设计概念可以有效地增加品牌的附加价值，同时也能体现品牌的文化内涵。

竹叶青邀请了著名的商业设计大师陈幼坚先生及其武汉东情西韵设计有限公司担当设计。其公司被 *Graphis* 杂志选为世界十大最佳设计公司之一，是唯一获此殊荣的华人设计公司。他成功地将西方美学和东方文化糅合在一起，既赋予作品传统神韵又不失时尚品味的优雅，让人体会到了东西合璧的唯美，其设计风格更能体现论道的品牌内涵。

竹叶青和陈幼坚的结合不可谓不是竹叶青发展过程中的点睛之笔。

（三）同道论道

正如“论道”找到陈幼坚进行设计一样，论道的消费者们也在寻找可以与自己一起“论道”的人和事，这既是一种需求也是一种精神。这种精神是：不求所有人都懂我，只求我的同道能懂我——“同道论道”。对于所有选择“论道”产品的消费者，竹叶青都力图向他们传输这种论道精神。

（四）生态茗园

竹叶青通过积极开展茶文化活动赋予竹叶青品牌深厚的文化内涵，提升品牌的美誉度和生命力。公司于 2002 年 10 月斥资 1.56 亿元，征地 280 亩（1 亩≈666.67 平方米），经过近 2 年的建设，于 2004 年 9 月建成峨眉山竹叶青生态茗园暨四川乐山国家农业科技园区茶叶科技园。该园是集茶文化展示、品茗休闲、生态茶园观光和茶叶加工工业旅游为一体的茶文化主题公园，也是“竹叶青”展示其企业文化和川茶文化的窗口。整个园区由“茶博园”“茗青苑”“生态园”“科研生产加工厂区”和数十个茶文化景点组成。游客可以在“茶博园”了解四川茶史、四川茶俗、“竹叶青茶话”，欣赏茶艺表演，购买竹叶青系列名优绿茶，也可在“茗青苑”内边品饮竹叶青、边欣赏江南园林的古典情韵和名曲民艺，遍尝四川美食。而“生态园”则集中展示了茶树育种、栽培、管理的全过程，还能让游人亲自体验采茶和炒制名茶的乐趣。

六、支柱五——整合营销传播

品质和文化是品牌成功的必要条件，但要进一步发展，还需传播助力。即便是最有名的茶企，每年盈利也不过 10 亿元人民币，因此，要一掷重金在各大媒体投放广告，对茶行业来说并不可取。如何安排有限的宣传费用成为竹叶青最棘手的问题。

（一）明艳不可方物

茶叶最好销售的季节是春季以及清明前后，刚上市的新茶被众多爱茶人士追捧，因此，竹叶青决定将一年中的大部分预算集中在这个时期使用。

作为高端茶品牌，央视仍是树立品牌形象的最佳平台。

论道·竹叶青茶的目标受众是懂得品味生活、有一定经济基础的商务人士。因此，竹叶青选择了在商务人士喜欢阅读的《三联生活周刊》《财经》等知名杂志上刊登清新雅致的平面广告。

（二）跨界翘楚

2006 年 4 月，“论道·竹叶青”作为唯一获得邀请的中国品牌参加了在摩纳哥举办的世界顶级奢侈品展。

2008年6月，论道牌竹叶青被中华人民共和国商务部欧洲司选为赠送俄罗斯总统梅德韦杰夫的礼品茶。

2015年7月，《大鱼海棠》上映前夕，竹叶青茶获得《大鱼海棠》官方授权，以“匠心精神”惺惺相惜，联合出品“至美绿茶，至美国漫”专属珍藏款，并向爱好《大鱼海棠》和竹叶青茶的网友限量众筹。这是一个关于自由、成长和梦想的众筹，众筹资金将用于《大鱼海棠》竹叶青茶联合限量款的包装设计、制作以及产品的制作。

2016年1月，第十二届“胡润百富”颁奖晚宴上，竹叶青荣膺“中国千万富豪最受青睐的茶叶品牌”，成为该奖项成立12年来首次上榜的中国茶叶品牌。

2016年3月，竹叶青在北京选择了神州专车作为跨界合作的帮手，北京地区用户乘坐神州专车即可获赠竹叶青春茶礼盒一份，突出好车配好茶的概念。

（三）新媒体传播

2010年，随着以微博、微信为代表的新媒体的快速发展，中国迎来自媒体时代，媒介环境发生了翻天覆地的变化，对营销传播者也提出了苛刻的要求。竹叶青在当年便开通了官方微博@竹叶青茶，是茶行业最早开通官方微博的一批企业。

竹叶青茶业有限公司内部有专人负责微博的日常维护和运营，根据新品上市、节庆活动等策划不同的内容和活动。而在微博发布时间、发布数量上，公司也有严格的规定。“内容每天不能发布太多，以4~5条为宜，太多就会对用户造成骚扰，太少则会失去其意义，让用户感觉不到存在。话题和内容撰写也需要精心策划。”

2015年10月，竹叶青推出“十月，绑定微信有好礼”活动。只要关注竹叶青官方微信，绑定会员专区，即可享受买赠特惠活动。

2016年4月，竹叶青绿茶正式入驻知名微信圈层正和岛微商城。为了祝贺正和岛微商城上线，竹叶青特别推出春茶限量定制装。这个春天，茶友们可以在这里定制一份“春天里”，和新朋老友一起看春天的自然生长与生命自由，开始一年中最好的时光。

（四）与围棋结缘

竹叶青茶业有限公司与围棋结缘，由来已久。2004年，竹叶青成为中国国家围棋队指定用茶；2007年，竹叶青和中国棋院共同主办了“全民健身，与奥运同行竹叶青棋·茶青藏行”围棋西部普及活动；2008年，竹叶青以中国茶文化的代表品牌，受邀成为首届世界智力运动会指定礼品，将“平常心”这一东方智慧，化为淡泊隽永的生活哲学、围棋之道。从2009年开始，竹叶青茶业有限公司已经成为欧洲围棋大会之类国际围棋赛事的唯一中国赞助商，从中国迈向整个世界。

七、支柱六——地方政府的支持

农业企业和品牌运作成功离不开政府的扶持，在竹叶青茶业有限公司成立之初，就是在政府的帮扶下获得独家使用“竹叶青”商标的权利。为使竹叶青尽快做大做强，地方政府除了在政策上给予倾斜外，在资金上也加大了扶持力度，每年的各种扶持资金达到400万元；重点支持竹叶青茶业有限公司创立名牌、扩大规模、做强企业等方面。正是由于政府扶持的四两拨千斤的作用，使竹叶青插上了腾飞的翅膀，迅速做大做强。

从“竹叶青”的品牌发展背景来看，目前正身处更上一层楼的位置。为进一步巩固其在茶类品牌中的优势地位，竹叶青应力争用3~5年的时间，逐渐让人相信，“竹叶青不只是竹叶青”，而是中国绿茶的代名词；“竹叶青不只是竹叶青”，而是拥有多品类多品牌的绿茶企业。

参考文献

[1] 徐大伟. 表表面面论道·竹叶青 [J]. 广告大观，2009 (7)：46-47.

[2] 李隆宇. 浅析中国茶叶产品的广告表现特色——以竹叶青广告为例 [J]. 中国集体经济，2013 (3)：116-117.

[3] 娄向鹏. 竹叶青：中国当代茶品牌的标杆 [J]. 茶世界，2010 (2)：18-22.

[4] 红乐. 竹叶青茶：中国茶叶品牌第一家 [J]. 国际公关，2015 (1)：62-63.

[5] 静心. 竹叶青京城“论道”，以平常心做大品牌 [J]. 中国广告，2009 (6)：98-99.

[6] 阿佩克思策略团队.主力品牌——竹叶青洞悉平常心[J].广告人,2007(3):22-27.

[7] 唐先洪，宋少俊，刘祥云，等. 竹叶青茶业品牌经营之路 [J]. 中国茶业，2006 (1)：32-34.

[8] 庞守林，张汉明，丛爱静. 品牌管理 [M]. 北京：高等教育出版社，2017.

补充阅读

[1] 查道生，何汉华. “竹叶青”创名牌的启示 [J]. 茶业通报，2010 (3)：99-101.

[2] 贾晓婷. “竹叶青”系列广告的表现特色及启示 [J]. 江苏理工学院学报，2014 (6)：40-43.

[3] 刘欣. 峨眉竹叶青：一盏清茗酬知音 [J]. 中国质量万里行，2007 (6)：70-71.

分析讨论题

1. 本案例中包含了哪些农产品营销知识点？

2. 请分析农产品营销与普通商品营销的异同之处。

3. 竹叶青茶业有限公司是怎样创造中国茶企的奇迹的，是怎样缔造了中国高端绿茶品牌佳话的？

4. 农产品品牌管理包括哪些内容？

实践实训

√把学生们任意分成若干小组，以小组为单位进行实践实训和评估。

√任选一家当地知名农产品企业，通过市场调研，搜集有关农产品营销、农产品品牌管理的方法与策略。

√对取得的一手资料和二手资料进行分析，理解农产品营销的概念和内涵，运用Word、Excel、PPT 工具形成文字报告。

√开展课堂陈述或小组之间进行分享，老师进行评估与总结。

第十二章 房地产市场营销

知识要点

(1) 所谓房地产市场营销是指市场营销的基本原理在房地产市场中的实践和应用。房地产市场营销包含了市场营销的基本内容，如市场调研、客群定位、制定战略、产品规划、市场定价、渠道分销、差异化促销和客户服务等。

(2) 房地产受国家政策调控明显，任何房地产市场营销都必须充分考虑政策（如按揭、首付和限购等）因素的影响。

(3) 房地产营销中的“产品”不仅仅是指钢筋水泥组成的空间本身，而更多的需要考虑的是地段（如交通和环境）、配套（如教育、医疗和商业等）与生活便利。

(4) 房地产具有保值和增值的作用，在某些方面兼具金融产品的特征。

案例一

万科——房地产中的优等生

一、优等生的潜质分析

提起房地产班级的“童鞋”，万科是众所周知的。我们知道万科开发的楼盘一般不是在所谓的黄金口岸，地段相对偏僻，但一经推出就受到市场的热烈追捧，而万科的房子好在哪里，有什么特色，好像又回答不出来。万科这一没有“颜值”的优等生能四处“吸睛”的秘密在哪里呢？

根据国家统计局的数据，2016 年我国商品房销售面积为 157 349 万平方米，商品房销售额为 117 627 亿元人民币（下同），同比 2015 年增长 34.8%。2017 年商品房销售额历史首次突破 13 万亿元，而商品房销售面积也是历史首次突破 16 亿平方米。同年，我国 GDP 为 82.7 万亿元，房地产行业依然是我国经济发展支柱之一。

早期，房地产行业集中度呈现分散化的状态。根据国家统计局 2012 年的数据，中国房地产企业数量接近 9 万家。不过，随着整个行业从“黄金时代”走向“白银时代”，行业集中度迅速提升，2017 年上半年在销售金额方面前 100 名房地产企业的集中度已经达到 58.1%，占据了房地产市场的一半左右。在未来十年左右，中国房地产公司最多剩下 1 000 家左右。这预示着房地产公司面临越来越残酷的市场竞争。

在房地产行业数以万家的企业中有一家公司最为耀眼，这就是成立于 1984 年的万科企业。经过 30 余年的发展，其已成为国内领先的房地产公司，是地产行业当之无愧的“一哥”。2016 年，万科公司首次跻身《财富》世界 500 强，位列榜单第 356 位。截至 2017 年年底，排名相较于 2016 年上升至第 307 位，说明万科在发展的同时也在不断突破自己。

万科在 2012 年把自己定位于城市配套服务商，5 年后宣布将战略升级为“城乡建设与生活服务商”，这是在 2017 年万科第一次提出对企业战略方向和布局进行迭代升级，并细化到四个角色：美好生活场景师、实体经济生力军、创新探索试验田、和谐生态建设者。社会在发展，我国经济也在由高速增长阶段转向高质量的发展阶段，万科也在顺应这个变化，实时地调整自己的动作。

万科能在长达十几年的时间里一直雄踞行业第一，一举一动都对行业产生了巨大的影响。那么，它的发展、营销能给予行业、读者怎样的启示呢?

二、从小要有远大志向

市场营销大师迈克·波特说过：“做战略，必须学会取舍。”

1984 年刚成立的万科谈不上任何战略，从经营办公设备起家，什么赚钱就做什么，1988 年进入房地产行业，1990 年初步形成商贸、文化、房地产、文化传播四大经营业务。从表面上看，万科的业务不断扩大，而事实上，万科的多元化常常处在一种“痛并快乐着”的状态。此时的万科在高速多元化扩张的背后隐藏着不少问题，这些问题甚至是致命的；所有项目的规模都很小，市场占有率极低；面对激烈的市场竞争不惜血本，等到品牌打响，成本也上去了，这时想追加投资扩大规模，集团的资金和人才储备却无法满足。企业的短期赢利掩盖了缺乏长期持续发展动力的隐患。

1993 年，国家实行严厉的宏观紧缩政策，万科“摊大饼”式的业务结构遭遇寒冰，不得不开始收缩战线。1993 年 1 月，万科确立以城市居民住宅为主导业务。万科战略调整包括：从多元化经营向专营房地产集中；从多品种经营向住宅集中；投放资源由 12 个城市向北京、上海、深圳、天津集中。当时的企业领导人王石带领万科开始做“减法”：一是整体业务方面的收缩。退出与住宅无关的产业，从多元化经营向专营房地产集中。至 1995 年万科房地产业务利润所占比重增长到 75%以上，实现了以多业务经营为主导向以主营业务为主导的专业化经营的过渡。二是投资区域的集中。收缩住宅产业战线，从 13 个城市削减到深、沪、京、津 4 个城市。三是提出以城市中档住宅为主，减少房地产业产品的品种。四是资金的集中。经历 10 年的“减法”，万科把从最多时的 105 家企业减至目前的 30 多家，从涉足的 18 个行业减至 1 个，万科终于走上了专业化发展房地产的道路。

万科在完成“专业化”调整之后，从 2000 年开始第二轮扩张战略，由“专业化”向“精细化”转型。从过去的“点—线”战略（指在重要交通干线沿线选择开发住宅的城市），调整到的“点—线—片”战略（指在中心城市向周围 200 千米半径拓展市场）以珠三角、长三角和环渤海三大城市圈以及几个内陆核心城市为重点发展区域，先后在多个城市进行项目开发，力求在一个特定的区域内实现各种资源的集约化经营，形成“全国性思维，本土化运作”的开发格局。

同时，产品从“专业化”过渡到“精细化”，从单纯追求开发量和结算面积的粗放式经营转为注重品质和利润贡献率的集约化、精细化经营。万科地产产品的主要部件要在总部设计好，通过住宅工业化带动效益规模化。也就是说，要让住房也可以工业化地成批生产，凡是能在施工现场分解出来的部件，都拿到工厂的生产线上按照标准做出来。然后，运到工地像“搭积木”一样组装起来，再加上不同装修，摆在不同位置，变成不同产品。

万科从开发理念、开发规模、开发数量和产品设计等方面都已经奠定了向住宅生产工厂化发展的基础。通过把住宅模块化和标准化制造，万科大幅降低住宅的开发制造成本，提高建设效率，从技术层面配合万科在规模上的战略。

从加法到减法，从多元化到专业化的回归，使资源得以集中，在房地产业务上形成了规模优势，恢复了核心主业，获得了持续竞争力，最终成就了万科二十多年的持续增长的传奇。

三、功课必须门门优秀

万科的战略规划为其高速发展指明了方向，也让其“躲”过了数次房地产调控产生的市场低潮。不过，与战略规划相比，其细致的经营策略才是保证其长期处于行业老大地位的秘诀。

仔细研究万科不同产品系列的项目，其实会看到，万科的细节是目前大部分地产公司暂时无法超越的。万科的营销推广费用（不包括样板房、样板段、售楼处土建费用等硬指标）在其销售总额中约占3%，这在房地产企业中算是一个中等预算水平。但是，从市场反响看，万科的口碑极好，万科的房子不愁卖，它开发的楼盘一经推出，就受到市场的广泛欢迎。其中的奥秘就是万科能在平淡之中做到极致，多种手段形成体系达到“全能王”的效果。

（一）运营以客户为中心

在万科转向发展房地产早期，有位管理者罗列了当时万科存在的问题：各部门都希望成为以自我为中心的公司的业务中心；但当专业合作发生冲突时，以谁的意见为准？听取谁的意见，才能提高决策效率与质量？

如何解决这些问题，做到既灵活又不失控。万科研究了世界上很多优秀公司的管理模式，发现无论哪家公司，在他们的价值观中都有一条，那就是“以客户为中心”。以客户为中心反映了市场营销哲学最基本的思维方式——满足消费者需求。凡是优秀的企业对消费者的态度都是敬畏的，而不是利用。由此，万科似乎找到了一条既拥有独特竞争优势，又能够保持公司灵活性的办法，那就是从房地产行业过去以产品为核心的运营体系，转向以细分客户价值为中心的运营体系。

所谓以客户为中心的运营体系，讲的是万科不再以职业、收入以及年龄等类“物理”方式去把握客户，而是根据客户的内在价值以及不同的生命周期去把握客户。为此，万科把自己的客户细分为五类：一是注重自我享受的职业新锐；二是对价格敏感的务实家庭；三是注重教育的望子成龙家庭；四是关心健康的幸福晚年家庭；五是彰显地位的成功家庭。以此为出发点，分别衍生出各类家庭结构的客户。例如，对价格敏感的务实家庭，万科提供的是低总价或郊区置业；对彰显地位的成功家庭提供的是商业价值的品质楼宇等。万科为不同的家庭结构提供不同的产品。此外，通过划分不同的客户类型促进阶层化的发展，最终实现利益的一体化。

万科精细化细分客户，从而针对不同客户的价值去建立不同类别的产品，在不同类别产品的基础上，从产品（项目）盈利机会、市场机会、土地利用和客户满意四个方面提出运营解决方案，建立与客户需求相对应的梯度产品系列，从而为真正满足客户的需求而实现三大目标。

第一，把握差异化。从客户细分、价值定位出发，升级万科的产品服务体系，提高竞争能力。比如万科当时在高端产品方面明显缺乏有号召力的产品，这样无疑会削弱万科品牌对客户的影响力。所以，万科在专注于做中产阶层住宅的同时，扩大国际化视野在高端别墅产品中做出精品，反过来影响中产阶层的选择，达到最佳的宣传效果，形成有利于万科发展的策略。

第二，促进阶层化。不打价格战，通过积极向上的价值主张，万科大力推动中产阶层对积极向上的社会道德以及对和谐合作等主流意识形态的贡献。

第三，利益一体化。比如在对待土地的态度上，重要的不是拿地，比拿地更重要的是正确地提出问题，比如我们是否根据客户需求选择土地？我们选取的土地是否为客户创造了最大价值？这些价值有多少持续性？在一次内部会议上，王石要求所有万科人都来思考一个问题：中国有多少房地产商的房子 70 年后不过时，质量仍然可以保证？如何让万科的房子在 70 年后仍然经得起时间的考验？

当万科不再过多关注住宅的位置给人们带来的短期价值，而是把注意力更多放在业主的生活价值与长期的生活态度上，那么，万科就可以摆脱地产公司之间的“土地之争”，从而获得真正的竞争力。从此，万科模式开始了以家庭结构进行市场细分，万科的理念渐渐清晰——直接指出我们要把房子销售给一个家庭，而不是个人。

正是有了准确客户定位和市场调研，万科开发的楼盘一经推出就得到了不同的细分市场的广泛认可和追捧。

（二）产品以市场为导向

在万科，有一支与众不同的设计师团队，他们围着市场转，在赢得市场的同时注重对品位与文化的追求。万科的设计人员与传统设计院的设计师最大的不同之处是市场意识强。作为一个传统意义上的专业设计师，主要从专业角度考虑，做出符合规范的作品，很少考虑好卖与不好卖的问题，因而对设计时间和使用材料等营销与成本的概念都很弱，重点往往在于突出设计师的个性和风格。万科的成功设计标准是设计概念、经营意识、专业知识和创造力四个方面因素做到最佳配合。

经过多年的设计探索和市场实践，万科逐渐形成了自己的系列产品，表现出不同的风格，能对不同的客户群体提供全方位的选择，满足他们的不同需求。

1. 城花（城郊住宅）系列

风格表现：因主要面对的客户群是追求舒适居住性的，其市场定位更讲究生活的情趣，其在主题渲染上经常会表现一家人其乐融融的场面，讲究快乐温馨。其代表作有成都万科城市花园等。

2. 四季（郊区住宅）系列

风格表现：主要侧重卖点，以规模大、具有投资潜力为主推方向。其代表作有万科双水岸等。

3. 金色（城市住宅）系列

风格表现：主要侧重卖点、交通便捷、生活便利、舒适生活，体现一种都市精英人士的生活方式与生活气质。其代表作有成都金色家园、金润华府等。

4. 高档（稀缺资源）系列

风格表现：这类系列表现得更为低调一些，基本不涉及产品，会有一些情趣上的描述，表现城市高端客户的哲学生活境界，用意味深长的画面表现这类人群的气度。其代表作有北京万科东第等。

5. 魅力之城系列

在市场定位上，魅力之城系列作为城花系列的升级版在广为推广，主要表现为以和谐共生为基本原则，融入运动、休闲理念，运用现代简约的设计手法和建筑色彩搭配，充分体现社区与城市的和谐共生。其代表作有万科魅力之城。

在万科的设计策划中，营销就是灵魂。市场、客户的需要是圆心，从前期策划、建筑设计、示范单位及销售环境布置，到楼盘销售策划，每一项工作都围绕这个圆心展开，面对不断变化的市场寻找卖点和亮点。正因为如此，万科在楼盘产品的设计和建造上，与市场的衔接显得非常自然极具活力。

（三）渠道向多元化发展

作为21世纪的黄金产业，房地产业已成了投资者心中的重要目标。随着市场从“卖方市场”向“买方市场”的转变以及企业从“以产品为中心”到“以消费者为中心”的转变，销售渠道作为企业了解消费者、沟通消费者和掌握消费者的核心手段，已成为企业的重要资源，构建稳定的销售网络对提高企业竞争能力也愈发重要。伴随房地产行业的发展，市场竞争达到白热化的程度，房地产营销渠道发展趋向多元化，多种利益体同时介入地产，在保持既有的模式下，一些新的营销渠道开始出现，万科房地产营销渠道也呈现出全方位、多样化的局面。

1. 异地营销渠道（让不知道的人知道万科）

由于销售压力增大，不少地区的房地产开发商开始突破地域局限，实施异地营销推广。而万科在这中间无疑是最成功的一家，对外地潜在巨大购买力的重视，使万科拓宽了销售渠道，同时缩短了项目销售的时间，实现了利润最大化。万科已进入16座城市进行房地产开发，在区域覆盖力上具有无可撼动的优势。通过房产的外地销售，可以让该地区消费者认可，不仅抓住最新的市场机遇，实现销售的目的，又可以借助优质的产品扩大企业品牌效应，寻求在当地的合作机会。尤其对于有销售压力的项目来说，到外地营销无疑是一种理想的选择。

2. 关系营销渠道（让知道万科的人了解万科）

关系营销渠道是万科主要营销渠道之一，如通过“万客会”利用人脉关系来推动房产的销售，以消费者为导向，强调通过企业与消费者的双向沟通建立长久的稳定的对应关系。服务是制胜的法宝，从某一角度而言，消费者买的不是产品而是服务。不少楼盘在第一期工程时营造了良好的居住氛围，并提供优质的服务，使业主在入住后感受到小区物业管理带来的优质服务，在第二期工程及后续楼盘的销售中就在很大程度上获益于业主推荐或口碑营销。

3. 隐性营销渠道（让了解万科的人喜欢万科）

万科房地产在消费者和业界都树立了非常好的口碑，换言之，其隐形营销渠道策略是非常成功的。隐性营销是营销理论的创新。所谓隐性营销是指企业通过采用树立企业形象、进行公关宣传和质量认证、传递与产品相关的科普知识、实施品牌战略等手段，提升企业和产品的知名度、信誉度和美誉度，让顾客信任企业和产品，促进服务产品的交换的一种营销策略。隐性营销从提升产品的知名度、信誉度和美誉度入手，注重产品的品牌形象品牌管理，旨在建立顾客导向型文化和树立企业的良好形象。随着市场经济发育日渐成熟，房产的品牌形象已成为消费者认知的第一要素。1988—2001年通过万科子品牌产品和物业管理提升品牌形象，从2001年开始品牌系统的整合。不同于其他房地产品牌，万科20世纪80年代开始就注重塑造物业管理品牌，90年代初进行品牌推广——客户服务维系企业品牌，从2004开始提升客户的品牌忠诚度。

4. 与消费品融合的营销渠道（让喜欢万科的人住在万科）

营销渠道规模化、专业化以及与超市等消费品融合的渠道策略也是万科主要渠道策略之一。万科曾在深圳华强北商业区的超市开设展厅，对万科城、第五园和东海岸三个产品进行宣传。虽然这种渠道对房地产开发商来说目标群体的针对性不强，但一方面可以广泛传播房产信息，另一方面通过在超市门前配套的免费现场看房车可以激发潜在客户的购房欲望，为有针对性地促销锁定客户群体。

（四）广告个性与共性并存

除了渠道向多元化方向拓展，接下来的是楼盘广告宣传的方式适当与否直接关系楼盘的销售。作为一家全国性的房地产开发企业，万科在共性和个性上又是怎样做的呢？

1. 广告传播既尊重每个城市的习惯，又传承万科的气质

仔细看万科的各个项目的广告，虽然是各个不同的公司在制作，但是如果放在一起看的话，却发现有很深的万科烙印，基本上没有什么创意空间。万科有自己喜欢的认同的方式，方向思路很清晰，有统一的技术指导做相关广告及CIS主题，自然大部分万科同系列产品的广告既独特又相似。

2. 充分利用万科的品牌优势，让媒体来为万科服务

（1）软性媒体的推广

所有的发展商都知道软新闻炒作，而且也会进行大量的软性报道、新闻报道。不

过，万科的软性操作有一点是很实际或者是说实惠的。万科经常会利用原有的品牌优势发表一些言论，如其曾经在上海财经频道赞助了“万科第一地产”，在所有敏感的时间点上，万科的发言人都适时发表了一些有利于万科的言论。这样的品牌建设，既有利于项目的开发，也有利于客户的了解。

（2）硬广告的传播

万科在广告媒体推广上也有惯用手法：

A. 在市中心或者是高速公路入口设置大型户外广告牌，而且是长租。项目在没有开发推广前，主要是万科的“形象”，什么中国第一，开发了多少项目，进入多少城市等；项目进入销售阶段，会投放项目广告信息，而且更换的频率很高，基本是每月要更换一次。不论怎么样，始终在城市最核心的位置可以看到万科的形象广告。

B. 项目销售前一年，万科的广告就开始与市场接触，如招聘、招标、新闻发布会、战略联盟和万客会酒会等。

C. 进入正式广告推广期（项目开盘前 3 个月），万科开始推出大量广告。广告总能带领人们对项目产生一些联想。

D. 项目销售阶段，万科的广告很务实，一般来说都是以实景描述。万科会请比较著名的专业摄影师在并不突出的项目现场拍摄很多精美的画面以吸引消费者到现场。

（五）推广以体验优先

从一定意义上讲，企业成功与发展的关键在于产品满足消费者需求的程度以及产品策略正确与否。对于任何一个企业来说，只关注短期的营销效果是并不可取的。相对而言，万科在项目推广上就有很多优势：①很高的知名度（广告费大大节约）；②万众期待的关注（目标消费群自我锁定）；③成熟或创新的产品（专利产品的申请）；④万客会形成的目标客户基础（蓄客量显著增加）；⑤众多媒体主动关心（利用媒体力量发动软性炒作）；⑥政府的支持（万科大部分建城项目容易形成政府的支持力量）；⑦其他运用娴熟的营销技巧。

产品有了以上的先天优势，使万科在初始阶段就已经高举品牌发展商的大旗，引起客户的初步认知。

作为体验营销的先行者，万科非常重视以下几个方面的工作：

（1）样板段、样板房和售楼中心的提前打造从来必不可少。

万科评价过它的客户来源，有 1/3 的客户来自万科会的忠实客户，有 1/3 的客户来自区域客户，有 1/3 的客户来自房地产界的业内人士。正是因为用产品打动客户，才使万科的在产品本身成为一个最大的亮点，其样板段、样板房和售楼中心至少需提前 3 个月打造完成以接待客户。这并不意味着万科牺牲的是销售时间节点，而是在规划之初，万科的样板区域就已经开始规划建设，且不是按照其他发展商循序渐进的建设。这样，既保证了万科从拿地、建设、销售之间周期的有序性，也保证了客户积累的有效性。当然，这与万科的投入也是息息相关的。

（2）关注细节和关注客户需求的营销方式。

在其产品样板展示中，万科对细节的追求也是极为考究的，它的“道路”做得很有味道。道路的砖块材料选择，颜色、曲折度和路边花草的品种，在什么地方要放把椅子，都很有讲究。比如社区指示系统，万科社区里每一个道路交汇点都有一个非常明确的指示牌，做工非常漂亮，在人车交汇点还装有凸面镜，让人看清每条道路的人车情况。

正是因为在细节的考究中展示了开发商的责任感，社区不仅仅只是社区，也有家的味道。

(3) 服务与营销的结合。

微笑服务展示的是服务人员的品质，所以在营销推广初期，万科的物业配合就比较到位，从保安的专业规范到万科客服的热情亲切，甚至是“互联网+物业”模式，万科展示的是一种人文精神。

(六) 现场销售“五味俱全”

客户来到楼盘，万科在气氛营造上也不遗余力，力争给客户留下美好回忆，提高楼盘销售签约率。经过多年的摸索，楼盘销售现场主要突出了“快、全、美、味、通”五大特点。

快——销售中心建设速度快。

万科把销售中心建设作为项目工程第一步，速度是第一位的。销售中心建造不是与楼盘施工同步进行的。销售中心建造进度一定要远远快于工程进度。但万科一般不会在销售中心投入太多的建设资金，只要有一定的形象，简洁但不失为现代，一般不是很豪华。

全——不同项目的资讯齐全。

万科全国项目多，各种资料非常完备，加上广告公司介入比较早，消费者需要了解的资讯非常全。消费者可以随时了解万科在全国开发的情况，可以了解当地项目的进度以及万客会的加盟事宜等。

美——现场环境营造精致优美。

万科进入一个新的城市一般的做法都是卖现房，把环境做到位才销售。万科给每一个城市的消费者带来的都是震撼。万科在现场环境营造上有以下几点可圈可点：①社区商业街（建商业街的目的是为了营造出一种城市的感受，减少客户对区域荒凉的感觉）；②会所（基本上都有游泳池）；③社区入口处以及景观；④销售中心到样板间的道路以及路边的景观；⑤大部分中心园林景观；⑥3 套左右的样板间。

味——生活配套设施生动有趣。

万科有很多项目周边的配套条件不是太好，为了消除消费者思想上的顾虑，会尽量提前把这里的生活氛围给营造出来，如建设社区商业街、银行和酒吧。很多开发商在销售过程中最怕的是商业部分的销售与招商，把商业都做成沿街形式，放到最后销售，但万科恰恰相反，即建设有味道的社区，商业先行。

通——任何消费者都可以方便地到达项目现场。

万科一定会让消费者感觉到自己是一个被尊敬的人，基本都会开通看房车，开通小区直通车。

四、独门绝技出奇制胜

为了形成营销的整体化运转，万科苦心孤诣地制造了六大工具，即万客会、万科周刊、万科网站、万科文化、万科学校和万科批判。而这六大工具也是万科的绝密武器，为万科楼盘的畅销提供了有效的保障。

用“万科会”做圈层营销——从任何一个项目开始之初，万科利用其万科会做好产品的基本宣传，让其大量的客户群了解项目，有投资的欲望，并提供一定的优惠方式，吸引部分客户。

办“万科周刊”宣传公司理念。

让“万科网站”全国发布——目前为止万科的网站是全国房地产网站中内容最丰富的网站。

以“万科文化”开展品牌建设——万科的项目都有万科的印记，从“建筑无限生活”到如今“让建筑赞美生命”，万科的住宅也同时给客户一种人文住宅的概念。

借“万科学校”形成教育先行——在万科的营销理念中，有一个观念是与名校合作，将学校开到社区中。

在“万科批判”中共同进步——很欣赏万科的这一点，万科总是坦然面对批评，并从中进步。

参考文献

[1] 陆新之. 王石管理日志 [M]. 北京：中信出版社，2014.

[2] 刘丽娟. 万科 30 年产品与营销 [M]. 北京：中国建筑工业出版社，2016.

[3] 万科营销 4 大通用手法 [EB/OL]. (2015-04-06). http://www.mydcyj.com/frontier/industry/2014/0404/3111.html.

[4] 任伟. 王石如是说 [M]. 北京：中国经济出版社，2009.

补充阅读

[1] 向明. 互联网+房地产营销模式的研究与探讨 [J]. 时代金融，2016，39 (3).

[2] 朱庆祎. 房地产经营战略的研究 [J]. 经营管理者，2011 (8).

分析讨论题

1. 本案例体现了哪些主要的房地产市场营销知识点？

2. 请分析万科是如何做房地产推广的？推广的方式有哪些？

3. 试讨论万科的营销策略有何独到之处？

4. 尝试以产品为导向来分析一家当地的房地产企业，列出不同产品和产品系列的特点以及所针对的人群。

实践实训

√把学生任意分成若干小组，以小组为单位进行实践实训和评估。

√任选一家当地的房地产企业或组织，进行走访，重点了解其营销理念、营销战略和促销推广手段等进行实地调查。

√对取得的一手资料和二手资料进行分析，理解房地产行业市场营销的概念和内涵，运用 Word、Excel、PPT 工具形成文字报告。

√开展课堂陈述或小组之间进行分享，老师进行评估。

案例二

合富辉煌小径湾项目——房产代理的营销密码

合富辉煌创立于 1995 年，是我国一家大型房地产综合服务运营商。目前，合富辉煌已在全国 93 个主要城市设立分支机构，业务版图覆盖国内 192 座大中型城市。公司旗下业务品牌包括合富辉煌顾问、保利投资顾问、合富置业、保利爱家、房王、悦家云、合富创寓和合富美筑等。

经过二十多年持续发展，合富辉煌积累了丰富的市场经验和专业资源，构筑了贯穿全程的“专业+系统”房地产综合服务体系，主营业务涵盖营销服务、房产经纪、金融服务、资产管理和数据与信息服务，为客户提供高效的专项房地产服务，度身定制全方位的房地产运营服务。凭借其强大的策划团队、营销执行团队和平台资源，合富辉煌为客户提供全程营销代理服务，包括营销代理、存量房租售、运营招商、大宗交易和资产运营等。

合富辉煌的房地产代理营销服务在房地产领域鹤立鸡群，得到了行业内的普遍认同。合富辉煌是通过怎样的营销创新屡获销售佳绩的呢？让我们通过其代理销售的小径湾项目来揭秘这个房产代理的营销密码吧。

一、小径湾项目概况

2013 年，中国房地产市场仍不曾迎来期盼已久的明朗，反而显得愈发阴晴不定。房产税、限购、限价和限预售等措施犹如达摩克利斯之剑高悬，面对此情此景，越来越多的客户选择观望，市场迷雾重重，无法看清方向。

在这迷茫的背景下，合富辉煌代理了华润（深圳）公司开发的华润小径湾大型楼盘。小径湾项目历经三次公开发售，推售总量达 3 073 套，全年合计成交 3 000 套，总成交金额达 28. 4 亿元，无论是从价格上看还是从销量上看，都以极大的优势傲视区域同行。同年年底，小径湾项目顺利完成计划的营销目标，为小径湾后期的营销打下了坚实的基础。在2013年的深圳房地产市场上，合富辉煌谱写了一段流光溢彩的辉煌传奇。

此前，华润置地（深圳）为华润小径湾勾画出一个宏大的项目愿景：将其打造成"广东第一湾"。华润小径湾是继2009年以万象城为主力品牌和主导产品的"华润中心城市综合体"、2011年以深圳湾体育中心为首期元素的"深圳湾华润总部基地综合体"之后，华润置地大深圳战略布局中面向公众正式亮相的第三个综合体项目，更是其整个战略版图中唯一的度假类综合体项目。

270万平方米的滨海综合体，呈现的过程将是一个漫长的开发周期。如果华润小径湾的开发是随着期数推进而递进规划，那将与普通的大型住宅项目一样平庸。因此，在整体的规划上，要思考的是怎样一步成型。

首先，整体规划上根据资源的差异性，大胆地将项目划分为四大特色区域：通过以一线海景为项目的主题资源来构建沙滩海景配套核心，形成观海弄潮滨海社区；从海山资源出发融合自然秀丽景致来缔造依山观水社区；在海与淡水河道交汇的特点上发挥亲水临水的优势来创造客户水岸空间；在山地园林的营造上引领客户休闲生活来勾绘雅致隐世名园。

其次，做出项目的整体分期规划，同时对配套规划采取先行的规划策略，在开发过程中对生活方式的递进做出了合理的前瞻规划。

最后，项目的整体规划和总体设计充分考虑到项目复合地形的实际情况，设计也遵循原有的地貌地势，因地制宜，基本保留了山、河、海和绿地的原貌。

经过整体规划与细分，并不是把华润小径湾项目简单地看作旅游地产，而是一个全新的滨海综合体模式，这个模式把地产和其他相关行业结合起来，给地产带来更有力的支撑，也是项目的核心竞争力。这才使得华润小径湾成为华润置地首个全产业架构的一个项目，开创一种全新的滨海综合体模式。

二、市场环境困难重重

华润置地利用本身所具有的强大品牌运营能力以及商业嫁接地产的核心竞争力，整合华润集团旗下各线资源，期待打造出当前整个区域最高端的滨海综合体物业。拥有如此优越先天条件的华润小径湾，面对竞争日益激烈的湾区市场，如何逆市而为，是合富辉煌项目组共同探索之路。

（一）竞争对手分析

1. 价格方面

华润小径湾的竞争对手（以下简称为"竞品"）为争夺客户，均抛出低总价和低首付的价格策略，部分楼盘首付仅为5万元。如何实现新品高于湾区50%的溢价能力？

2. 市场份额方面

2013年，滨海线10个项目入市，总推售面积达145万平方米。5~8月片区集中推货，区域市场竞争进入白热化，小径湾项目面市时，有6个项目近100万平方米可售物业已经抢先进入市场销售。截至2013年8月31日，历时8个月，湾区整体销售业绩约为4 000套，其中一线海景房产品仅为1 380套。从10月开始，天气将逐渐寒冷，湾区市场逐步转为淡季，竞品项目成交速度明显放缓，推售的产品同质化严重，销售率持续下降，9~10月湾区整体成交1 279套。湾区整体可推售货量上升14.2%，去库存化率下降23.4%，部分楼盘开盘成交率不到14%。小径湾该如何打破市场瓶颈？

（二）难以快速抢占市场

首次公开发售与展示中心开放仅隔40天时间，却需储备3 000批诚意客户，实现一期首批公开发售“一炮而红”的预期；10月初启动第二批新品单位认筹，同月21日多层洋房VIP选房，同月26日板式高层公开发售，面对前期客户消化量过大，新客户未能及时补充，仅仅不到一个月时间，两次公开发售。小径湾该如何在短时间内实现九成超高销售率？

（三）探索差异化路线

作为滨海线首个大型综合体项目，在营销方面没有其他项目经验可借鉴，如何建立标杆价值体系，并卫冕湾区市场？

2013年年初，纵观全国滨海度假大盘，与小径湾仅有一墙之隔的碧桂园十里银滩与恒大威尼斯湾有一定的借鉴意义。项目组仔细分析其营销之道以求从中获益，但这两个项目的开发背景，发展商的定位全然与小径湾大相径庭。如何寻找营销的第三条通道是摆在项目组前面的难题。最后，华润置地决定以打破固有“大盘粗做”模式，打造小径湾特有营销模式——“大盘精做”，追求品质，明确定位，“精”细化模式，选择中高端客户作为目标群体，以产品质量作为其市场定位。

项目组最终确定“差异化营销”“品质一致性”是“大盘精做”的营销策略，这也成为华润小径湾实现辉煌营销战绩的两大营销利器。通过提前规划部署，制定系列营销举措，一步步将项目问题溶解，甚至是将威胁转化为营销机会。

差异化营销：在湾区产品营销同质化的大背景下，跳出市场格局，不做简单的价格竞争，不比较项目的成熟度，而是通过差异化实现项目的全新占位，成为红海中最为凸显的一片蓝海。

品质一致性：对品质一致性的追求，可以在各整合传播渠道与细节中得以一一体现。

三、营销解码

（一）复合型价值市场定位

早在小径湾项目开发初期，营销行为便积极介入。深入洞察市场与目标客户后，准确进行项目定位与规划，以期真正打动目标客户，为后期营销策划工作的顺利展开创造良好的市场卖点。

在规划中通过调研发现，客户对项目寄予的期望较高，购买目的除投资外，更愿意把购置的住房作为家庭首站式度假目的地或未来居住地。此外，纵观深圳东滨海物业，目前都是基于纯旅游地产设计的项目规划。对于渴望亲海的人们而言，滨海生活体验并不完整，滨海板块物业配套相对薄弱已被业界和购房者多次质疑。

滨海线有丰富的自然和文化资源，仅做旅游开发，实际上是对资源的一种极大浪费。不完整的开发也使得购买物业的客户并不能更好地享受滨海生活。勇于创新的华润置地，决定改变滨海线纯旅游度假模式，打造首座综合体项目，突破湾区固有项目规划与产品设计模式，如打造湾区创新型滨海多层洋房、高层复式房，实现湾区产品价值的唯一性。

为从固有市场中寻求突破，通过深度挖掘客户心理需求，逆转市场惯常操盘方式，从自身项目带动整个湾区发展的角度进行定位，华润梳理出了项目第一品牌、第一区位、第一资源、第一团队、第一会所、第一配套、第一产品和第一物业八大核心价值。以价值整合的方式，对外输出项目复合型价值体系。改变市场惯有以自身产品、价格或海资源为出发点与客户对话的方式，给予客户未来滨海生活更多想象空间，挖掘客户深度需求，成功扭转目标人群滨海度假的惯性思维。

全新的复合型价值定位，以价值打包的方式，将项目附加价值提升到最大高度，梳理出与竞品截然不同的客户需求并加强与客户进行沟通，引起新客户的持续关注与认购，成功引导已有滨海物业购置经验的客户再度购买。同时，对于现阶段处于初期开发水准的滨海沿线，本项目的定位对物业价值以及区域价值都起到再度拉升的作用。

差异化带给客户更细致更高端的体验，是一种工程设计对品质追求的体现。以会所为例，呈现方式并不是按照一个售楼部接待功能来筹备的，而是要展示出会所的整体功能，追求“没有客房的五星级酒店”打造标准。这种前置性的追求让客户在一个全新的项目里体验到更多的价值前景。

2013 年 7 月 13 日，小径湾首次开放，项目完成了一期的“六个一”展示系统，包括：一条 3 千米的景观大道；一座 5 000 平方米的大型水景景观；一条骑行绿道；一片亲海体验沙滩；一座亿元打造的万象海会所；一期示范单位展示区。

（二）统一品牌推广

1. 借助华润品牌的影响力推广

整合传播最大的亮点是借助华润品牌的力量，实现小径湾项目整体形象的价值提升。作为世界 500 强的央企，华润集团与消费者的生活有密不可分的联系。

在小径湾项目的宣传过程中，通过借助华润集团与华润置地双品牌在各行业中的强大品牌号召力和市场优势，来强化本项目价值形象，快速获得市场及客户的认同。不少客户正是因为看中项目品牌背后的力量，才会对项目未来规划的远景持坚信的态度。

项目以“打造中国示范效应的滨海综合体”为核心广告语，设定与竞争对手差异化的定位与营销策略，成功建立项目独特的价值传播体系，形成差异化营销，深度挖掘客户需求，并获得其忠诚度。

传播过程以步步进阶的方式，分阶段传播品牌、产品和节点信息，强化客户认知。为配合项目树立高端品牌形象，通过分析比较，以减法的形式进行渠道选择，有效整合高效媒介，最大化传播项目价值，实现产品溢价。

2. 协同华润全产业链展现华润力量

华润小径湾为成功实现“广东第一湾”的项目愿景，首度联合华润全产业链，协同资源深度挖掘，实现客户资源营销价值最大化。

在配套方面，整合华润商超、医疗、教育、酒店等资源力量，实现项目重要资源配套一体化，完善东部滨海生活配套，将项目打造成完整、高质量的滨海综合体，使得滨海生活以全方位一体化的方式呈现。

在营销方面，通过与华润集团内资源嫁接，实现客户资源的内部共享，以内部员工、旗下商业商户、写字楼租户和物业业主为深度挖掘点，整合华润集团、华润万象城、华润深圳湾体育中心、华润银行、华润大厦和华润信托等方协同资源，进行高端客户点对点挖掘，实现项目客户群精准定位的价值传播。同时，利用华润万象城、华润深圳湾体育中心和华润怡宝等作为对外宣传渠道媒介，有效进行客户储备与项目形象输出。

（三）多种营销方式占领C位

纵观全国具有同类可比性的竞争楼盘，其均采用粗放式推广模式，全年营销费用高达1亿元。小径湾项目虽首次亮相，却仅以4 000万元的整体营销推广费用达成了90%的成交率。渠道的选择与创新型推广模式在其中功不可没。

在渠道选择上，经过认真细致的研究与测试，对目标客户进行深访，对每一类渠道进行反复推敲，最终确定采用全渠道营销策略，即三大主力阵营：一是线上广告以深圳主流网站媒体为主，制造先声夺人的效应；二是线下户外楼体广告制造项目信息冲击输出，有效长期针对目标客户群进行定向传播；三是移动互联网媒体渠道逐步兴起的时代，项目更加强调精准和共鸣，包括进行微信公众号的传播，以直达客户群的方式，进行一对一的信息送达。

1. 大力吸纳客户

根据营销节点分阶段部署营销策略，实现客户储备与保温。在首次公开发售的营销进程中，于展示中心开放前5个月即启动双展场进行客户储备工作、前置项目信息的输出。提前3个月举办大型公关活动进行亮相，借此邀约客户再度沟通，增进客户对项目的信赖。

小径湾2013年推售货量大、销售任务重，为有效储备有诚意的客户，须前置蓄客工作，在市场逐步释放项目信息，以吸引客户关注，实现客户大量储备。

（1）房博会首次亮相（时间）

2013年5月1日，华润小径湾高调亮相深圳房博会，获得具有购房需求的目标客户及业内相关人士的一致认可。

（2）整合华润高端资源设点网客

利用华润自有资源，项目在深圳高端人群聚集的华润万象城、深圳湾体育中心分别开设展示中心，依靠城市商业和人文体育中心的定位人流，实现精准客户撒网。

在客户的储备过程中，全程保证品质营销，提升客户对项目的整体印象。展场均采用精致的包装设置，进行滨海生活氛围营造。注重客户接触点，小到一本客户登记簿也会经过精心设计，一张登记纸只登记一位客户以给予客户尊贵体验。

（3）举办专场高端推介会

为保证前期储备客户意向，强化其对项目认知，在2013年5月18日至6月22日，车轮式连续举办33场VIP推介会，邀约客户6 377批。每场活动定向邀约意向客户，在小范围内以华润及合富辉煌领导致辞并解析项目的方式，增强客户对小径湾项目的信任感，达到口碑营销的目的。

2. 各类公关活动亮相市场

为了在市场上取得高知名度，小径湾项目用事件营销获得市场的高关注度。2013年5月18日起，连续举办多场公关活动，吸引近万批诚意客户到访活动现场。5月18日，华润置地·置地会授卡仪式在华润中心君悦酒店举办，以高端业主带动小径湾项目客户的方式，营造了客户氛围，展现了品牌力量。

6月23日，产品发布会同样选取华润资源场地——深圳湾体育中心，以高规格的发布会形式，提前给予客户展望滨海生活的契机，客户关注热情度达到有效升温。

8月3日，“镜生万象”仲夏沙滩派对于展示中心开放后举办，以此为契机与有诚意的客户在美丽的滨海现场进行有效互动，促使认筹客户升级。

10月1日，新品发布会在多层洋房及二批板式高层亮相之际，向客户传达首批产品热销盛况及工程进度，并由此引出新品循众加推，获得新老客户的追捧。

活动中融合国际级大师的名人效应，进行项目的规划与设计。为了让客户真切感受到大师的魅力，2013年8月3日，在“镜生万象”仲夏沙滩派对活动中，公司邀请到具有设计界法拉利之称的英国福斯特设计公司小径湾主规划建筑师、会所设计师Amata、华润医疗CEO冯唐亲临活动现场，深入与客户分享项目设计理念与配套规划，给予客户信心和保障。同时，媒体对该活动也表现出极大兴趣，纷纷进行报道，让大众对华润品牌建立了较强的信心，并对未来的活动充满更多期待。

为了提升用户体验，在公关活动中对点滴细节格外关注，小到一张客户邀请函及邀请礼品都会进行精心的筹备，将项目品牌符号、品牌文化潜移默化地展示，在获得客户认同的同时给予其尊贵体验。

3. 精准营销

为达到精准蓄客，时刻洞察客户心理需求的发展与转变过程，项目采取认筹加升级的方式进行多次客户的梳理。在公开发售前，销售的摸查工作具体到客户意向购买的户型以及是否可以转化的程度。也正是有了对客户需求了如指掌的前提，才最终实现项目公开发售当日90%的高解筹率。

在与客户的长期沟通和维护的过程中，先期通过项目规划与配套直击客户购房关键点，提高客户心理预期。在梳理过程中，步步引导，增强客户对项目的信心，最终促使客户对产品产生急迫购买的情绪。

4. 七部曲用户体验模式

在众多传播渠道中，口碑宣传营销成本最低，却是最令人信服的渠道。为了培养项目客户的忠诚度，从客户储备开始，项目通过设置系列活动，有效地进行客户升温与保温。

在客户接待方面，采取豪宅客户管理方式，润物细无声地提升客户服务品质。如采取七部曲的信息输送方式，给予客户优先获知项目相关信息的权益，同时避免过多的打扰，给予客户尊贵感受，提升客户的满意度。

在楼盘销售中，项目组首创七部曲客户服务体验模式：①邀约短信；②进行第一次电话邀约；③客户汇总；④对客户进行第二次电话回访；⑤邀请函发送及客户出席确认短信；⑥活动后客户回访；⑦发送客户慰问短信。

5. 大步快跑实施饥饿营销

在公开发售前，为把握客户需求，通过认筹及认筹升级的方式进行客户的多次诚意梳理，并在此过程中不断洞察客户需求。有针对性地集中推售客户意向度较高的楼栋，调控供应关系，制造供不应求的市场形态，形成客户自发挤压状态。以此创造客户等候时的焦急心理，激发顾客购买欲望，为产品溢价与大量销售奠定客户基础。

首批产品推售为板式高层1~3栋、点式高层7~9栋集中推售，4栋、10栋公开发售现场加推；二批产品则先集中推售6栋，公开发售后第一天推售5栋。根据客户现场情况灵活营造饥饿营销氛围，保证产品整体去化率。

（四）定价——让高者更高，让低者走高

华润小径湾为270万平方米建筑面积的综合大盘，市场的销售业绩将直接影响后期的开发与建设。如何一炮打响，实现首次公开发售即销售2 000余套，奠定小径湾湾区标杆地位，起着决定性作用。

1. 需求定价

（1）以客户为基础进行做认知价值定价

项目对客户价格的摸查从诚意登记时就开始启动，在认筹和认筹升级时不断调整摸查，试探客户心理价格变化过程。针对近百名客户进行深度访谈，加之后续以回访的方式，了解客户对项目的认知与价格接受程度。

（2）全员参与产品打分，客观取值

项目组销售、策划和项目高管多次亲自爬楼，对分楼栋分户型的景观、朝向、视线、实用率和噪音等因素进行综合考量打分，并结合滨海线市场情况及客户意向反馈进行多达21次的价格方案调整。

（3）客户梳理，有效达成销售目标

在公开发售过程中，小径湾多次对客户价格进行摸查与调整，以均衡销售为原则，拉开各户型价差（提升受欢迎的户型价格，部分调整接受度较弱的户型价格）。通过价格口径引导，给予客户购房信心，促使客户于公开发售当天到访现场，感受火爆的销售气氛后，在羊群效应的促使下快速决定购买。

2. 双重营销实现撇脂定价

为打破市场现有格局，在房地产市场成功占位，更好地实现产品溢价，实现高销售转化率，项目组制定了分两次推货的双重营销策略。

第一次以点式和板式结合的方式推出，以点式带动板式，实现总体价值的提升。

第二次根据工程节点，以多层洋房带动板式的方式进行推售，再次提升产品的品

质高度，烘托项目的高端品位，达到维护品牌形象、提升产品附加价值的目的。

经过两次公开发售，项目的品质和价值得到了最大提升，实现公开发售9成的销售率，重新定义湾区价格，突破湾区新高度。

（五）执行——开盘系统化，保障决战胜利

首次开盘参与工作人员近1 000人，到场客户逾6 000人，开盘流量破了华润置地开创以来最高纪录。为更高效地推进各项开盘工作稳步进行，项目从全面统筹、高效整合、物资筹备、实地演练四个方面层层推进，实现开盘部署工作的精准制定与执行落位，实现最终成交佳绩。

首创引爆式开卖运营系统，全电子现代化开盘操作，精细化部署开盘全局，不仅将整体开盘体系标准化，而且将各环节运作系统化。

开盘部署，全面统筹：拟订公开发售策略方案，制订整体部署计划及开盘流线，安排工作人员及物料统筹。

精英动员，高效整合：全面动员华润集团、合富辉煌集团及其他合作单位，调配具有丰富经验的工作人员参与首次开盘，通过严谨的工作部署保证现场工作高效有序地开展。

氛围包装，物资筹备：开盘物料经过审定，通过详细的物料清单保证现场物料筹备到位，提前半个月进场进行场地布置包装，力求现场展示做到完美无缺。

深入培训，实地演练：分区域培训工作人员，并多次现场走场演练。

1. 跨区签约

由于此次签约不仅在时间和地理上需集中签约，也是首次在惠州跨区域签约，所以在政策和法律法规上必须更快地适应当地环境。因此，在公开发售的第二天，小径湾就提前制定了“保签约，促成交”的目标及具体签约流程。

签约结束后，华润对已认购的客户释放签约折扣，对未到访签约的客户，置业顾问则进行一对一的咨询，了解未签约客户的原因，及时梳理并反馈给项目组。小径湾在第一次公开发售后产品价格两次全面调升，不仅证明了小径湾销售业绩的成功，也在一定程度上促使客户准时进行签约。同时，项目组持续推广宣传，强化产品价值输出，在实现客户的高签约满意度的前提下，保证高签约转化率。

首创签约流程七步曲，让整个签约过程更加系统化，同时在销售人员与客户的“一对一”全程陪同下，小径湾项目两次集中签约皆取得不俗的成绩，不仅缔造了房地产业界10天签约房源之最，还创下了单日签约量房源之最——370套。在细节上，通过对第一批集中签约问题的总结，联合华润置地深圳营销管理部、财务部、法务部及合富辉煌华润小径湾项目组的力量，第二次签约结束时，最终退订的房源仅为4套，圆满完成了签约任务。

2. 高满意度体验服务，保全胜利果实

两次公开发售后集中签约的场地均设置在君悦酒店的君府Ⅰ、Ⅱ号厅进行，整体流程沿用第一批集中签约，并在保证工作流程更流畅、客户体验更舒适的前提下，进行了部分调整和优化：对所有签约人员进行更为细致的培训，特别是针对不同客户的付款方式和区域所要求的合同与签约流程做了明确的区分，以及加设了资料审核区，防止因签约资料的缺失、误填或漏填等问题导致备案失败。该举措不仅有效地减少了问题合同的数量，也提升了客户的签约体验满意度，体现了华润置地一直以来所提倡的以高品质与高质量为核心的工作重点。

参考文献

本案例由编者深入合富辉煌公司采集编写而成。

补充阅读

[1] 陈利文. 房地产营销［M］. 广州：广东经济出版社，2010.

[2] 陈林杰. 房地产营销与策划实务［M］. 2版. 北京：机械工业出版社，2017.

[3] 袁涛，胡跃年. 房地产营销危机：策略与实践［M］. 北京：中国建筑工业出版社，2013.

分析讨论题

1. 用市场营销的基本知识点分析此项目的规划是怎样进行的？
2. 小径湾项目的市场定位是什么？为什么会选择该定位？
3. 通过本案例试讨论房地产营销和一般的产品营销的异同。

实训实践

√把学生任意分成若干小组，以小组为单位进行实践实训和评估。

√任选一家学生熟悉的房地产企业，进行走访，重点了解其营销理念、消费者需求、营销战略和促销手段等市场营销的状况。

√对取得的一手资料和二手资料进行分析，学习房地产市场营销的独特之处，运用Word、Excel、PPT工具形成文字报告。

√开展课堂陈述或小组之间进行分享，老师进行评估。

第十三章 汽车市场营销

知识要点

(1) 汽车市场营销是指市场营销原理在汽车行业中的应用，是汽车销售企业为了满足消费者现实和潜在需要及实现企业目标，通过达成交易，所展开的综合性的汽车商务活动过程。

(2) 汽车行业是一个技术、资金和人才密集型行业，汽车的研发周期和产品生命周期都较长。

(3) 汽车在中国市场的主要销售渠道是4S店，4S店的营销是本土汽车营销的行业特点。

(4) 汽车营销的核心技能包括市场和环境分析、客户需求调查、销售策略制定、营销策划和组织、销售、售后服务。

(5) 对于企业竞争战略的分析选择，迈克尔·波特提出了“五力模型分析法”。通过对五种竞争力量的分析，进一步提出有三种竞争性战略可以使企业领先同行，即成本领先战略、差异化战略和目标集聚战略。

案例一

奔驰轿车在华开疆拓土之旅

有着130年历史的奔驰是世界上最著名的汽车品牌之一。作为汽车的创造者和先驱者，奔驰曾牢牢占据行业领跑者的地位，近年却遭遇“劲敌”宝马，以致全球销量在2015年被宝马赶超。

2016年年初，奔驰全球营销总监欧拉·凯勒纽斯紧急召集下属商议大计，研究如何夺回被宝马抢占的市场。3月初，宝马的百岁生日在即。人们发现，德国所有的大型户外广告牌，包括慕尼黑莫萨彻大街66号这个宝马最初成立的地方，都出现了一幅海报：主画面竟然是宝马的标志性前脸设计——双肾格栅！海报上写道：“宝马100年：从斯图加特向慕尼黑道贺。感谢宝马为德国汽车赢得国际赞誉做出的不朽的贡献！感谢100年的竞争！没有宝马的那30年，是有点儿无聊！”随后，奔驰官方微信也跟着发布了一条15秒的视频短片，恭喜宝马加入“百年车企俱乐部”。这则广告让奔驰成功地“火”遍全球，在展示自己宽容大度的同时，奔驰还不动声色地暗示了自己在汽车界的“老资格”，巧妙地“霸占”了人们的眼球。在尊重对手的前提下，巧妙地借助对手的优势来帮助自己做到更好。为对手献礼，实在是一种高明的营销。130 年的时间太长，我们通过分析奔驰在中国市场上令人瞩目的营销策略来了解奔驰的来路与去处。

一、高贵血统：奔驰始终极力彰显

1900 年，戴姆勒汽车公司向其经销商奥地利商人埃米尔·耶里内克（Emil Jellinek）献上一辆梅赛德斯（Mercedes）品牌的轿车，梅赛德斯是西班牙语优雅、典雅的意思，刚巧埃米尔的女儿也叫作梅赛德斯（Mercedes），以其女儿名字命名的这个汽车品牌开始走红。1926 年，戴姆勒公司与奔驰公司合并，共同成立戴姆勒-奔驰汽车公司，旗下的汽车品牌改名为梅赛德斯-奔驰（Mercedes-Benz），延续至今。

奔驰的商标是三叉星，象征着可以征服海陆空的愿景。戴姆勒在 1909 年正式对三叉星标志申请了专利，原本戴姆勒只是认为这个三叉星标志会给自己带来好的运气，但是随着事业的发展，三叉星应用到了汽车的商标上。如今，奔驰（Mercedes-Benz）已是世界知名的豪华汽车品牌。

在对世界近万名消费者的抽样调查中，奔驰车得分仅次于可口可乐和索尼，位列“世界名牌第一车”。奔驰的定位是“高贵、王者、显赫、至尊”，奔驰广告中非常出名的是“世界元首使用最多的车”。作为许多国家元首和知名人士的重要交通工具的“奔驰 600”高级轿车一诺万金：“如果发现奔驰车发生故障，中途抛锚，将获赠 1 万美元。”

奔驰公司一向将高品质看成取得用户信任和增强竞争能力的最重要的一环，讲究精工细作，强调“质量先于数量”，要“为做得更好、最好而斗争”，除了由计算机控制的质检系统检查外，还有一个占地 8.4 公顷的试验场，试验场里有各种不同路面的车道、障碍物等。每年要用 100 辆崭新的汽车，做各种破坏性试验测试，如以时速 35 英里去冲撞坚固的混凝土厚墙等。

高品质、信赖性、安全性、先进技术和环境适应性是奔驰造车的基本理念，凡是公司所推出的汽车均需达到这五项标准，缺少其中任何一项或未达标准者均被视为“缺陷品”。

二、深度调整：奔驰在华开疆拓土

一个企业发展过程中遇到的瓶颈可以归纳为内因和外因两类。外因就是企业所在的市场环境，包括竞争对手和经济形势等可能影响到企业效益但企业又无法改变的众多因素，而内因则是企业可以通过自身的改革加以控制的，这些因素主要归结为市场营销组合，即产品策略、价格策略、渠道策略和促销策略。从制定产品策略入手，同时制定价格策略、渠道策略和促销策略。企业经营的成败，很大程度上取决于这些组合策略的选择和它们的综合运用效果。

（一）产品策略

产品策略包含产品诸多方面的内容，包括产品设计、生产和改进等，而影响因素主要有产品耐用度、美观度和售后服务等。奔驰公司利用原有技术优势生产更高端的产品，加快新产品的开发，开始了中国市场的开拓之路。

1. 主打安全牌

奔驰公司一直以来都把生产过程当中的安全当作头等大事来对待，在奔驰的任何一款车上，光是保证乘坐者安全的设备就有 130 余项，这是业内任何一个公司望尘莫及的。奔驰公司大打安全牌的策略为它赢得了赞誉和广阔的市场。

2. 推崇环保至上

奔驰公司非常注意环保问题，它除了以美国环保法为标准外，还制定了一套更为严格的规定。一直以来，奔驰都非常重视环境保护问题。在研制新产品时，奔驰始终将节能减排作为努力的目标，近些年来研制出了多款混合动力型汽车。另外，奔驰在每年都会定期推出强化企业广告，以加深大众对其环保者的印象。

3. 顾客满意从车间开始

在生产车辆的同时，将顾客的要求与所购买的车辆进行“绑定”，让顾客的满意指数从车辆的生产过程中便开始得到积累，并与严苛的工艺执行标准和质量保证相结合，不仅达到了顾客的个性化要求，而且使 CS 指数处于市场高位，成为市场评价奔驰汽车的重要手段和途径，间接起到了广告推销的作用。

4. 全线产品本土化

2011 年年底，北京奔驰完成了首款越野车的生产，这也意味着北京奔驰 C 级、E 级和 GLK 级豪华中型 SUV 三款产品也已全面进入中国市场。关于本土化的长远战略，奔驰已经对其销售渠道做出了大换血，一切都在为奔驰在中国扎根而努力。

（二）价格策略

价格策略包括商品价格的制定原则、浮动范围，而其影响因素主要包括折扣促销的程度、支付方式等。产品价格是影响消费者购买产品的重要因素。价格策略是企业营销组合中最具灵活性和艺术性的策略，也是企业一种重要的竞争手段，因为定价直接影响到产品的销售量和企业的利润额。定价也是生产厂商很难把握的一个环节，要制定出合适的价格必须按照正确的程序及方法来进行，即首先必须确定正确的定价目标，再以此定价目标为依据选定相应的定价策略和定价方法，进而确定合理的价格。新产品上市，定价策略运用是否合适，对产品今后在市场上能否有广阔的前景以及能否给企业带来预期利润起到了决定性的作用，也为企业的市场竞争能力起到了决定性的作用。

奔驰在中国市场目前已有 140 多种车型，价格区间为 20 万~230 万元，如此大的区间跨度使得奔驰车已不再是人们眼中遥不可及的贵族专属品，使更多的人有机会享受奔驰带来的乐趣。这也正是奔驰的定价策略的成功之处。

在解决奔驰汽车较其他品牌而言价格偏高的问题上，奔驰高层给出了这样的回答，在前些年经济不景气的时候，需要适当调整价格战略，以减少库存规避风险，对于当下的经济环境，进口车同样应该以公司的发展战略作为标准合理定价。而奔驰将一如既往地走高端产品之路，为顾客提供高质量的产品和服务，让每一个购买奔驰汽车的消费者都能感到物超所值。

（三）渠道策略

渠道策略是指产品从工厂到达消费者手中的方式的策略，影响因素主要有运输方式以及商品存储条件等。

1. 事业部直销

事业部直销主要是面对奔驰需求量大和需求集中的一部分客户群体，主要针对一些全国性的租赁公司、国有大中型企业或者全国性的集团采购客户，而且客户区域主要集中在北京、上海等特大城市。

2. 4S 店展厅销售

针对到 4S 店展厅的顾客，要提高展厅销售顾问的能力。首先，为了更好地发挥展厅销售顾问的作用，需要培养高素质的接待人员；其次，要制订周密的培训计划，对销售顾问进行产品知识培训，以帮助销售顾问与顾客良好的沟通，在此基础上积极推销其产品，为顾客提供完善的服务，在推销过程中让顾客对该产品产生信赖和好感，并起到促进产品销售的作用；最后，对销售顾问进行相应的激励，充分调动推销人员的积极性，以促进销售的达成。

3. 经销商大客户直销

每家经销商都配备有集团销售部，主要针对企事业单位的集中采购和上门推销，以便及时向事业部申请集团采购政策。大客户销售要根据现有的客户资料进行沟通拜访，及时掌握客户采购信息，为顾客提供完善的服务以促进产品销售。

（四）促销策略

促销策略是指企业为了使顾客购买自己的商品而制定的一系列策略，主要包括广告、车展和试驾等。

1. 广告

广告是公司用以对目标顾客和公众进行直接说服性传播的主要工具之一。广告在促销中的作用是至关重要的，它是营销组合中一个非常重要的因素。汽车销售竞争日益激烈，广告对轿车企业尤其是对奔驰这样的知名企业来说是至关重要的。奔驰的广告都是针对目标客户制定的。投放广告之前，奔驰都要做严格的市场细分，并尽最大努力从消费者的利益角度出发，在广告中加入消费者最希望看到的内容，力求使消费者看过奔驰的广告之后能更快做出购买选择。奔驰对潜在的可能成为奔驰用户的人群同样煞费苦心，多角度分析消费者的消费习惯和消费心理特点，逐步引导消费者了解奔驰汽车，并力求达到全面而细致的了解效果。比如哪个阶层的人对 C 级车更感兴趣，什么样的人更青睐 E 级车，什么年龄段的客户对哪一款车型更感兴趣等。这些工作的目的只有一个，及时找出潜在客户，并尽最大可能让他们成为奔驰的真正消费者。

2. 车展

如今奔驰已经在多个重点区域举办车展以吸引目标客户。2012 年，奔驰先后在成都、大连、杭州和深圳等地举办车展，并在展览会上推出了多款奔驰新车型，时尚的外观设计让参展的观众大饱眼福。不仅如此，奔驰在中国其他 39 个城市都陆续举办了车展。未来奔驰车展的规模将继续扩大，争取做到有奔驰经销商的地方都有奔驰的车展。

3. 试驾

如今，奔驰在市场上的表现越来越高调，不断为自己的大手笔营销方案造势宣传，这是以往很少见的。2012 年奔驰 SUV 的试驾活动就是一个典型的例子，奔驰花费巨资在山路地段展开试驾，在保证安全的前提之下还要做好活动的宣传工作。从最后的结果来看，这些前期投入都是值得的，奔驰新推出的众多车型在试驾当中都表现不俗，让众多的试驾者和在场的观众眼前一亮。2012 年在奔驰交出的成绩单中，SUV 的产量高居榜首，这一方面有赖于车系丰富的产品种类迎合了市场上绝大多数消费者的购买需求，另一方面也是公司积极营销推广的重要结果。

通过对产品、价格、渠道、促销的深度整合，奔驰公司大力拓展中国市场的开疆拓土之路。

三、行业跨界：百年品牌释放光芒

奔驰与文化产业、教育培训、餐饮等传统实体行业跨界，从原本并无交集的行业中挖掘新的客户资源，丰富了品牌文化，提升了品牌的影响力。

（一）梅赛德斯-奔驰文化中心

2010 年成立于上海世博会的永久性场馆之一被命名为“梅赛德斯-奔驰文化中心”，该场馆拥有 18 000 个座位，是拥有电影院、音乐俱乐部、食品零售区、溜冰场和餐厅等多功能的室内演艺场所，与上海市“国际文化大都市”定位相切合，成为上海的一个地标性建筑。梅赛德斯-奔驰文化中心主场馆 2015—2016 年度举办了 101 场演唱会，是国内首个室内万人场馆一年内举办演出超过 100 次的场所，小场馆“音乐俱乐部”的演出频率更是达到了 142 次之多，“梅赛德斯-奔驰文化中心”全年演出总计 243 场。而演唱会的主要听众是具有经济能力或半经济能力的年轻人。这些年轻人高频率出入场馆无疑给奔驰带来了巨大的广告效应。

（二）梅赛德斯-奔驰（中国）驾驶学院

2012 年，继英国、德国、荷兰和美国之后，奔驰在全球成立第五家驾驶学院，也是亚洲首家梅赛德斯-奔驰驾驶学院。梅赛德斯-奔驰（中国）驾驶学院以“安全至上”的理念、奔驰豪华轿车陪练和专业认证教练等 VIP 服务为驾校的招生策略，收费价格为 12 800~16 800 元，而与此对比北京市驾校平均收费为 4 500~5 500 元，梅赛德斯-奔驰（中国）驾驶学院收费是一般驾校的 3~4 倍，该驾驶学院练习车辆全部采用 C 级、B 级、GLK 级和 smart 四款奔驰车型，授课教官必须取得梅赛德斯-奔驰认证中心的资格证书才能上岗。驾驶学院的培训目标不仅是训练学员应对驾照考试，而且以培训实际驾驶操作中问题处理和培训正确、安全驾驶理念而著称。奔驰通过驾驶学院，让学员接触到了奔驰汽车良好的操控性能和充分体验到奔驰品牌所带来的文化内涵。

而通过练车的过程中对奔驰汽车的熟悉，学员在取得驾照后优先选择奔驰这一品牌。

（三）Mercedes me 三里屯体验店

2016 年，Mercedes me 三里屯体验店开业，它是继汉堡、慕尼黑、米兰、东京和香港之后的全球第六家，也是现如今全球最大的一家“梅赛德斯-奔驰”体验店。北京三里屯位于 CBD、燕莎、东直门、工体等商圈的包围之中，这里聚集北京大量的奢侈品消费场所，已建成的三里屯太古商城、新天地时尚商城、高档酒店都在这条街上，是外国商务人士、国内文化界、商界中高层人士休闲娱乐的场所。这片街区有大约 5 万名商务从业人员，还有周围 10 万名高档住宅区的住户。区域内消费者的职业多为金领、高级白领、企业管理层、企业主、自由从业者等，这些人对待消费的态度极大地影响着时尚人群的生活质量及品味，都是有能力去购买奔驰汽车的潜在客户。体验店面积为 2 421 平方米，融合了时尚、前卫、文化、休闲等元素。体验店除了具有 4S 店的功能外，还提供全新的生活体验。在体验店不仅可以享受餐饮的美味，展厅中还有各种新款式或经典款式的奔驰汽车以供展览；有大投影循环播放奔驰汽车的宣传片；有各式各样奔驰定做的生活用品和艺术品供客户欣赏、购买。Mercedes me 体验店俨然已成为一个社群，不仅令奔驰品牌能与目标消费者亲密接触并展开互动，而且给消费者带来餐饮、艺术等全方位的接触体验。传统实体行业正在经历被新兴消费观念颠覆的时期，过去消费者在购车过程中的无非体验车的质量配置、外观和舒适度，如今面对有多样化需求的消费者，更加关注目标品牌所提供附加的服务与生活理念是否一致。

无论是北京三里屯 Mercedes me 体验店、梅赛德斯-奔驰（中国）驾驶学院还是上海梅赛德斯-奔驰文化中心，服务的受众都精确定位到了大部分有能力购买奔驰汽车的人群。

四、品牌联合：强强联手大放异彩

品牌联合策略的制定和实施是牵涉众多利益相关方的系统性工程，必须建立起一个奔驰品牌联合策略的系统分类框架，以便能有效地识别和把握不同的品牌联合机会。奔驰品牌的核心价值包括六个方面，分别是历史积淀、人文底蕴、追求卓越、专注高端、倡导优雅、象征成功。品牌联合的目的就是要将这些核心价值转化为消费者可感知的对象，从而加深、加速消费者对奔驰品牌核心价值的认同。

（一）品牌联合特别版车型

推出特别版车型在汽车行业已经不是什么新奇的营销手段，但品牌联合的特别版车型，市场上还难得一见。随着消费者对名牌的渴望和对个性化产品的需求越来越迫切，仅仅在车辆的颜色和外观上进行改变已经无法满足奔驰客户的审美需要。与知名品牌联合推出特别版车型，正是为了满足这方面新的需求。品牌联合特别版车型的目的是在奔驰车本身优雅、尊贵和豪华的基础上融入其他品牌个性化的特点，从而显示出车主独特的品位和卓尔不群的个性。

1. 与名人进行品牌联合

许多名人以其特立独行的品位和风格受到普通大众的追捧，其中既包括体育和电影界的明星，也包括知名企业家和著名时尚设计师。这些名人往往代表一种独特的生活方式，而这种生活方式正是很多消费者极力模仿的。通过与这些名人联合推出特别版车型，不仅能体现奔驰多样化的品牌个性，也能吸引公众的关注。奔驰成功推出"smart 科比特别版"车型，就充分说明了与名人进行品牌联合的巨大商业价值。smart 科比特别版车型原预计销售 6 个月，但在上市第三个月末就已经全部售罄。

2. 与知名的社会组织进行品牌联合

对于偏好驾驶体验的奔驰车主来说，能够彰显汽车运动精神和户外运动精神的奔驰车将是其梦寐以求的座驾。在性能方面，奔驰可以选择有代表性的高性能车型（如 AMG SL63 系列），与诸如国际汽车联合会等组织合作，推出"F1 特别版车型"。在户外旅行方面奔驰则可以选择有代表性的 SUV 车型（如 GLK350 四驱版），与诸如美国国家地理学会等组织合作推出"国家地理特别版"车型。特别版车型的差异可以主要体现在外观上，同时还附赠一些具有合作品牌特点的专属附件，以彰显出与普通版的差别。

这两种品牌合作特别版车型都不要求对车辆的性能结构进行改变，因此对于生产的复杂性影响不大。相反，由于这些特别版车型具有独特的外观和特性且数量有限，奔驰可以为这些车型设定更高的价格以获取超额利润，从而使合作双方都获取更大的经济利益。

品牌联合特别版车型要取得成功，必须注意三个关键因素：①合作品牌的选择非常重要。在挑选合作品牌时，对方的品牌知名度和美誉度都必须与奔驰品牌相匹配（同等甚至略高），而且其品牌特征和气质必须与奔驰略有差异。②产品设计必须以奔驰为主导。特别版车型虽然涉及两个品牌的合作，但其本质上还是一款汽车产品的开发。由于汽车产品的设计牵涉行驶安全以及整个产品家族的形象等因素，因此奔驰必须牢牢掌握产品设计的主导权。③特别版车型的数量、定价和利益分享必须妥善安排。虽然特别版车型能为企业带来更高的利润，但如果定价过高或超出了消费者可以感知的价值提升，就有可能会无人问津；如果特别版车型发行数量过多，则"特殊性"就会下降，同样会遭到消费者的拒绝。同时，奔驰与合作品牌必须提前确定合作的周期、版权、利益分享方式等问题，避免因为利益分配不均，最终破坏联合品牌产品和奔驰品牌的形象。

（二）体育及文化活动品牌联合营销

体育及文化活动品牌联合营销的社会价值不言而喻。而对奔驰来说，与知名的体育及文化活动品牌联合营销，目的是为了体现奔驰不断进取和注重人文关怀的品牌精神。在体育及文化营销中，奔驰的品牌联合主要是品牌联合营销。品牌联合营销是指奔驰作为活动的赞助商，其 Logo 与体育/文化活动的 Logo 一起出现在宣传主视觉上，其产品有机会在活动中展示。这是一种比较浅层次的、短暂的联合，目前奔驰赞助的中国网球公开赛和上海网球大师赛就是最好的例子。

品牌参与活动指的是奔驰作为活动的协办人之一，全程参与活动并通过活动实现品牌联合营销。在中国汽车界，目前这种联合主要体现在汽车厂商为活动提供贵宾接送车服务（如别克-凯迪拉克多年来与上海国际电影/电视节的品牌联合营销）、汽车厂商选送车主参加体育比赛（如荣威与上海斯诺克大师赛的品牌联合营销）。奔驰可以深度开展品牌参与活动。由于奔驰在高尔夫、网球、赛车等方面的资源非常丰富，加之奔驰客户中的网球、高尔夫、汽车运动爱好者占的比例很高，通过加深与知名赛事活动的联合，对于奔驰品牌体育和进取精神的传播将大有益处。

对于奔驰来说，体育及文化活动品牌联合的成功面临两个关键因素。首先，必须选择合适的体育/文化活动进行赞助，从而既符合品牌自身的形象，又保证活动的影响力能吸引足够数量的潜在客户。奔驰可以将品牌联合的重点放在高尔夫、网球的知名国际赛事上，同时尝试与国内外知名的汽车协会举办汽车运动赛事，以符合自身客户群的偏好。其次，必须确保品牌、产品营销的数量和质量。由于国际知名的大型活动通常都由经验丰富的专业活动公司负责运营，营销管理者必须充分了解这些对手的谈判技巧和偏好，从而保证企业在品牌联合中的利益。

（三）与社交媒体品牌联合营销

奔驰发起了一场由 Twitter 驱动的汽车比赛，选出的四名选手在比赛中需要接受奔驰布置的各种任务，还要拍照认证。为了完成任务，选手们可以求助网友，参与的网友也有可能获得奔驰送出的礼物。最终得到粉丝支持最多的那组选手获胜。这次活动取得了不错的成效。

传统营销最大的局限性在于缺乏互动。传统营销自上而下进行传播，传播的渠道是固定的，平媒广电是最重要的传播渠道。在传统营销时代，只要掌握了传播渠道，便能对潜在消费者进行“洗脑”式传播，让潜在消费者在购车时第一时间想到传播的品牌。但社交媒体改变了人们的生活方式。KPMG-TNS 联合调查报告显示：传统的广告或者体育赛事赞助等对于中国的未来车主影响已经非常有限。在购买前，国内消费者大多通过网络来获取信息，进行价格比较或者加入网络讨论。这正是传统的营销渠道所不具备的。

未来，社交媒体将作为车企的一个重要营销平台。首先，随着互联网、智能手机的发展，社交媒体已经成为人们获取信息、分享心得、资源共享必不可少的平台。消费者不再仅仅是被动接收信息，更成为信息的创造者。其次，社交媒体营销是一种回形营销。车企不仅能推销自己的产品，还能获得用户宝贵的反馈信息。再次，社交媒体营销的传播力是不可估量的，它可以从孤独的单点源传播发展成多点源传播乃至面源传播，甚至成为一个热门话题。此外，社交媒体在具备传播广度的同时还具备更强的传播影响力。从本质上讲，社交媒体营销就是古老但效果好的口碑营销的线上版。对消费者而言，对产品的溢美之词，出自朋友之口，哪怕是社交媒体上素未谋面的“好友”，也比从广告中听到的可信得多。最后，社交媒体营销可以作为车企长期营运维护品牌和培养忠实客户群的手段。通过社交媒体与客户交流，不仅能知道客户需求，而且能让每个客户都觉得自己的意见被重视，提升客户的好感度。

（四）线上、线下跨平台品牌联合推广

近年来，互联网消费快速兴起。互联网消费具有专业性、便捷性和广泛性的特点，

也成了年轻人消费的主要方式之一。在互联网消费模式下，各大网络购物平台不断利用各种营销噱头（如“双十一”“双十二”等）树立自身品牌形象增加销售业绩，重塑了人们的购物心理和消费方式。

各大汽车制造商也把目光聚焦到了这个流量急剧增加的新生事物上。根据凤凰网的广告收入报表，各大汽车制造商从2008年开始每年对其广告贡献率就稳居前三。垂直专业汽车网站——汽车之家，自2013年美国纽交所上市，2016年的财务收入为10.82亿元人民币，经销商黄页服务费与2015年相比同比增长57.8%，厂商广告收入与2015年相比同比增长31.5%，市值为36.22亿美元。

毫无疑问，互联网已经成了各大汽车制造商的必争之地。奔驰作为汽车行业的代表性品牌之一，最早开始了汽车营销与电商的合作。2010年9月，奔驰开始初步探索与电商合作之路。它与淘宝网合作，原定计划的21天销售205辆奔驰smart系列于正式启动3个半小时后库存告罄，活动宣布结束。而smart系列在中国区线下全年的销售量仅为500辆左右。

2011年11月上旬，奔驰在淘宝网开始了第二次与电商合作的路径探索，以电子商务推广的模式开展C级车“原价置换”活动，当即收到了7 500名客户的信息反馈，并在后来的数月中一直释放信息，得到了市场需求的一手数据，本次奔驰与电商合作的目标并不在于线上销售，而是要激活目标客户强劲的升级置换需求。

2012年2月，奔驰在京东商城采用在线销售形式，以149 888元的团购价加送豪华礼包，通过线上京东页面、微博线上活动、线下院线活动，再加入电视媒体广告等线上、线下整合营销传播方式，于正式发售89分钟之后库存告罄，以平均每18秒卖出一辆奔驰smart的速度创造了汽车网络销售的奇迹。

2013年1月18日，奔驰smart新年特别版于新浪微博限时限量发售666辆，470分钟后库存告罄。从2010年淘宝团购，再到2013年微博卖车，奔驰凭借对互联网时代的灵敏嗅觉果断出击，赚足了口袋和眼球，并成功地在新浪微博制造了热议话题和口碑传播，成为社会关注的一个热点。

2014年“双十一”期间，奔驰另辟蹊径，GLA SUV尚未登陆中国市场时就开始在新浪、天猫上预售，揭开了“双十一”购车狂欢节的序幕。奔驰借助天猫商城庞大电商用户基础及搭建的金融环境，配合新浪的流量导入，在66小时内300辆GLA SUV汽车售罄，使其在正式登陆中国市场前就占据了营销的先机，成为电商上市预热成功案例。

经过2010年到2014年五次与电商的合作，自2015年开始，奔驰开始着手准备打造奔驰汽车自主的数字化购车电商平台。2016年12月，北京奔驰举办了奔驰客户体验媒体科技活动，于2017年正式推出移动终端版电商平台——Mercedes me。通过这个平台可以一览各地奔驰4S店经销商车辆信息和实时库存，直接选择经销商和车型，支付押金车辆就会保留3天，3天之内不会被售卖。超时客户未去经销商处提车，押金自动返回原账户。

在国家大力提倡“互联网+”的背景下，实体经济需要越来越多的依靠互联网的流量导入，更好地了解汽车经销商和互联网的关系以及互联网对车企营销的重要作用。

广大客户对奔驰的需求，以往多数只能依靠传统的线下方式解决，而现在基于互联网工具的采用，汽车营销必将形成新的行业模式。

由于汽车行业的特殊属性，大部分客户购买汽车之前想了解目标车型的具体信息主要还是通过在4S店内体验而得知。目前，电商的线上引流消费群体至线下试驾这部分职能并不会被互联网取代，虽然线上交易的支付手段从技术讲已经完全没有问题，但是基于用户对汽车的消费习惯来说，还是多会选择线下付款结算。

新的电商平台主要针对传统线下汽车营销面临的问题，如经销商对销售线索处理不及时、销售时间成本高等。奔驰电商新平台建立的手机客户端中，经销商在售车源信息会一次性释放出来，用户可精准找到相应经销商，节约了消费者与经销商的时间成本；用户在奔驰电商客户端上选择汽车的配置，选定配件、选装包、金融保险服务等，既可以作为电商数据记录消费行为，又可以让经销商预知消费需求，以减少销售顾问与消费者沟通的时间成本，提高销售转化效率。

此前国内车企在汽车电商项目上多有尝试，比如上汽集团的车享网、广汽与乐视合资的大圣科技等。奔驰电商项目的不同点有两个：一是覆盖范围是全国“梅赛德斯-奔驰”4S店，而车享网等网站只能在上海或者几个定向城市提车；二是会在终端中显示出每个4S店的实时库存和各种优惠信息，方便客户，最大限度地增强用户体验，这在其他的电商网站上也是不能想象的。

奔驰通过与电商的跨界，具备了媒体属性。客户端中包含的多种品牌元素、个性化服务在消费者进行使用客户端的同时，也无形中通过客户端传播出了自身的品牌文化与品牌理念，而客户端的大多数使用者本身也是奔驰汽车的用户，对于增强其对品牌的忠诚度和用户体验有较大的帮助。

通过对点击率的分析和潜在客户市场调查，消费者了解产品信息首选的是汽车类垂直网站，而非汽车厂商的官方网站。因此，仅仅拥有一个功能完备的官方网站，已经无法有效地吸引潜在客户群的关注。通过线上、线下品牌联合推广发挥新兴媒体的渠道优势，有利于奔驰增加客户接触点，扩大品牌和产品的市场影响力。

线上、线下品牌联合推广的成功，关键取决于活动创意、线上人气聚集能力、线下转化能力。线上活动最大的特点是活动的创意必须独特，必须激发起用户体验的热情。因此，奔驰的营销团队在兴趣点的选择、虚拟内容的开发和活动流程的设计等方面，既要体现创意和新意，也要与奔驰汽车生活方式紧密融合。应选择活跃用户数量多、互动性应用开发能力强且有能力为奔驰寻找到目标客户的社交平台进行品牌联合。此外，奔驰自身必须具备强大的线下转化能力。这既需要奔驰厂方的营销团队在活动的策划方面精心布置，也需要奔驰经销商在活动执行和销售转化方面密切配合。

参考文献

[1] 孙艳. 奔驰轿车在中国市场的营销策略研究 [D]. 沈阳：东北大学，2012.
[2] 史范隽. 奔驰汽车中国市场品牌联合策略 [D]. 上海：上海交通大学，2012.
[3] 王炫. 梅赛德斯奔驰中国区跨界营销策略研究 [D]. 保定：河北大学，2017.

[4] 张翼飞. 浅析中国汽车品牌营销效应——以奔驰汽车品牌营销案例为例 [J]. 中国集体经济，2018 (11).

[5] 姜星宇. 车企营销“携手”社媒将成必然 [J]. 汽车与配件，2014 (18).

补充阅读

[1] 高婷婷，王毓，台晓虹. 汽车营销 [M]. 北京：清华大学出版社，2014.

[2] 周春平. 奔驰（中国）汽车公司社交媒体营销策略研究 [D]. 上海：上海外国语大学，2014.

分析讨论题

1. 请谈谈你对中国汽车营销的看法。
2. 试论述我国汽车工业的现状以及车企在本土开展营销活动时需要关注的要点。
3. 尝试分析奔驰汽车在华营销的独到之处。
4. 请列举市场营销活动开展良好的汽车企业的具体做法。

实践实训

一、任务目标

通过该任务，使学生了解目前的汽车市场，并能结合实际情况进行分析。

二、实训步骤

1. 了解目前汽车市场实际情况；
2. 根据获得的情况与事先的预期进行对比，分析并选择适合的品牌；
3. 针对实训结果进行分析；
4. 写出实训报告。

三、实训材料

学生通过对我国汽车行业的整体了解，选择市场上某家汽车企业作为研究对象，分析其营销现状。学生以小组为单位收集该企业的相关资料并做分析。

四、考核记录表

将对学生任务完成情况的评价填入表 13.1 中。

表 13.1　任务完成情况评价要素表

组别：　　　　　　　　　　　　　　　　　　学生姓名：

序号	考核点	分值（100 分）	得分	累计积分账户
小组评价		共计 30 分		
1	态度与纪律	5		
2	出勤情况	5		
3	参与调研时与人沟通的能力	6		
4	参与讨论的积极性	6		
5	团队合作表现	8		
本人评价		共 30 分		
6	收集信息的能力	10		
7	汽车市场行业分析的正确性	10		
8	汽车市场营销分析的正确性	10		
教师评价		共 40 分		
9	汽车市场营销知识的掌握	20		
10	汽车市场营销技能的掌握	20		
本次实训分数小计				

案例二

比亚迪——中国新能源汽车的营销之路

一、比亚迪的传奇人生

比亚迪成立于 1995 年，从二次充电电池制造开始起步。经过八年的发展比亚迪迈出了跨时代的一步，于 2003 年收购了西安秦川汽车有限责任公司，成立了比亚迪汽车有限公司，正式进军汽车领域，开始了民族自主品牌汽车的发展征程。目前比亚迪已在西安、北京、深圳、上海、长沙和天津等地建立汽车产业基地，在整车制造、模具研发、车型开发和新能源等方面达到了国际领先水平，产业布局日渐完善并已迅速成长为中国最具创新的新锐品牌。比亚迪以电池技术整合汽车、新能源、轨道交通以及 IT 四大核心领域，把绿色交通作为使命，构筑绿色梦想，不忘初心成为全球新能源整体解决方案的开创者。

据《宁波晚报》报道，比亚迪于 2008 年 10 月 6 日以近 2 亿元收购了半导体制造企业宁波中纬，比亚迪借鸡生蛋，改变中纬原定位整合资源到电动车，以此打通电动汽车产业链，从而加速了比亚迪电动车商业化的步伐。据比亚迪 2014 年财报介绍，比亚迪在 2014 年汽车板块整体销售收入达到人民币 270.89 亿元，占销售总额的 41.6%。其中，新能源汽车销售收入 73.28 亿元，占汽车板块收入的 27%，同比增长约 6 倍，成为公司所有业务板块中增速最快的部分。公司新能源汽车销量占全国新能源汽车销量的 27.9%，其中插电式混合动力在这个细分市场中的占有率达到 49.6%。中投顾问产业研究中心的数据显示，2015 年比亚迪新能源汽车仍保持高速增长，比亚迪旗下主要新能源汽车插电式混动车型——“秦”的销量同比增长 117%。这一年，比亚迪占据全球新能源汽车的首位。

二、逐鹿市场，谁主沉浮

面对环境污染，全球对能源使用的限制力度加大，各国禁售燃油车的日程表相继出炉，发展新能源汽车是大势所趋。在“十五”规划、“十一五”规划、“十二五”规划的蓝图下，我国目前已发展成全球最大的新能源汽车市场。面对如此庞大的市场容量，国内外各大汽车生产商和零部件供应商无不虎视眈眈，都想要分一杯羹。在众多竞争者中，比亚迪如何保持新能源汽车市场领头羊的地位？美国营销大师迈克尔·波特在五力分析模型的基础上提出有三种基本的竞争性战略可以使企业成为行业中的佼佼者，即成本领先战略、差异化战略和目标集聚战略。比亚迪通过对内、外环境的分析抓住机遇，针对自然环境、政府政策、自身特点和消费者特点等环境因素成功运用多种竞争战略使自己走在了行业前列。

（一）洞察先机，锁定目标

1. 环境堪忧，肩负使命

目前，一到冬天人们谈论得最多的就是 PM2.5。2016 年，成都的冬天让人记忆犹新，整个城市被笼罩在雾霾下，老人、孩子因呼吸道感染在医院扎堆、家家紧闭门窗、忙碌的上班族出行受限，阴沉的天空看不到一丝蓝天白云。环境问题已经发展成社会问题，夹缝中求生存的人类社会要繁衍生息，改善环境、善待地球已迫在眉睫。我国目前的环境现状非常严峻，大气污染物排放总量居高不下，十大环境问题中大气污染排在首位。据相关报道，2011 年中国二氧化硫年排放量高达 1 857 万吨，烟尘为 1 159 万吨，工业粉尘为 1 175 万吨，中国大多数城市的大气环境质量超过中国规定的标准，大气污染仍然十分严重。在中国 47 个重点城市中，约有 70%以上的城市大气环境质量达不到中国规定的二级标准。参加环境统计的 338 个城市中，有 137 个城市空气环境质量达不到中国规定的三级标准，占统计城市的 40%，属于严重污染型城市。而造成大气污染的一个主要原因是日益增加的汽车尾气排放。人类社会目前及未来的发展应朝着减少石油污染，遏制二氧化碳过度排放，缓解全球变暖，留给子孙后代绿水青山的生存环境这一方向努力。比亚迪把“为地球降温 1 度”作为自己诚挚的使命，在环境压力如此巨大的情形下，比亚迪看准机会、锁定目标，利用在电池技术领域研发领先的优势寻求新能源作为可替代燃料，提出“三大绿色梦想”解决石油问题带来的全球环境污染和经济问题。比亚迪利用科技创新造福人类，倡导绿色交通改变出行！2008年12月15日，全球第一款不依赖充电站的双模电动车比亚迪F3DM在深圳上市，解决了能源紧缺、二氧化碳减排和环境污染三大问题。比亚迪抢得先机，用科技打造绿色出行的钥匙，开创了中国力量领跑世界的壮举！

2. 因势利导，借力政府

近年来，政府对于新能源相关产业一直给予财政支持，以刺激相关企业对新能源汽车加大研发、生产能力以及向消费者市场推广，从而有利于激活市场和培育产业。为此，国家相关部门出台了一系列的政策措施，如财政补贴和对新能源汽车不限行、不限购等。我国在2009年发布了首个节能与新能源汽车补贴政策，对试点城市公共服务领域购置新能源车辆进行补贴，后来扩大到乘务车领域。对于着力开发新能源项目的车企来说，一方面可以得到大笔财政补贴，另一方面又能推广其产品提高市场占有率，实现双赢。比亚迪抓住这一契机，与地方政府展开全面合作。

机会青睐有准备的人。中国新能源汽车市场的推广，王传福很早就深度剖析过。他知道如何借力发力，利用政府的利好政策助其一臂之力。比亚迪采取在各地投资建厂的方式冲破地方采购阻力，以此加强与地方政府的关系。从目前来看，新能源汽车未普及，市场需求还需政府推动。比亚迪看准了这一点，加快了与地方政府的合作。据山西省工业和信息化厅报道，2015年12月22日王传福与山西省人民政府和太原市政府签订了《山西省人民政府比亚迪股份有限公司战略合作框架协议》与《太原市人民政府比亚迪汽车工业有限公司投资协议书》。资料显示，太原市原有的8 292辆出租车是2008年以前更新的，大部分已达到报废年限，在2016年全部下线被电动出租车替换，太原市因此机缘成为全国乃至全球首个出租车实现纯电动化的城市，比亚迪在山西投资换市场的战略初显成效。

凭借科技创新和绿色发展等方面取得的重要成果，比亚迪击败了行业竞争对手得到地方政府的财政支持力度极大。例如，比亚迪E6市场价为30.98万元，经国家、省、市各级补贴之后，经营户只需支付8.98万元即可购车。这样大大缓解了出租车运营者的购车成本压力。而通过与政府建立良好的合作关系切入公共交通领域是比亚迪看准的一步好棋，比亚迪将由此撬动当地的乘用车私人消费领域。

在这样的背景下，比亚迪看准时机锁定目标进入新能源领域，通过自身优势和不懈努力在激烈的商战中赢得了喝彩！

（二）技术为王，成本领先

成本领先战略主要依靠追求规模经济、专有技术和优惠的原材料等因素，以低于竞争对手或低于行业平均水平的成本提供产品和服务，来获得较高的利润和较大的市场份额。降低成本最有效的办法是生产技术的创新，一场技术革新和革命会大幅度降低成本。比亚迪结合自身情况、国内行情和重视人才技术，引领行业风向标。

1. 一技之长勇闯天下

众所周知，比亚迪最初是从事二次充电电池业务的，主要开发生产镍镉和镍氢电池。然而，全球的电池市场份额几乎被日本企业垄断。所幸电池专家出身的王传福带领的团队，很快打破了这种一家独大的局面，走出了只能依附于供应商进行组装生产的尴尬境地。随着技术的不断发展，市面上出现了镍电池的替代产品——体积更小的锂电池。比亚迪凭着敏锐的嗅觉，着手锂离子电池的研发，成为首批进入该领域的中国锂电池企业。功夫不负有心人，比亚迪攻克技术难关，在众多竞争者中脱颖而出傲居中国锂电行业霸主地位。手机电池技术更是得到了摩托罗拉的认可。继摩托罗拉后，各大手机客户纷至沓来，其中包括诺基亚等在内的知名品牌，选择比亚迪作为合作伙伴。电池技术为比亚迪进军新能源开发电动汽车注入了强心剂。

比亚迪善于打破常规大胆尝试，像整车大部分的核心零部件和技术均是由比亚迪自主研发，从材料到电池、电机、电控再到整车，比亚迪都选择自己来做。比亚迪深谙制造业的成本竞争，唯有技术和人才是制胜法宝。比亚迪成功通过人工加机器的半自动化模式，使用自研生产设备进行能力范围内的各环节生产。这种垂直整合虽没有专业化生产的优势，但却获得了内部交易的低成本化。例如，比亚迪自己生产的保险杠省去了外购的运输费和仓储费等支出。汽车模具的自我开发，可节约成本 40%。公司有 60%的设备都是自主研发，相当于引进国外同水平设备成本的 1/20。产业链的高度垂直整合，使比亚迪相较于吉利、奇瑞和长安等同行对手，成本和技术上的优势无疑为其核心竞争力添砖加瓦。不断地学习与创新是比亚迪在风云变幻的新能源汽车领域始终保持竞争力的主要原因。

2. 人才技术奠定根本

作为汽车行业的新人，比亚迪从蹒跚学步到领跑同行，靠人才和技术走出了一条“技术为王”的革新路。刚起步的比亚迪靠模仿探路慢慢成长，但模仿毕竟不是长久之计，要腾飞只有创新，必须壮大自己的研发力量。比亚迪作为新兴汽车企业，靠着活学活用、博采众家之长组建了自己的科研团队。“只有坚持技术第一和人才第一，才能做到世界第一。”这是比亚迪一直以来的信条。2003 年，比亚迪进军汽车行业，短短 10 余年，比亚迪的电池、电机、电控技术全球领先。“没有领先的技术，就做不到全球第一。”王传福说，“我自己就是‘技术男’，首先是工程师，然后才是企业家。强大的技术创新能力，让我们在制定战略时比别人看得更深更远。”

在比亚迪，处处体现技术第一和人才第一。比亚迪重视人才管理。据《人民日报》报道，2017 年，比亚迪招聘了 3 000 多名应届大学毕业生，10 年来累计招聘应届大学毕业生 3.5 万名，相当于提供了汽车行业一半以上的应届大学毕业生就业岗位，这些应届大学毕业生很大一部分是技术人员。截至目前，比亚迪拥有 22 万名员工，其中技术人员超过 2 万名，占总人数的 10%。王传福认为这些技术人员是其最大的财富。强大的人才支撑，使比亚迪的研发能力持续提高，全球专利数快速增长。比亚迪全球累计申请专利超过 1.8 万项，其中已被授权专利超过 1.2 万项。此外，还多次荣获国家级专利奖项，其中混合动力汽车专利技术荣获第十七届中国专利金奖，成为首个在新能源领域获此殊荣的汽车厂商。硕果累累的比亚迪没有停止脚步，在落后就要挨打的定律下比亚迪的战略眼光似乎看得更远。

(三) 彰显个性，差异求存

差异化是指企业就消费者广泛重视的某些方面在行业内独树一帜，使企业产品、服务或形象与众不同，以一种独特的定位满足客户的需求。实现差异化有许多种方式，如产品特色、性能质量、产品风格、产品设计、品牌形象和可维修性等。比亚迪正是通过产品线、产品设计、品牌营销和市场推广等方面创造了一系列有意义的差异，使本企业的产品区别于竞争对手而获得市场认可。

1. 各路“神车”大显身手

从全球汽车发展来看，新能源汽车是汽车产业的发展方向。面对众多竞争对手，王传福胸有成竹。他曾孤军奋战在自己构建的绿色梦想里，甚至一度招来质疑与嘲笑，但他坚定不移地走着这条不寻常之路。他说：“在电动车方面，过去我们在战略上领先多一点，但是现在别人也开始改变思路，这个领先的优势就减少了。现在，我们的产品除了在战略上保持领先，还要在细微的战略上保持领先。”

据比亚迪新闻活动中心报道，2015 年 4 月 20 日比亚迪以“新能源、新未来”为参展主题，携旗下唐、宋、元、商等新能源车型闪亮登上上海车展的舞台，并正式发布了新能源车“7+4”全市场战略布局：“7”代表 7 大常规领域，即城市公交、出租车、道路客运、城市商品物流、城市建筑物流、环卫车和私家车；“4”代表 4 大特殊领域，即仓储、矿山、机场和港口，涉及城市生活和工作的方方面面。在众多竞争者中，产品线如此丰富的首当其冲要数比亚迪，它也是全球首家投放新能源专用车的企业，用新能源汽车“绿化”未来，打造绿色出行典范。据相关报道，比亚迪旗下的新能源大巴 K9 已正式服务香港公交，伦敦的 51 辆单层零排放车也是迄今为止欧洲最大规模的全尺寸公交车队。此外，还有像 T7、重卡 J9 和环卫车 T8SA 等新能源车都相继登上各自的舞台。2015 年 9 月，比亚迪 C9 成为大连夏季达沃斯年会指定用车，承担了大会的交通保障工作，成为我国新能源道路客运的“绿色典范”。目前，比亚迪集团新能源汽车已推广至深圳、南京、大连和杭州等国内十多个城市，并实现了在欧洲、亚洲、北美洲和南美洲逾 30 个国家与地区的商业化运营。相较于北汽、上汽、奇瑞、吉利、江淮和长安等竞争对手，比亚迪 360 度全方位布局新能源汽车领域可以说是遍地开花，各路“神车”大显身手抢占不少市场份额。

2. 投其所好，顾客至上

近几年，随着人们购买眼光越来越挑剔，比亚迪似乎更懂消费者。为了满足市场的个性化与品质需求，针对不同的消费群体，比亚迪加大了市场调研力度。通过调研，比亚迪清楚年轻购车族在购车时偏好小排量车和好看的外观，其次是产品的性能、配置、价格和口碑等因素，这些无疑对消费者的吸引力度很大。比亚迪根据消费者的偏好，在近几年推出的车型身上更注重外观设计的时尚感和创新性。以“比亚迪元”为例，这款专为“80 后”“90 后”年轻族群打造的新车型具有车身双色、车顶悬浮式、轮毂超大和备胎外挂等特点，车身细节的设计上融入了中国传统文化元素。如进气格栅，契合中国“龙”的图腾文化进行设计；其前大灯轮廓造型则取自古代兵器匕首的造型，黑色前保险杆两侧外延后与进气格栅相连，看起来像是抽象的汉字“元”，将中国传统文化的灵动神韵充分展现，完美演绎了最炫民族风，满足了年轻消费者的颜值控。兵无常势，水无常形。消费者市场的需求变化无常，比亚迪能否读懂消费者的心理，投其所好是比亚迪设计团队还需花功夫钻研的地方。据悉，比亚迪聘请了原奥迪设计总监艾格，比亚迪能否引领新一代潮流拭目以待。

3. 酒香也惧怕巷子深

比亚迪在很长一段时间都很低调，对外宣传极少。外界对比亚迪的形象认知就是一个“理工男”：纯搞技术，埋头钻研，各种专利一大把。酒香也怕巷子深。王传福意识到了这一点。他公开表示：“技术很重要，提升品牌也很重要，不能只埋头搞技术，也要打好提升品牌攻坚战。”“我们需要将工程师的语言转化成消费者乐于接受的语言，我们拥有大量的先进科技，我们的电池，我们的电控，都有无可比拟的优势。我们能够在资本市场得到追捧，但普通消费者对我们的认可还远远不够，我们需要让消费者了解一个真正的比亚迪。”比亚迪高级副总裁李柯如此表达比亚迪对品牌形象提升的要求。提供更多优质的产品服务，让顾客体验的不仅是产品还有产品本身延伸出来的附加价值。比如绿色出行带来的责任感，开着比亚迪新能源汽车穿梭在川流不息的城市中无形中增加了几分对环境保护的使命感。

比亚迪从不懂营销到重视营销，现在已经开始关注如何用大众化的语言阐释比亚迪。通过不同的营销方式，简单而直观地向大众传递比亚迪的产品信息。以比亚迪的精准营销为例，比亚迪的第一款车 F3 是面向年轻消费群体的，为了吸引这一群体就必须贴近他们的需求，有针对性地制定营销策略。体育、音乐和赛事是年轻人最喜欢讨论的话题，以此为纽带拉近与年轻消费群体的关系则是营销的卖点。据相关媒体报道，2016 年年初，比亚迪就与腾讯视频签署了战略合作协议，在 2015—2016 NBA 赛季期间展开全领域合作，借助腾讯视频的泛娱乐化战略和全社交布局，开启了比亚迪汽车体育营销的新纪元。在赛事营销方面，比亚迪不仅多次参加了 CRC（中国汽车拉力锦标赛），还参加了更为艰苦的环塔拉力赛，通过精彩、刺激的赛事成功地向消费者输入了比亚迪汽车过硬的品质和性能这一概念。随着潮流前线的引领，电子音乐受到很多年轻人的追捧。据悉，2016 年 5 月比亚迪又牵手国内收视榜单前三强的江苏卫视，独家冠名国内首档电子音乐对抗节目《盖世音雄》，和王力宏、鸟叔、庾澄庆和凤凰传奇等音乐达人走到了一起。围绕这次合作，比亚迪还开展了“英雄会音雄——购比亚迪直通《盖世音雄》录制现场”活动，成功运作跨界营销和借势营销。比亚迪的这次赞助活动毫无疑问达到了预期的效果，《盖世音雄》收视群体与比亚迪汽车的目标用户匹配精准，实现了精准的目标人群锁定性传播。比亚迪还策划了微电影《荔枝的作业》《偶像》等影片，借此传递了汽车新能源品牌文化理念“都是 e 家人”。

比亚迪借助各类传播平台增加了自己在镁光灯下的曝光率，让更多大众开始了解不平凡的比亚迪。比亚迪还将在技术创新和消费者体验等方面进行革新与升级，不再单纯用数据来充实自己，想消费者没有想到的，说消费者听得懂的语言，通过潜移默化、润物细无声的力量感动消费者，通过走心的营销打动消费者，全面提升比亚迪的品牌形象。

4. 特立独行巧布渠道

在汽车领域，行业发展已较为成熟，其产品、价格和质量等的竞争优势已显微弱。比亚迪另辟蹊径走农村包围城市的销售策略，布局销售渠道。传统的做法是，收购一个汽车公司沿用其原来的销售渠道，可省去很多问题。但比亚迪作为新人并没有按常理出牌。它避开了竞争激烈的北京、上海、广州和深圳等一线城市，而是在二、三线城市布网销售。眼光向下，渠道高速扩张，比亚迪在汽车销售初期提出“千店工程”的渠道建设目标。当在二、三线城市的销量上升到一定知名度后再反过来在一线城市布网销售，通过规模化收益弥补渠道投资，这是比亚迪所采取的销售模式。分网销售是比亚迪汽车为实现网络快速扩张所采取的方式，虽然初期产品线并不丰富，但比亚迪已经建成 A1、A2、A3、A4 网，每个销售网销售的车型略有不同，A1 网销售 F3、F6、F3DM、F6DM、F8、M6、S6 等车型；A2 网销售 F0、F3R、F8、L3、M6 等车型；A3 网销售 F3R、F8、G3、G6、M6、T6 等车型；A4 网则销售 I3、I6、M6、S6、S8 等车型。这种分网销售开创了历史先河，使比亚迪在一定时期的销量取得了成功。

比亚迪的渠道管理初期也是用最原始的方式跟进。汽车企业传统的做法一般是在全国设几个大区，一个大区经理管一个省或几个省，而人员众多的比亚迪基本上每个城市或者每个地方都有一个区域总监。区域总监的下面是区域经理，一个区域经理只管 4 家店，通过眼盯腿跑这样最原始的方式盯紧每家店的销量。网络快速扩张的比亚迪汽车对经销商设立的门槛也不高。在二、三线城市投资 30 万~50 万元就能开一家比亚迪的汽车经销店。而其他品牌少则需要几百万元，多则需要上千万元。另外，比亚迪的返利也高过其他厂家，有时高达 15%，远高于一般厂商 5%左右的水平。这一“宽进高出”的政策吸引了大量的经销商为比亚迪成功铺路。然而，过快的网络扩张给比亚迪销售渠道带来管理难题，汽车经销商们也私下抱怨比亚迪对于经销商缺乏足够的支持与监管，经销商基本处于放任自流状态，存在利润低、进入容易退出难等问题，过快的销售扩张使比亚迪无力承担重负而造成管理上的漏洞。但这种快速铺网的做法使得比亚迪很好地抓住了二、三线城市汽车消费崛起的机会，实现销量快速攀升。由此在国内自主品牌车企中引发一波扩网潮。

比亚迪靠人海战术、店海战术和绝对低价这些营销手段成功打开了市场。与以往整车企业高高在上设立高门槛、高标准的姿态不同，比亚迪在行业中看似不入流的做法却实现了高目标。

三、困难重重，征途漫漫

（一）全力翻转——优劣之势

比亚迪从电池领域传承到汽车领域的低成本控制模式即垂直整合模式，在很大程度上帮助比亚迪确立了其在中国新能源汽车领域的领导地位，它解决了比亚迪在发展初期与供应商议价能力低的问题，从源头上控制成本使其利润最大化。时至今日，比亚迪赖以成名的垂直整合模式在发展过程中开始出现弊端。例如，F3 是比亚迪曾经的网红车型，该车型被投诉较多的雨刮，就是比亚迪自己生产制造的零部件。“比亚迪内部存在让步接受的情况，有些零部件品质不一定行，但大家都是一个公司的，也没有其他选择，于是即便质量不合格，也照样会使用。”比亚迪某工程师透露。在如此庞大且复杂的企业内部，比亚迪曾经的优势慢慢变成劣势。近年来，随着其他本土电动汽车核心零部件供应商的强势崛起，包括CATL、精进电机在内的核心供应商正在逐步扩大其市场份额，全球零部件企业和整车企业也开始进入高度协同合作时期。比亚迪闭门造车开始面临挑战。王传福应如何辩证开方是比亚迪亟待解决的问题。

（二）鹬蚌之争——电池回收

从国家“十五”规划到“十三五”规划，新能源汽车逐步走向快速发展的道路，动力电池是为新能源汽车提供续航的动力，在整场新能源汽车之战中处于战略核心地位，退役之后的动力电池何去何从成为企业和社会不得不思考的问题。为加快汽车产业转型升级和实现新能源汽车产业可持续发展，有必要从战略高度布局动力电池回收利用体系。随着新能源汽车的普及，动力电池集中报废期的浪潮日益临近，不少企业把目光投向“城市矿山”，各相关企业纷纷看好这一市场，加快布局，争夺日益扩大的动力电池回收市场份额，意图分一杯羹。

据电动汽车在线报道，2018 年 1 月中国铁塔与重庆长安、比亚迪、银隆新能源、沃特玛、国轩高科和桑顿新能源等 16 家企业签署了新能源汽车动力电池回收利用战略合作伙伴协议，积极加强与行业骨干企业合作，推动产业链上下游一体化合作，加强协同创新，共谋发展。在这一过程中动力电池的回收还面临很多问题。一位业内人士透露，“现在，动力电池回收是不挣钱的，回收之后，原材料的卖出价只能满足回收成本的 1/3 到 1/2。”对企业来讲，动力电池的回收是一个新问题，相关技术不成熟，政策缺失，没有可借鉴的商业模式，回收体系也还不健全等问题在很大程度上制约了动力电池回收的可持续发展。比亚迪的前行之路注定不平坦。

（三）燃眉之急——充电难题

新能源汽车对电的消耗远比燃料来得快。目前，新能源汽车已经产业化，其轻巧灵活、出行环保受到社会的普遍认同。电瓶的充电问题一直是新能源汽车市场做大的主要制约因素。一辆普通的新能源汽车充电时间需要 7~8 小时。可想而知新能源汽车的充电时间又是何等长，即使在公路上建立充电站，旅途中的人也要花很长时间来充电。再加上充电桩等配套设施不完善，充不上电、充电难、充电贵等因素一直困扰着新能源汽车用户。

据了解，新能源汽车充电的方式主要有两种：一种是使用商用桩，另一种则是自己安装充电桩。商用桩使用中主要遇到几个问题：一是收费贵。商用桩是商业用电，收费自然贵，另外还需要加上每度 0.45~0.8 元的服务费，还不算停车费，那么，充 3 度电相当于 1 升油的价格。据市民反映，以比亚迪唐为例，花费 3 度电却跑不了 1 升油所跑的路程！其导致的直接后果就是比亚迪唐的车主宁愿使用燃油。这直接违背了新能源汽车环保节能的原则。二是小区商用桩不通电。据悉，一些深圳的车主居住的小区安装了充电桩却不通电。三是不方便。以比亚迪唐为例，一般充满电需要 7~8 小时。这个时候，商用桩就一桩难求了。在这种情况下，如何依托试点城市的政策，逐步解决配套设施问题，让基建工作先行，然后再反向推动新能源汽车的销量，将是比亚迪接下来要考虑的问题。

（四）未雨绸缪——电网负重

新能源汽车是许多未来出游方式的必备选择，现代社会高度依赖个人交通设备，大规模使用新能源汽车能够降低碳排放，为人类创建绿色理想王国出一份力。要完成燃油汽车到新能源汽车的转变，不仅仅是对交通产业的颠覆，同时对于电力网络的负重也是巨大的挑战。USC Viterbi 工程学院电气工程系教授 Mohammed Beshir 认为，如果每个人都购买新能源汽车，显然会对公关事业产生重大影响，人们看到新能源汽车的兴起倍感兴奋，但却忽略了事物的两面性，隐藏其中的危险不容忽视。目前新能源汽车还未普及到家家户户，如果城市的公共事业管理部门无法意识到巨大的变化，没有前瞻性，感到危险才开始进行防范，就太迟了。比亚迪作为新能源汽车领域的排头兵，在新能源汽车大规模普及之前可能要考虑到公共事业部门能否有足够的计划提前规划，以缓解新能源汽车大规模充电对电网的挑战，促进产业的良性循环。

比亚迪不忘初心，在新能源汽车战略上起起伏伏，一直苦心经营不放松。多年坚守终于迎来春天，比亚迪创造了一个又一个奇迹。面对重重困难，比亚迪能否披荆斩棘在新能源汽车领域成为千里马领跑整个行业？看任重道远，须披荆斩棘。

参考文献

［1］李翔. 三个数字看比亚迪生态担当［N］. 人民日报，2017-11-16（16）.

［2］汽车网评. 简析比亚迪新能源汽车市场现状及趋势 王传福有何秘招？［J/OL］.（2016-02-27）［2018-12-31］. http://chuneng.bjx.com.cn/news/20160227/711381.shtml.

［3］路桐一. 产品、营销齐发力比亚迪要更懂消费者［J/OL］.（2016-07-19）［2018-12-31］. http://www.12365auto.com/news/20160719/240613.shtml.

［4］耿慧丽，孔德洁. 最佳渠道管理：比亚迪的“狼性渠道”［J/OL］.（2010-01-25）［2018-12-31］ http://auto.sohu.com/20100125/n269805249.shtml.

［5］崔孟奇，张连玲. 比亚迪渠道危机探析——狼性渠道，拿什么拯救你！［J］. 消费导刊，2018（3）：58-60.

［6］老崔. 大规模报废期将至 动力电池进入行业“修正期”［J/OL］.（2018-02-06）［2018-12-31］. www.hbzhan.com/news/detail/123525.htm.

［7］Linli.电动车的普及对传统电网是福还是祸？［J/OL］.（2018-02-06）［2018-12-31］. www.sohu.com/a/221468103_233844.

补充阅读

［1］向熳. 比亚迪新能源汽车的市场竞争环境及战略分析［J］. 中国市场，2016（32）：187-188.

[2] 张立巍. 论比亚迪的六大竞争力 [J]. 经济研究导刊，2013（36）：33-34.
[3] 顾欠伲，张强. “技术派”企业家王传福 [J]. 企业管理，2018（9）：42-44.
[4] 郭国庆. 市场营销学通论 [M]. 北京：中国人民大学出版社，2007：341-344.
[5] 菲利浦·科特勒，加里·阿姆斯特. 市场营销原理与实践 [M]. 楼尊，译. 16版. 北京：中国人民大学出版社，2015：038，189，339.

分析讨论题

1. 比亚迪采取的营销策略中暗含了哪些市场营销的知识点?
2. 结合案例谈谈比亚迪应该怎样扬长避短、变革创新?
3. 关于企业如何选择有效竞争策略，你从本案例中得到了哪些启示?
4. 比亚迪的汽车营销对其他汽车品牌有什么启示?

实践实训

1. 把学生们任意分成若干小组，以小组为单位进行实训实践和评估。

2. 任选一家熟悉的汽车企业进行调研，了解其在行业竞争中采取了哪些竞争策略? 受到哪些环境因素的影响? 是如何应对环境变化的?

3. 对取得的一手资料和二手资料进行分析，理解市场营销中关于市场营销环境、竞争战略和“五力分析法”等知识点的概念和内涵，运用 Word、Excel、PPT 工具形成报告。

4. 开展课堂陈述或小组之间进行分享，老师进行评估。

第十四章　奢侈品市场营销

知识要点

（1）奢侈品市场营销符合市场营销“满足消费者需求”这一基本原理。

（2）奢侈品不是迎合大多数人需求的产品或服务。奢侈品主要用来满足小众市场的精神需求。

（3）奢侈品营销手段和传统的大众营销手段差异很大。奢侈品营销属于一种另类而独特的小众商业传播。

（4）奢侈品能让人产生宗教式的崇拜和感情，奢侈品营销中的沟通主要谋求与消费者达成精神上的共鸣。

案例

“奢侈品”（Luxury）一词来源于拉丁文中的Lux（光），指闪闪发亮的东西。按照国际通用标准，奢侈品又称为非生活必需品，是指一种超出人们生存与发展需要范围的，具有独特、稀缺、珍奇等特点的消费品。奢侈品之所以被称为奢侈品，是因为要有其独特的风格与魅力。首先必须是一项品质上乘的享受经历或经久耐用的产品，而且要以远高于其功能价值的价格出售；其次品牌与传统传承、特殊专门技术和文化内涵能够紧密关联，且有目的地限量、限区域发售，让使用者能够感受到优越性。

随着中国经济快速发展，曾经遥不可及的奢侈品开始在中国出现，国人对奢侈品独特的热情让中国人和中国区成为世界奢侈品产业的主要增长引擎。

一、蓝血贵族百达翡丽　演绎百年名表传奇

（一）卓越　蓝血贵族

百达翡丽（Patek Philippe）是世界上顶级奢侈品，是全球范围内公认的世界第一钟表品牌，具有180年辉煌制表的历史，在世界上任何地区的任意钟表排名中，百达翡丽总是稳居第一，独占鳌头。

“没人能拥有百达翡丽，只不过为下一代保管而已”，我们可以从这句延续了二十多年的广告语中一窥这一世界顶级品牌的品质与自信。百达翡丽，作为瑞士仅存的独立制表商，也因其独一无二的高贵气质而被世人称为“蓝血贵族”。

百达翡丽从建立那天起至今，一直都生产最高级和最精致的钟表杰作，并得到各

个年代钟表爱好者和藏家的热爱。在它长长的客户名单中，共有100名国王、54名王后，更不乏如爱因斯坦、居里夫人和柴可夫斯基等显赫人士，其中，最为大众津津乐道的莫过于英国女王维多利亚。1851年，时值32岁的英国女王维多利亚在巡游伦敦举办的世界博览会时，对世界上首款由百达翡丽的前身——百达公司所生产的首款无匙怀表一见钟情，收入囊中，从此伴随女王出现在众多场合。对成功人士来说，拥有一块百达翡丽，成了财富、地位和品位的象征。百达翡丽传奇的画卷也由此徐徐展开，不断延续，对世人传达它对创新、对文化和对艺术的坚持，直至今日。

（二）传奇 伯乐与千里马

百达翡丽的故事要从两个人说起——安东尼·百达（Antoine Norbert de Patek）与让·阿德里安·翡丽（Jean Adrien Philippe）。

1839年5月1日，安东尼·百达与捷克裔波兰制表师沙柏（Czapek）合作创立Patek，Philipp & Cie钟表公司，但由于经营理念的不同，两位合伙人渐行渐远，终于在1945年分道扬镳，百达因而为新任技术总监人选问题头疼不已。彼时，阿德里安·翡丽这一生于法国厄尔-卢瓦尔省制表匠之家的天才将所有积蓄都孤注一掷地投入了无匙上弦和手动设定系统的研发中，并带着成品参加了1844年的法国工业产品展。虽然该项发明获得铜奖，但在商业上并未获得成功。在失望之时，安东尼·百达递来了橄榄枝。原来，安东尼在购买这位年轻制表师的某一款时计之后，叹为观止，被其才华折服，遂立刻赶往巴黎与他见面。两位天才一拍即合，翡丽便带着无匙上弦和手动设定系统的专利，随百达奔赴日内瓦工厂。1851年1月1日，为了感谢翡丽对公司做出的巨大贡献，公司名称中加入了这位法国人的名字：Patek，Philippe & Cie。我们所熟知的百达翡丽由此诞生。

欲充分领略百达翡丽的魅力，我们需回溯到16世纪中叶的瑞士。百达翡丽独特的“Calatrava 十字星”标志起源于一个古来的历史故事。1185年，西班牙的卡拉卓华（Calatrava）小镇受到摩尔人的侵略，勇敢的牧师雷蒙德和骑士迪哥贝拉斯凯斯率领由民众组成的“卡拉卓华骑士团”进行了殊死的搏斗，最终把摩尔人驱走，用其智慧与勇气守护了领土。

百达翡丽的创始人安东尼·百达非常欣赏“卡拉卓华骑士团”的传奇历史，他认为这个十字架所象征的意义与他和翡丽的合作精神非常契合，所以他们决定，从1875年开始以“Calatrava 十字星”作为百达翡丽品牌的徽记。

（三）延续 源于热爱与坚守

1932年，斯登兄弟（Jean Stern 和 Charles Henri Stern）投资收购 Patek，Philippe & Cie。1929年，经济危机来临，卓越技艺并没有拯救公司，正当风雨飘摇之时，斯登兄弟收购了它。何其幸运，斯登家族对时间的热爱促使他们并没有一味追求经济效益，相反，他们选择尊重公司创立至今养成的传统。

时至今日，百达翡丽拥有100多项专利，百达翡丽始终秉承日内瓦高档制表业的传统，是日内瓦仅存的“完全”制表商。它在设计、生产直至完工过程中享有完全的创新自由，也是仅存的几家采用最为古老和珍贵的制表工艺的公司之一。

“卓越品质”和“精湛工艺”是百达翡丽各个生产环节严格奉行的准则。训练一名百达翡丽表师需 10 年时间，全部制表工序都在日内瓦工厂完成，坚守着钟表的传统工艺。这项综合了设计师、钟表师、金匠、表链匠、雕刻家、瓷画家及宝石匠的传统工艺，被称为“日内瓦 7 种传统制表工艺”。

百达翡丽的时计作品无一不是珍贵的稀世杰作。生产的腕表超过 200 款，均为少量生产，少则几十枚，多则不过几百枚，许多表款早已成为时计的典范，在拍卖会上不断刷新成交价格纪录。2014 年 11 月 11 日，在富艺斯拍卖行举办的拍卖会上，一块 1933 年完成交付的 Henry Graves 超复杂功能表以约合人民币 1.47 亿元的天价一举刷新世界钟表拍卖纪录。2016 年 11 月 12 日，在富艺斯拍卖行举办的日内瓦名表拍卖会上，珍罕而传奇的百达翡丽不锈钢款 Reference 1518 腕表以折合人民币 7 600 万元的天价成交，一举刷新世界腕表拍卖纪录。

百达翡丽在斯登家族中采用独立家族式管理，衣钵相承，迄今已是第三代，对精致钟表的共同热爱，让他们对日内瓦制表工艺有着难以言述的感情，斯登家族一直保持着将百达翡丽作为成人礼的传统。他们认为，传承，是百达翡丽表最重要的使命。2001 年，菲力·斯登（Philippe Stern）先生正是出于对时计的无限热情，建立了一座“制表艺术的圣殿”——百达翡丽博物馆。这座博物馆位于日内瓦的 Plainpalais 区，坐落在一栋彻底修复、充满装饰艺术风格的大楼之中。馆内珍藏着五百多年来的各种制表艺术杰作，主要分为两个重要收藏系列：16 世纪以来经典非凡的各种古董钟表，包括世界上最早的钟表时计以及 1839 年百达翡丽创立以来的各款时计作品。后者见证了百达翡丽 100 多年来坚持制作世界上最精美复杂的时计作品的发展历程，百达翡丽博物馆清晰而如实地展现了一项真正的精湛工艺的传承。

二、璀璨与优雅的结合　品鉴百达翡丽腕表工艺

（一）产品系列

百达翡丽有着无与伦比的声誉和地位，这不仅有源于精致完美的时计作品以及丰富的制表知识与技术，还有来自品牌秉承 1839 年创立以来的卓越制表理念。这种匠人精神，支撑着百达翡丽一步步走上世界制表业的顶端，成为至尊品质的象征，并与品牌的时计杰作一同代代相传、流芳百世。百达翡丽共有 8 个腕表系列和 2 个怀表系列，这里我们挑选其中几个主要的系列进行描述。

Calatrava，即“卡拉卓华”系列，也是百达翡丽的 Logo 名称，一直以来都被誉为百达翡丽最负盛名的经典系列。这个系列的腕表多以简约复古造型的腕表为主，Calatrava 拥有简洁的线条，被视为圆形腕表经典，也是百达翡丽风格的杰出代表之一。极致优雅，经典永恒，低调完美，Calatrava 是一代代腕表爱好者心中的挚爱。

Grand Complications（超级复杂功能）系列。所谓超级复杂功能腕表，是具有一项超级复杂功能的腕表，属于超级复杂的功能有万年历、陀飞轮、三问报时、双追针计时、大小自鸣和星象图等。复杂的制表工艺是对设计师专业知识与制表匠精湛技艺的终极考验。百达翡丽精通各种复杂功能的制造技术，并在 20 世纪成功制造出两款世界上最为复杂的便携式时计。每一款时计都是凝聚了数代制表师的工艺技巧的结晶，堪

称不朽的艺术杰作。

Complications（复杂功能）系列。所谓复杂功能腕表，是区别于普通功能的。普通功能是指除时计以外的日用功能，比如星期、日历、月份、月相、能量显示和回跳等。百达翡丽一贯秉承复杂腕表注重日常实用功能的传统，提供年历、双时区时间和世界时间等复杂功能。百达翡丽为拥有这一领域无与伦比的专业知识而感到自豪，同时也热衷于将这种登峰造极的艺术付诸实践。

Gondolo 系列最初产品是百达翡丽在 1902—1930 年为著名的巴西零售商"Gondolo & Labouriau"生产的腕表。长方形、酒桶形、靠垫形，Gondolo 系列集合了百达翡丽的大多数非圆形表款。硬朗的线条、经典的风格和简约的几何形状是对装饰艺术时期风格的现代演绎，那个时代也是百达翡丽的黄金年代之一。依靠推出 Gondolo，百达翡丽巧妙融合现代主义，再次诠释了其历史传承中的经典款式，这些经典表款目前都陈列在百达翡丽博物馆中受人敬仰。

Nautilus 系列即著名的"鹦鹉螺"系列。该系列拥有圆润的八角形表圈，精巧独特的舷窗结构表壳和饰有水平横纹浮雕图案的表盘。该系列自 1976 年面世起就完美诠释了运动型腕表的优雅风格，以小说《海底两万里》中的潜水艇为当时的产品命名，从此便有了声名大振的鹦鹉螺。40 多年过去了，该系列现拥有丰富的男女表款设计，采用不锈钢、玫瑰金、白金或双色组合材质，以无与伦比的精致品味展现最具活力的生活方式。

Aquanaut，即"潜水员"系列，于 1997 年面世，是一款休闲优雅型的腕表，是完美技术、卓越性能和创意设计三者的完美结合。圆润的八边形表壳以及上乘工艺精心打造的标志性表盘非常迷人，经久耐磨，可抵抗海水侵蚀和紫外线辐射。

Tewenty~4 系列是百达翡丽唯一一个专属于女性的系列，是女性永恒优雅的化身，诞生于 1999 年。该系列腕表外形精美，为积极向上的现代女性量身打造，旨在融入她们生活中的每个瞬间。该系列设有镶钻玫瑰金和不锈钢款式，无论是身着简约时尚的职业装还是身着优雅的晚礼服，该款腕表都能与之相得益彰。

百达翡丽的系列型号划分繁复，有的根据功能划分，有的依据外观划分，但无论依据怎样的方式划分，都能够让使用者超越日常使用的界限，而进入更为尊贵的世界，感受着对美、感官、享乐、文化和神圣感的品评。百达翡丽的产品系列是独特的、连贯的和技术的化身，传达独特的设计，是一种血统的传承。

（二）产品工序

1. 手工精饰工艺

若论百达翡丽时计桂冠上最耀目的珍宝，莫过于从表壳、表盘到机芯都不可或缺的手工精饰，这些工序均由训练有素的专家以代代相传的手工技艺潜心完成，如手工压嵌白金数字、手工珐琅表盘、手工精饰铂金表壳、手工精饰机芯部件、手工压嵌玫瑰金数字、手工抛光金质表壳和手工精饰机芯部件等。百达翡丽认为鉴赏级时计必须采取全手工精饰工序，由独具创意的工艺大师兢兢业业、一丝不苟地打造出堪比高级珠宝的装饰效果，这是任何机械设备都无法达到的高度，也正是百达翡丽能够在该领域独步行业的原因。

2. 稀世杰作，三问报时

三问报时所采用的报时系统虽各不相同，但报时的鸣响机制却在其诞生以来就有一致的共识：低音通常鸣报小时，高低合音鸣报刻钟，高音则鸣报分钟。假设时间为02：49，三问报时表将发出两声低音表示2点、三声高低合音表示45分（3刻）以及四声高音表示4分。通过音锤敲击音簧（沿表壳内缘环绕的钢圈）产生不同的音调进行报时。制造一个三问报时装置必须使用100多枚独特部件，且每个部件都必须符合极为严苛的制造精度，一款表从设计到出厂至少需要5年时间。

智慧和神秘融合而出的惊人工艺，对稀缺资源奇迹般的利用和遵循祖传技术的坚守，令百达翡丽由内而外散发着正统的味道，位于日内瓦的百达翡丽博物馆中收藏多枚传统报时表，这些杰出的时计见证了百达翡丽在三问表领域的卓绝技艺。

三、价值之传递　渠道为纽带

（一）垂直整合的生产模式

百达翡丽是一家独立自主的制表企业，采用垂直整合的生产模式。公司拥有专属的研发部门，所有机芯和外部元件均在自有的工坊内设计生产。机芯和表壳上的每个部件均自主生产、装饰并组装，不论是简单功能表款还是复杂功能表款，乃至超级复杂功能表款都不例外。这种能力贯穿每枚时计的诞生过程——从最初的设计图纸到最后的组装检测。百达翡丽还为1839年以来制造的所有时计提供维修和保养服务。

无论是在技术创新、投资未来发展方面，还是在确保生产资源方面，公司都依靠自身实力来实现增长。所有大型项目均由公司自筹经费，例如：建造位于日内瓦普朗莱乌特（Plan-les-Ouates）的制表工坊及配套设施；翻新日内瓦、巴黎和伦敦的百达翡丽沙龙；建立百达翡丽博物馆；收购位于汝拉（Jura）地区的工作室和附属公司。百达翡丽希望以独立自主的方式，迈向可持续发展的未来。

（二）少而精的分销布局

百达翡丽在保持神秘感的同时，还要让忠实的客户着迷，欣赏百达翡丽所呈现的世界观和特性，认同百达翡丽所传达的价值。因此，如何挑逗和愉悦顾客的神经就成了永恒的话题，巴达翡丽用严密管控的渠道与它的顾客保持适当的距离。

百达翡丽的渠道共有四个组成部分：3个沙龙、12个代理商（包含中国香港的代理商）、全球共436个授权经销商（包括北京源邸和上海源邸）以及遍布全球的客户服务中心。

百达翡丽共有3个沙龙，分别位于日内瓦、巴黎、伦敦。日内瓦沙龙或许是同类建筑中的佼佼者。1853年，随着公司规模的不断扩大，百达翡丽需要一个更大的制表场所，于是迁入罗纳大街（Rue du Rhône）的一幢两层建筑。公司最初签订了15年的租约，时至今日已经延续了160余载，这栋建筑也早已成为日内瓦一处标志性城市地标。这座昔日的总部大楼如今完全用于接待百达翡丽的顾客。对于到访这里的顾客来说，这栋被称为“沙龙”的重要建筑在某种程度上已经成为他们的精神家园。19世纪百达翡丽开始逐层接管整栋建筑，到 1891 年彻底获得大楼的所有权后，决定对其进行全面翻修。著名建筑师 Jacques-Elisée Goss 接受百达翡丽的委托打造出一栋富丽堂皇、古典雅致的崭新建筑。

在伦敦沙龙里，有一扇特制的窗户对外展示客户服务部门的工作场景，顾客能亲眼看到钟表技师如何维修一件时计作品，说不定其中就有他们自己的腕表。这些技师使用的工具设备与日内瓦制表工坊所用的设备完全相同。这可谓是对百达翡丽灵魂的惊鸿一瞥。

巴黎沙龙 1995 年迁至目前所在的芳登广场。令人激动的是，芳登广场的大部分建筑被列为历史保护建筑，这也是日内瓦沙龙之外的第一座百达翡丽沙龙。巴黎沙龙的橱窗设在这座著名广场的一角，门面庄重素雅，如使馆一般，感受着盛大而隆重的氛围。

（三）百达翡丽源邸

百达翡丽源邸，从命名伊始就凸显了品牌在尊崇传统的基础上力求革新创造的价值理念：“品牌之源，尊贵之邸”。作为世界上最大的奢侈品消费市场，中国内地也获得了这一古老奢侈品牌的重视与青睐。百达翡丽源邸在成立之初，就有一种与众不同的韵味。

2012 年，百达翡丽上海源邸选址“外滩源”，这个上海开埠历史的起点，“源”字既暗合其地理位置又蕴含了“发展源头万事之始”之意，而所选建筑前身为英国驻沪总领事馆官邸，以“邸”字彰显其历史渊源，凸显其尊贵地位。这是百达翡丽秉承日内瓦传统的同时，在中国开启的全新扉页。该美好愿景随着品牌中国市场策略的日益深化而得以延伸。

百达翡丽北京源邸坐落于前门 23 号——北京久负盛名的文化传承发源地带之一。在波澜壮阔的历史画卷中，这里亦曾是外国公使官邸的聚集区，故用“源邸”之名，顺理成章。无论是选址的人文内涵还是项目的战略定位，品牌都倾注了无限热忱。

百达翡丽北京源邸与百达翡丽上海源邸作为亚洲也是全球定位独特的两大百达翡丽之家，不仅具有与位于日内瓦、伦敦和巴黎的百达翡丽沙龙相仿的地位与功能，而且承担授权经销商与客户服务中心的功能。百达翡丽北京源邸和百达翡丽上海源邸以非凡方式展出精美时计，邀请世人了解百达翡丽的辉煌历史和价值观，在欧洲与中国之间架起又一座沟通的桥梁，跨越两地之间的地理距离，呈现百达翡丽的精彩世界。

四、“代代相传”百达翡丽　经典广告彰显魅力

（一）文案金句意味深长

“You never actually own a Patek Philippe, you merely look after it for the next generation.”“没有人真正拥有百达翡丽，你只不过在为下一代保管而已。”1996 年，百达翡丽推出了“代代相传”的主题广告语，一直使用到今天，是罕见的“三代”广告。

1996 年以前的主流奢侈腕表广告，多以名人为卖点、以产品为中心，百达翡丽希望能够革故鼎新。Tim Delaney 创办的 Leagas Delaney（李戈斯雷尼）战胜众多竞争者承接了

这一任务，它积极展开市场调研，与潜在客户进行一对一访谈。通过调查，Tim Delaney了解到了一些关键信息，当被展示各界名人和著名百达翡丽表主的照片时，潜在客户的反应几乎都是负面的。Tim Delaney 还记得有些人这样回应，“那我呢?”他们会问，“为什么我非得要听别人的故事，借用别人的赞誉，拾人牙慧?”水到渠成的，Tim Delaney 在调研结束的航班上灵光一现，想到了那句流传了 20 年的标语——“Begin your own tradition”（开创属于自己的传统）。

1997 年年初，百达翡丽主题广告中增添了更具标志性的标语——“You never truly own a Patek Philippe, you merely look after it for the next generation.”如今它已成为广告界家喻户晓的传奇。

（二）经典广告源于品质内涵

这一屡获广告界殊荣的金句，也确实打动人心。它展现了百达翡丽值得呵护传承的价值，表现了百达翡丽可以服务几代人的过硬质量，表达了百达翡丽已经服务了几代人的悠久历史，和继续服务几代人的发展决心。当被问及这则广告是否可以成为其他品牌的模板，或者其他品牌使用这则广告是否能够达到类似效果时，Tim Delaney 的回答斩钉截铁，“不，并不能”。他认为“情感并非昙花一现的时尚，家庭纽带渗入日常生活，‘代代相传’主题广告蕴含品牌对于潜在客户的人文关怀，所有这些以及制造时计的方式与百达翡丽都是密不可分的”。

如果一位百达翡丽表主谈论起自己的腕表，你将会听到一个充满真挚情感和关爱的动人故事。毕竟，百达翡丽时计的意义已经超越其单纯的计时功能，成为一件浸透珍贵记忆的私人物品。百达翡丽往往在人生中的某一重要时刻走进你的生活——事业取得成功、成就美满婚姻，抑或是在新生命诞生之时，送上一枚百达翡丽腕表无疑是表达爱与关怀的最佳方式。真正优秀的表，在与肌肤相亲近的瞬间，便能感受得到。这是一种无形、无声的情感交流，只存在于表与主人之间，仿佛共守着一个心灵的家园，在默默中聆听时间的流淌。人生走到尽头，时间依旧向前。

百达斐丽描绘的理想关系，也必然是我们渴望建立的关系，抑或是我们希望拥有的关系，也正是这种理想与现实的差异，这份希望与渴望，让广告如此富有感染力，并印证了百达斐丽所宣传的理念：隽永恒久。

五、追求卓越　双 P 印记

（一）坚持传统　守护日内瓦印记

日内瓦印记是瑞士日内瓦钟表协会用来对日内瓦当地制造的腕表进行原产地认证，以日内瓦市徽作为标识，即半鹰半匙的盾牌图案。钟表品牌若想获得这个印记，那么手表从制作零组件开始到所有的组装、打磨与生产则皆必须在日内瓦境内完成，也必须符合诸如零件边缘须以倒角处理、机心要配装避震系统、宝石轴承与齿轮大小等 12 条规范。

站在 2018 年的时间节点追本溯源，百达翡丽与日内瓦印记的合作关系缘起于 131 年前。这一百多年来，百达斐丽是日内瓦印记最忠实的守护者，是日内瓦现今唯一可以在原厂内完成全部制表过程的钟表制造商。

但随着时间的推移，日内瓦印记只涵盖产地和润饰技术，就已稍显过时。为了跟上制表世界不断向前发展的步伐以及越来越高的卓越要求，在2009年百达翡丽创造的专属印记——百达翡丽印记（Patek Philippe Seal）取代了以往使用的日内瓦印记，作为其钟表产品的品质保证标准。

（二）追求卓越　创造标准

百达翡丽全球副总裁曾在接受采访时表示："当远在我们技术之下的某品牌的某一款机芯也获得了日内瓦印记时，百达翡丽也许会被误认为和某品牌属于同一水平，百达翡丽和日内瓦印记之间其实就出现了鸿沟，我们不想被当作参照物那样利用。"副总裁的发言将百达斐丽的自信与骄傲展现得淋漓尽致。

百达翡丽印记适用于即将交付给客户的整个腕表，而非最终成品的某些部件，不仅涵盖机芯，还包括表壳、表盘、指针、按钮和生耳（用于固定链带的金属棒），将认证水平提高到一个新的高度，要求每个部件都严格遵守规范。百达翡丽还特别设立印记委员会和监督委员会，确保所有时计型号都严格执行卓越标准。

百达翡丽的服务是PP印记中最重要也是最不可或缺的一项承诺。PP印记检测全表由内而外的所有结构，结合品质、美感、精准度，并配合终身维修承诺，能为1839年以来推出的时计，无论表龄多长，都提供检查、维修和保养等服务，完整又贴心的售后服务无形中也提升了表迷们对品牌的信任度。这也正好契合了"没有人能真正拥有Patek Philippe，不过是为下一代人保管而已"的意义。

六、结语

时光荏苒，白驹过隙，在1839年至今的180年中，百达翡丽缔造出无数的传奇，在史学家眼中，传奇只是因鲜见于现实生活而形成的历史偶然；在缔造者看来，因为在创造萌芽之初便已拥有了明确方向，那么传奇只是时间的必然，传奇仍在上演。

参考文献

[1] 大雁时尚，百达翡丽有几个系列？哪些回收价值高？[EB/OL].（2018-02-28）. http://k.sina.com.cn/article_6425429092_17efc44640010044i7. html？from=fashion.

[2] 白一帆．百达翡丽北京源邸盛装揭幕［EB/OL］.（2014-05-27）. http://www. xbiao.co m/patek/25249.

[3] 刘春燕，赖冰．我国奢侈品市场营销策略［J］．合作经济与科技，2017（1）.

[4] 佑佑辛．百达翡丽经典广告语，赋予时计奢华却经典的情愫［EB/OL］.（2015-01-21）. https://www. wbiao. cn/patek-philippe-watches/knowledge/article-19619. html.

[5] WINLY. Patek Philippe（百达翡丽）推出全新广告宣传影片［EB/OL］.（2015-06-08）. https://www. wbiao. cn/patek-philippe-watches/knowledge/article-

7620. html.

［6］许朝阳．“代代相传”百达翡丽传奇广告背后鲜为人知的故事［EB/OL］．(2016-12-30)．http：//www.xbiao.com/patek/41282. html.

［7］许朝阳．孰优孰更优日内瓦印记 VS 百达翡丽印记［EB/OL］．(2018-07-10)．http：//www.xbiao.com/patek/49796. html.

［8］宋百淇．我国奢侈品营销策略研究［J］．全国商情，2016 (25).

［9］大 C 论表，百达翡丽摒弃日内瓦印记背后的目的，之后如何促进 PP 印记的发展［EB/OL］．(2018-04-14)．http：//xinwen.eastday.com/a/180414131348610-3. html.

补充阅读

刘兴力．顶级名表——玩家篇［M］．北京：北京理工大学出版社，2014.

分析讨论题

1. 百达翡丽的目标顾客群大多为王室成员、领导者、富有阶层和成功人士。那么，它用了哪种方式来引导消费者产生购买欲望和行为？

2. 百达斐丽的趸拥者追求奢侈腕表的动机有哪些？或者说百达翡丽不惜工本打造经典和艺术化的手表，有效地满足了消费者的哪些需求？二者是否达到了统一？

3. 奢侈品的高价格、高品质决定了它不能像生活必需品那样进行密集型分销。那么，百达斐丽的营销渠道和普通商品有什么差异呢？

4. 百达斐丽是如何进行情感与价值传播的？

实践实训

√把学生们任意分成若干小组，以小组为单位进行实践实训和评估。

√请同学们思考，如果让你以中国传统文化为背景，创造奢侈品品牌，你会选择哪一行业呢？

√请同学们在查阅资料的前提下虚拟设计一奢侈品品牌，描述其文化、使命、愿景、产品形象等，并运用 Word、Excel、PPT 工具形成文字报告。

√开展课堂陈述或在小组之间进行分享，老师进行评估。

第十五章　服务市场营销

知识要点

（1）广义的产品可以理解为有形的实体产品和无形的服务。典型的服务包括医疗、养老、旅游、教育咨询、金融服务、广告设计等。服务市场营销既遵循市场营销的普遍规律又具有自身的独特型。

（2）服务和实体产品在概念与内涵上都有许多相同之处，同时也有一些差异。最显著的差异就是服务具有的四大基本特征，即无形性、不可分割性、差异性和不可储存性，所以服务市场营销既遵从市场营销的普遍原理，也具有一些独特的特征。

（3）实体产品市场营销的原理和原则也适用于服务市场营销。但是，由于服务的独特特征，服务市场营销的主要要素在市场营销 4P 的基础上增加了独具特色的另外 3 个 P，简称 7P，具体如下：产品（product）、定价（price）、渠道（place）、促销（promotion）、人员（people）、有形展示（physical evidence）、流程（process）。

（4）服务市场营销由于其独有的特征，需要特别强调其人员管理、流程质量管理和有形展示。

案例一

“老人管家” 之“全时养老” 的服务营销战略

一、“滴滴模式”之“全时养老”

创办于 2014 年的“全时养老”，是一个利用互联网技术提供居家养老服务的平台。社区的老人可以通过手机下单，养老服务企业在手机上接单，然后提供上门服务。这样，将需要服务的老人与提供养老服务的企业资源进行了链接，通过线上到线下的运营，建立社区居家养老服务的协同网络；在提高服务企业效率与服务监管、降低服务成本、提高服务质量的同时，使被服务的老人的满意度提升。这种模式类似于“滴滴打车”的运营模式。

“全时养老”致力于探索“互联网+养老/助残/医养融合”模式的综合运营方案。通过大量实际业务的调查与分析，整理并研发了一套集信息动态化、服务可视化、统计多维化、结算轻松化等特点于一体的多端互通式智慧云平台（fulltime senior assist platform，FSAP）。

“全时养老”创新性地采用了多项高新技术对养老涉及的各个重点环节进行了互联网化的改良。例如：养老助残、高龄津贴等方面的申请审核以及实施监督；老人、残疾人和养老服务机构方面的评估与管理工作等。这不仅解决了服务机构在传统工作模式中无法解决的管理问题，也协助政府解决了在传统养老监管模式中存在的诸多难点。通过系统的综合运用，可为地方政府与其他参与方提供一整套信息化的解决方案。

二、“全时养老”之心路历程

2014 年，“全时养老”创办人刘渝先生从美国归来，投身我国健康养老事业，他联合成都中医药大学公共卫生学院副院长何春水教授以及资深互联网产品经理人代永林先生，创办全时公司。

2015 年，全时与成都高新民政部门开展战略合作，探索“互联网+”养老事业新模式，推出“全时养老智慧云平台”，在成都市高新区全区上线运营。

2016 年，运营范围覆盖成都市大部分主城区及天府新区，成立“全时养老研究中心”。

2017 年，陆续落地北京、上海、广州和天津等国内一线城市，平台覆盖超过百万名“60+”老人信息数据。

“全时养老”的愿景是：搭建民心平台整合优质资源，促进行业发展服务回馈社会；立志于做养老服务行业的互联网运营商。

“全时养老”曾获 2016 年天府软件园十大创业企业奖、“天府益周”创新大赛入围奖、“延吉杯”创新创业企业组优胜奖等荣誉。

二、“全时养老”之细分市场——大众居家养老服务

（一）国内养老模式简述

目前世界上主要的养老模式分为三种，即居家养老、社区养老和机构养老。在我国，这三种养老模式的占比分别为 96%、1%和 3%，居家养老绝对是主流。根据全国老龄化工作委员会预测，中国老年产业的规模到 2020 年和 2030 年将分别达到 8 万亿元和 22 万亿元，未来 10~15 年是养老产业快速发展的黄金年代。

2010 年我国老年人口消费规模达到 1 万亿元，预计到 2020 年将达到 3.3 万亿元，2030 年将达到 8.6 万亿元，2040 年将达到 71.5 万亿元。2014—2050 年，中国老年人口的消费潜力将从 4 万亿元左右增长到 106 万亿元左右，占 GDP 的比例将从 8%左右增长到 33%左右。我国将成为老龄产业市场潜力最大的国家。

在机构养老中，有一部分是保障性的养老机构，它们为一部分“三无”老人、低收入老人、经济困难的失能老人提供无偿或低收费的供养、护理服务。机构养老的另一部分，是面向中高端人群的“精品化、连锁化”的商业性养老机构。受传统文化观念的影响，我国国民对机构养老有比较大的抵触心理。再加上养老机构自身也有一些

不足，如地区分布不合理，部分养老机构位置较偏；养老机构的构成类型不尽合理，两头的高端和保障性养老机构的比重大，中间的普通养老机构的比重小；人员配备不到位，服务水平跟不上，配套设施不齐全。这更导致了机构养老空床率高、发展前景不尽如人意的现状。

据此可以看出，居家养老是绝对主流。虽然居家养老是主流，但低成本的居家养老，需要对应发展的是远程和上门医疗服务。这对于如今鱼龙混杂的居家养老服务提供者来说要求就更高了。

（二）“全时养老”之服务市场细分

我国目前的养老模式有三种，即居家养老、社区养老以及机构养老，其中居家养老占96%、社区养老占1%、机构养老占3%，居家养老占绝对主流市场。“全时养老”正是对养老市场进行充分调研细分后，选择了“居家养老”这个大众养老市场，与清华大学、北京大学、西南交通大学、哈尔滨医科大学等知名高等院校合作开展大众居家养老模式的探索和研究，并与中国老龄社会发展基金会、中国社会工作联合会等组织共同合作，开展一系列居家养老服务。

成都高新区是全时养老的合作区域之一。从早期为政府建立老人数据库平台与监管居家养老服务，到后来的助残服务监管、高龄津贴发放、认知症（俗称老年痴呆症）老人定位管理、独居老人24小时生命体征管理、适老化改造标准流程管理、日照中心管理、养老机构床位补贴管理等，全时养老对社区居家养老服务链产品进行了全面的布局。

1. 服务品牌化之“全时养老”智慧养老模式

把握政策契机，建立大数据应用养老智慧平台。中共中央、国务院印发《“健康中国2030”规划纲要》。该纲要要求，推进老年医疗卫生服务体系建设，推动医疗卫生服务延伸至社区、家庭。健全医疗卫生机构与养老机构合作机制，支持养老机构开展医疗服务。推进中医药与养老融合发展，推动医养结合。推动居家老人长期照护服务发展，全面建立经济困难的高龄、失能老人补贴制度，建立多层次长期护理保障制度。规范和推动“互联网+健康医疗”服务，加强健康医疗大数据应用体系建设，培育健康医疗大数据应用新业态。

2017年10月29日，中国（四川）老龄事业暨养老服务业博览会（以下简称“老博会”）在成都新会展中心完美闭幕。生命体征监测技术解决方案提供商（DARMA）的合作伙伴全时云信息科技有限公司（“全时养老”）应邀参加展会并展示了居家社区养老智慧云平台。

DARMA的生命体征监测垫亮相此次老博会。DARMA的生命体征监测垫采用了先进的光纤传感技术，是一款具备医疗级别准确度的非接触式生命监测产品。它集成了心率监测、呼吸率监测、体动记录等功能，并可以提供离床、心率异常、呼吸暂停等智能报警功能。

基于对养老需求的敏锐感知以及养老服务的专业态度，“全时养老”率先采用了DARMA的医疗级别的生命体征监测垫来与自身研发的系统共同打造一套集“信息动态化”“服务可视化”“统计多维化”“结算轻松化”等特点的多端互通式智慧云平台。

2. 服务有形化之“全时养老”模式综合运营方案

“全时养老”这种“互联网+养老/助残/医养融合”模式的一站式智慧养老解决方案已陆续落地北京、上海、广州、天津等国内一线城市，平台覆盖超过百万名“60+”老人信息数据，为居家养老提供以下五种有形化的产品服务方案。

（1）全时云智慧居家养老服务解决方案

全时云智慧居家养老服务解决方案正是在这样的背景下，以政府提出的“以居家为基础、社区为依托、机构为补充、信息为辅助”的智慧养老体系发展方向为依托，有针对性地研发产品和制订运营计划，最终搭建出一个“社区居家养老服务智慧云平台”，以实现协助政府在居家养老服务管理工作信息化改革，满足服务对象多元化需求，打造居家养老服务市场生态圈以及促进智慧养老服务产业发展为目标。

结合本地政策和需求，制订相应的项目计划以及有针对性的产品配置方案，“全时养老”始终坚持以项目的“可行性”作为出发点。对养老助残服务工作进行全面、完善的信息化改革，引入“政务服务+互联网”的全新理念，打造居家养老服务智慧云平台。“全时养老”以资深专业的行业经验与本地实际情况相结合，制定有针对性的项目运营方案，开展平台上线、平台推广、系统使用培训、服务资源整合等项目落地运营工作，保障项目按照预设目标落地运营是“全时养老”的责任。

为了更好地提高养老服务相关从业人员的服务水平和服务能力，“全时养老”开展了一系列有针对性的养老服务培训工作。如帮助政府及街道办对相关工作人员进行养老服务培训；对智慧云平台的养老服务企业的服务人员进行业务能力培训；还开展了居家养老服务人员服务老人的现场指导培训等。

“全时养老”持续提供专业全面的运营支持和技术支持服务，包括以下几项工作：通过动态信息数据库统计分析需求更新完善平台，后续产品使用培训，热线服务，应急响应服务等，确保项目达到预期目标。帮助政府了解老人需求，提升老年人服务满意度；帮助政府对人员信息以及服务机构信息纳入、信息化管理。

（2）全时云助残服务解决方案

全时云助残服务解决方案，旨在为各级政府主管部门提供一整套完善的助残服务解决办法。该方案以政府主管部门提出的相关政策为基础，结合各地助残服务开展情况，有针对性地研发产品和制订运营计划，搭建“社区助残服务智慧云平台”，以实现协助政府在助残服务管理工作信息化改革、满足服务对象多元化需求以及促进助残事业发展为目标。

（3）全时云智慧养老评估体系建设解决方案

为促进智慧健康养老产业发展脚步，帮助政府主管部门进行养老事业的信息化改革，通过利用互联网技术结合我们资深的行业经验开发出了“智慧养老综合评估管理系统”，成功地解决了人员健康等级评估、需求评估、各类服务机构评估等工作中多部门重复评估、纸质文档难保存以及评估机构高成本、低效率等问题，协助政府主管部门建设养老服务评估体系。

（4）全时云社区养老机构解决方案

全时云社区养老机构（社区日间照料中心、嵌入式养老院）解决方案，利用互联网等信息化技术，针对加强社区日间照料中心、嵌入式养老院、微型养老院等社区养老机构的管理建设提出了一套综合解决办法，协助政府主管部门提高养老服务能力，在建立多层次、多样化的社区养老服务方式的同时，加快养老服务事业信息化发展。

（5）全时云政府高龄津贴解决方案

全时云政府高龄津贴解决方案，是指通过利用信息化技术，为各级政府主管部门提供一套实现高龄津贴信息化管理的解决方案，包括人员信息管理、申请逐级审核、发放记录回溯、自动生成报表等解决办法，帮助政府进行政务服务工作信息化改革，使高龄津贴管理工作更加高效、透明、便捷。

在整套全时助残服务解决方案中，人员动态信息数据库和高龄津贴管理系统是最为核心的产品，协助政府主管部门对高龄津贴管理工作进行全面、完善的信息化改革，引入“政务服务+互联网”的全新理念，打造高龄津贴管理新模式。所有人员信息将纳入系统进行信息化管理更加便捷；系统定期自动生成津贴发放报表准确高效；云端存储。所有历史发放记录云端存储安全可靠。

基于以上各种综合运营解决方案，全时云已与成都民政部门开展了系列战略合作，该系统不仅帮助政府打造直观、便捷、高效的养老助残信息化数据管理平台，也为辖区所有需要帮助的老人和残疾人提供了更加完善、便捷的医、食、住、行、娱、养服务生态圈。

（三）“全时养老”之服务差异化

在服务营销战略中，服务的差异化是其中重要环节之一，“全时养老”针对居家养老这一社会问题，依托互联网技术，创造性地开发出将政府、企业、老人三者融合为一体的云智慧居家养老平台，其独特的 G2B2C 模式，即 G 端政府到 B 端企业到 C 端老人，在信息技术被广泛运用的今天，整合各方资源，开发出便捷、高效、实用的“互联网+养老/助残/医养融合”模式养老平台，解决了政府、养老企业、老人在养老产业发展中的痛点，满足了各方面的需要。

与此同时，云智慧养老平台的建立，老人数据库平台与监管居家养老服务、助残服务监管、高龄津贴发放、认知症（俗称老年痴呆症）老人定位管理、独居老人 24 小时生命体征管理、适老化改造标准流程管理、日照中心管理、养老机构床位补贴管理等一系列的运营方案。同时，也进一步强化了全时养老作为服务型企业的服务形式，充分体现了服务有形化的重要因素。

三、老人管家之“全时养老”的未来之路

据悉，未来的“全时养老”可能会演变成为社区居家养老全生命周期平台服务的运营商。以技术平台为依托，从养老规划咨询开始，为一个区域打造符合老人在地养老（AIP）模式，即老年人居住环境的建设、老年人健康管理、失能失智老人的护理、老年人常见病护理与紧急情况的应对、老年人康复指导等在地安养（AIP）技术的平台

服务提供商。

刚刚成立4年的“全时养老”，虽然打造了全新的链接G端政府到B端企业到C端老人的“互联网+养老/助残/医养融合”模式养老平台，其一站式智慧养老解决方案已陆续落地北京、上海、广州等国内一线城市，平台覆盖超过百万名“60+”老人信息数据。但作为以信息技术作为支撑的新创服务型企业，还有很多路要走。

（一）服务品牌的塑造还需要时日

服务品牌是指企业用来区别于其他企业服务产品的名称、符号、象征或设计，它由服务品牌名称和展示品牌的标识语、颜色、图案、符号、制服和设备等可见性要素构成。创服务名牌是服务企业提高规模经济效益的一项重要措施。如何通过创造服务名牌来树立自己独特的形象，以建立和巩固企业特殊的市场地位，在竞争中保持领先的优势，从而提高规模经济效益，是“全时养老”未来更长时间的一项重要任务之一。

（二）服务公关还有漫长的路要走

服务公关是指企业为改善与社会公众的关系状况，提高公众对企业的认识、理解和支持，树立良好的企业形象而进行的一系列服务营销活动。其目的是充分满足消费者的需求，促进服务产品的销售，提升服务企业的市场竞争力。

各地政府对于养老政策的把握和执行均有所差异，在众多的养老服务模式及养老机构参差不齐的竞争环境中，如何凸显自己的特色，让更多地方政府接受并推行落地，“全时养老”需要花更多的时间与政府养老部门进行沟通。

提供养老服务的企业，大多已经形成一套成熟的运营模式，如服务人员的管理、技能培训、老人资源、所提供的服务类型等，让他们将资源和服务链接到新的养老平台，提供更好的服务，并获得更高的收益。“全时养老”如果没有更具吸引力的机制和模式满足其需求，那么智慧养老或许只会是个口号。

对于如今“60+”的老人，大数据、智能化这些提法或许有些太过新潮。怎么去运用一个手机完成所需要的诸如“全时养老”微信公众号服务中心所提供的“助餐”“空调清洗”“剪甲”“打扫”“理发”“陪医”“喂饭”“陪同”等服务的选择，如何将老人及其家人链接到这样的平台，选择所需要的服务，作为提供“互联网+养老/助残/医养融合”新模式养老平台的“全时养老”，培育市场也将任重道远。

（三）服务标准化仍是个难题

由于服务产品不仅仅是靠服务人员，往往还要借助一定的技术设施和技术条件，因此这为企业服务质量管理和服务的标准化生产提供了条件，企业应尽可能地把这部分技术性的常规工作标准化，以有效地促进企业服务质量的提高。服务标准化可以尝试从以下两方面着手推进：

一方面，从方便消费者出发，提高设计质量，使服务程序合理化。

“全时养老”提供的是一个智慧云养老平台，链接的是政府、养老企业、老人三方资源。云智慧平台的建设和完善需要在全面了解各方需求的基础上不断优化改进，使养老服务程序更加合理化。

另一方面，制定内容合理、语言文明的规章制度，以引导、规范消费者接受服务的行为，使之与企业服务生产的规范相吻合。同时，规范服务提供者的言行举止，使服务生产和消费能够在轻松、愉快的环境中完成。

总之，“全时养老”想要成为未来行业领先的智慧居家养老的“老人管家”，还需要不断地改进和完善，所提供的关于居家养老服务、助残服务监管、高龄津贴发放、认知症老人定位管理、独居老人24小时生命体征管理、适老化改造标准流程管理、日照中心管理、养老机构床位补贴管理等方案能确实有效落地解决国内日益突出的养老问题，从而形成独特的具有竞争力的养老服务模式。

参考文献

[1] 吴建安，聂元昆. 市场营销学［M］. 5版. 北京：高等教育出版社，2017.

[2] 威廉. M. 普莱德，费雷尔. 市场营销学［M］. 王学生，刘新智，等译. 15版. 北京：清华大学出版社，2012.

[3] 徐盈艳，李坪. 我国社区居家养老的现状、问题与对策研究［J］. 广州职业学院学报，2013（4）.

补充阅读

吴茵，贾玲利，王吉彤. 居家养老AIP技术［M］. 成都：西南交通大学出版社，2016.

分析讨论题

1. 服务的主要特征有哪些？服务营销实施过程中需要重点关注哪些方面？

2. 本案例中，“全时养老”的服务市场细分、服务差异化、服务有形化体现在哪些方面？

3. “全时养老”在养老服务市场的优势在哪里？与其他养老机构的差别在哪里？

实践实训

一、任务目标

通过实训，学习服务营销战略的主要要素及运营重点。

二、任务描述

1. 由学生自由组成4~8人一组的研究性学习项目小组，并确定负责人。

2. 由教师为每个小组分配不同的研究对象，研究其竞争战略。

3. 每个小组总结，以PPT形式演示研究成果，其他小组听完后，比较不同企业采取的战略异同，并就原因加以讨论。

三、实训步骤

1. 以小组为单位进行分析和讨论，组长负责组织和协调，同学们积极参与。

确定一家本地餐饮连锁企业，分析其服务中涉及的主要要素及服务营销的管理过程。

2. 将讨论结果写成报告。

3. 各小组举荐一名同学在全班面前进行宣讲，向其他小组进行分享。

四、实训材料

学生以小组为单位收集一家本地餐饮连锁企业，分析其服务中涉及的主要要素及服务营销的管理过程。

五、考核记录表

将对学生任务完成情况的评价填入表 15.1 中。

表 15.1　任务完成情况评价要素表

组别：　　　　　　　　　　　　学生姓名：

序号	考核点	分值（100 分）	得分	累计积分账户
小组评价		共计 30 分		
1	态度与纪律	5		
2	出勤情况	5		
3	参与调研时与人沟通的能力	6		
4	参与讨论的积极性	6		
5	团队合作表现	8		
本人评价		共 30 分		
6	收集信息的能力	10		
7	服务营销战略知识运用的正确性	10		
8	总结撰写的总体能力	10		
教师评价		共 40 分		
9	服务营销知识及技能的掌握	20		
10	总结的撰写（PPT）	20		
本次实训分数小计				

案例二

为澳门旅游插上营销的翅膀

一、澳门旅游营销环境分析

无论是针对产品还是针对服务的市场营销，制订营销计划都开始于市场调研或环境分析。研读《澳门旅游业发展总体规划》（以下简称《规划》），可以看出制定者分别从以下十个方面对澳门旅游市场的环境进行了细致而翔实的分析。这是制订澳门旅游市场营销规划的前提和基础。

（一）澳门旅游和澳门整体发展的关系

1.《澳门特别行政区五年发展规划（2016—2020 年）》草案文本

2011 年，国家“十二五”规划纲要明确提出了支持澳门建设“世界旅游休闲中心”的定位，这个定位在 2016 年的国家“十三五”规划纲要中进一步确认。澳门特别行政区政府据此编制了《澳门特别行政区五年发展规划（2016—2020 年）》草案文本（以下简称“五年规划”）。根据五年规划，澳门未来五年发展的总体目标是：

· 整体经济稳健发展
· 产业结构进一步优化
· 旅游休闲大业态逐步形成
· 居民生活素质不断提高
· 文化与教育持续发展
· 环境保护成效显著
· 施政效能进一步提升，法治建设不断加强

总体目标中稳定澳门经济增长，加速“世界旅游休闲中心”的建设和提升居民的生活素质是三个主要目标。

2. 根据五年规划制定《澳门旅游业发展总体规划》

在五年规划的框架之下，为配合特区政府建设“世界旅游休闲中心”的愿景，澳门旅游局于 2015 年开始了《澳门旅游业发展总体规划》（以下简称“《规划》”）的研究与编制，目的是对澳门旅游业进行全面的规划，为澳门旅游业未来 15 年的发展奠定基础。《规划》包含了旅游产业发展的各个层面，从环境现状、定位及指导原则、目标及策略建议三个方面进行了研究。

（二）城市竞争力

1. 现状

澳门作为受欢迎的旅游目的地之一，2015 年访澳旅客人数已达 3 070 万人次，跻

身于世界游客人数最多城市的行列。在到访的国际旅客人数上，澳门在2014年全球前100个城市中排名第六。然而，澳门仍需向其他世界级旅游城市借鉴和学习，尤其在旅游产品多元化方面，以实现延长旅客逗留时间的目标。

2. 挑战和潜力

（1）与其他世界级旅游城市相比，澳门的留宿旅客平均逗留时间为1.9天，和香港、新加坡、伦敦、巴黎和拉斯维加斯等城市相比时间最短。

（2）在交通便利性和旅游产品多元化方面，澳门需要吸收其他世界级旅游目的地的成功经验。

（三）旅游资源及产品

1. 旅游资源的现状和潜力

（1）澳门拥有世界文化遗产和非物质文化遗产的底蕴。

（2）澳门在国际博彩市场占有领先地位，2015年澳门占全球博彩收入的34%。然而，其他旅游产品和旅游资源仍有很大的开发与利用空间。

（3）2015年澳门的酒店客房为33 047个，五星级酒店客房占总客房数的60%以上，不同星级的酒店存在客房数量不平均的情况。

2. 旅游产品的现状和潜力

（1）综观澳门的旅游产品，主要包括博彩、文化、会展、购物和节庆活动，其中以世界文化遗产及大型度假酒店较受注目，与之比较，其他旅游产品亟待丰富和提升。

（2）根据国际会议协会统计资料，澳门在举办会议的数量和参会人数两项指标上均落后于亚洲其他的会展城市。

（3）澳门的购物市场缺乏多样化的零售购物中心。

（4）澳门现有的节庆和盛事活动，包括澳门格兰披治大赛车及拉丁城区幻彩大巡游等，已成为具有代表性的国际活动，但节庆活动的知名度还有待提升。例如，如何创造更多条件吸引更多世界级的大型赛事及节庆活动来澳举办。

（四）访澳客源市场及目标客群

1. 现状

（1）大中华区的旅客占旅客总数的9成，其中内地占旅客总数的66.5%，而国际市场则占旅客总数的9%。

（2）2008—2015年从客源市场年均增长率的数据来看，增长潜力最大的客源市场包括印度、韩国等。但随着外围环境的改变，客源市场近年亦有所变化。

2. 挑战和潜力

（1）客源过于偏重于大中华地区，而欧美及远程市场近年经历较长时期的下滑。

（2）旅游业容易受到外围环境因素的影响，如经济周期变化，各旅游目的地的竞争力、货币汇率等因素，对旅客出游选择造成影响，旅游市场推广策略必须做出适当调整。

（3）澳门旅游业应与其他产业结合发展及开拓独特的目标客群，通过社会各界的支持及合作共同推动旅游业的多元发展。

（五）旅游品牌及城市形象

1. 现状

博彩娱乐仍然被主要客源市场视为澳门的旅游品牌形象。然而，澳门还有博彩娱乐以外的潜在品牌优势，包括东方与西方、新与旧、传统与现代鲜明对比的元素。澳门应将其街道、活力、历史及“世界旅游休闲中心”的定位融为一体，并以独特的中葡融合形成新的强大的旅游品牌和城市形象。

2. 挑战和潜力

（1）澳门居民对城市品牌和旅游定位的支持必不可少。根据对居民的调查，有70%以上的居民表示了解澳门以“世界旅游休闲中心”作为定位，有76%的居民支持澳门的旅游定位，有56%的居民对此表示自豪，说明居民普遍支持澳门当前的定位。但澳门近年的发展现状与世界旅游休闲中心的城市定位仍存在较大提升空间。

（2）旅游品牌建设决定一个城市的旅客类型。澳门的城市形象仍以博彩娱乐为主，其次是具有特色的中葡文化和世界文化遗产。然而，澳门潜在的品牌形象应有更广阔的涵盖面，可将度假、会展、艺术和节庆旅游等非博彩元素综合于同一品牌之内。

（六）创新科技及智慧旅游

1. 现状

（1）目前，澳门特别行政区政府旅游局网站设有15种语言，以满足不同客源市场的需要，还设有3个手机应用程序以方便旅客获取旅游信息。

（2）在旅游设施、街道标识等方面，多媒体的应用已经开始逐步增多。

2. 挑战和潜力

（1）为使澳门发展成为世界级旅游城市，现时WiFi任我行服务正提供超过200个WiFi热点，未来还需要不断提高其服务质量。

（2）与其他世界旅游目的地相比，澳门在网上预订和非现金交易服务方面，还有较大的发展空间。

（3）目前澳门的相关旅游信息由不同的网站或程序提供，成功的旅游目的地可以由一个综合管理平台发布所有信息，以提升旅客使用的便利和旅游体验。

（七）旅游质量及服务

1. 现状

旅客对旅游体验和质量的追求已成为一种潮流和趋势，旅客不仅追求价格合理的旅游，也对旅游的体验和质量有同样的期望与要求。

（1）“访澳旅客满意度指数”显示，2015年整体访澳旅客满意度指数与过去五年相比有下降的趋势。其中，会展活动的旅客满意度指数最高，世界文化遗产景点的旅客满意度指数则有持续下降的趋势。

（2）2014—2015年的旅客投诉报告显示，旅客经常投诉的三个方面为交通、非法提供住宿和导游服务。

2. 挑战和潜力

（1）优质旅游是每个旅游目的地成功发展的重要因素。虽然澳门现在有不同种类的旅游产品可供旅客选择，但随着邻近地区的迅速发展与全球旅游业的发展进步，澳门面临的市场竞争将越来越大，需要进一步提高澳门旅游服务业的质量，以提升旅游产品的竞争力。

（2）澳门要实现建设“世界旅游休闲中心”的目标，需要为旅客提供全面的优质旅游服务，包括出入境、观光、零售、住宿、交通以及餐饮等方面。

（3）人力资源是旅游业可持续发展的核心驱动因素。但澳门人力资源有限，目前澳门的服务业较为依赖非本地的从业人员。

（八）区域旅游合作

1. 现状

（1）在区域合作方面，在现有的泛珠三角、港澳、粤港澳、粤澳及闽澳等旅游合作框架下，旅游合作主要集中在联合推广、行业管理和旅游产品合作层面。

（2）澳门正积极与周边区域建立互惠互利的合作关系，包括共同开发区域内的连线旅游，打造具有特色的区域旅游品牌。同时，在目标客源市场的主要旅游展会中设置联合展台、“一程多站”推介会及举办业界洽谈等。

（3）在国际合作方面，澳门特别行政区政府在旅游领域一直积极参与多个国际旅游组织，包括世界旅游组织、亚太旅游协会、世界旅游城市联合会及亚太经合组织旅游工作组等举办的会议、研讨会及活动，加强澳门在国际旅游事务上的参与。

2. 挑战和潜力

（1）“一程多站”路线的合作涉及多个地区的旅游产品，需要做出恰当的协调和服务素质的保证。

（2）葡语作为其中一种官方语言，澳门具有与其他中国城市不同的氛围，加上其世界文化遗产，在区域旅游发展上可凸显澳门独特的优势。

（3）随着港珠澳大桥的落成、粤澳新通道的建设等，与周边区域的原有合作模式可能需要做出调整。

（九）城市发展

1. 现状

（1）澳门城市总面积只有 30.4 平方千米，而访澳旅客人数高达 3 000 万元以上，对城市的总体环境造成了显著的影响。

（2）为了保障居民拥有优质的居住环境，同时也让旅客具有良好的旅游体验，应充分发挥各范畴规划间的协调作用，充分利用旧城改造和新城开发等机遇，有效提升城市的旅游承载能力。

2. 挑战和潜力

（1）由于澳门土地资源匮乏，人口密度为每平方千米 21 100 人，有限度的城市空间对旅游设施建设形成制约。同时，历史城区的部分旅游景点亦显得拥挤。

（2）澳门滨水资源未被充分利用，未来仍有发展空间。

(3) 目前仍存在不少旧城区和传统的建筑物，需要通过城市改造以提高空间的使用率。

(4) 澳门的可持续发展需要通过城市的总体规划，联合各个行业的投入和支持，方可建设更美好的家园。

(十) 城市交通及可达性

1. 现状

(1) 2008—2015 年澳门的旅客数量年增长率为 4.3%，陆路出入境人数最多，而航空出入境人数最少。

(2) 城市的可达性和内部交通的连接是影响总体出行与旅游体验的重要因素。为了营造宜居、宜游的环境，澳门需要建立更加井然有序的交通网络系统。

2. 挑战和潜力

(1) 2014 年，澳门机场航空客运利用率已达到 91%，连通 37 个城市，但以内地为主。随着澳门的国际访客有上升的趋势，澳门国际机场的容量面临挑战。

(2) 旅客的出行模式是以旅游巴士出行为主、酒店接驳车为辅的出行方式。但是酒店接驳车的日平均利用率约为 33%，这成为交通拥堵的重要原因之一。

(3) 2015 年旅游热线投诉数据显示，与公共交通相关的投诉占总个案数的 42%，市内公共交通服务仍有改善空间。

二、澳门旅游定位及旅游发展指导原则

(一) 澳门旅游定位

根据国家“十二五”规划、“十三五”规划和澳门特别行政区政府的五年规划，澳门的旅游定位为建设“世界旅游休闲中心”。“世界旅游休闲中心”的定位顺应了时代发展，有效地响应了澳门特别行政区政府推进经济适度多元发展的战略大背景。

(二) 澳门旅游发展指导原则

在全面了解澳门的资源现状、发展机遇和制约因素后，并配合实现“世界旅游休闲中心”的愿景，《澳门旅游业发展总体规划》提出以下三个指导原则，以确定未来澳门旅游业的发展目标和策略建议。

1. 旅游休闲大业态

为不同类型的旅客提供多元化的旅游产品和体验，拓宽旅游客源市场。配合非博彩元素的增长，丰富娱乐设施和休闲活动，推动发展成多日旅游目的地，并通过提升旅客的总体体验吸引高端客户群。

2. 优质旅游

通过对旅游行业的培训和管理，整体提升旅游服务的素质，致力于推动旅游行业标准与国际接轨；配合各项综合度假设施的投资建设，令未来的旅游产品保持同等或更高标准的质量。

3. 文化旅游

充分挖掘澳门历史文化特色，致力于将其打造成具有丰富内涵的多元文化旅游目的地。不断完善澳门具有多元和丰富文化内涵的旅游体验，吸引世界各地旅客，推动文创产业的发展。

三、澳门旅游发展目标及策略建议

根据以上旅游定位及旅游发展指导原则，《澳门旅游业发展总体规划》制定了以下四个总体目标以达到“世界旅游休闲中心”的愿景，而每个总体目标均包含不同的策略措施。在时间的划分上，5 年以内为短期措施，5~10 年为中期措施，10 年以上为长期措施。

（一）目标一及策略建议

目标一：旅游业的可持续发展管理

旅游业的高速增长带来不少机遇和效益，同时也增加了城市的压力。因此，通过旅游业的可持续发展管理以提升居民的生活素质，将成为澳门建设“世界旅游休闲中心”的一个重要目标。

1. 策略一：推动居民对旅游业发展的认同和参与

居民的参与在世界旅游城市中扮演着重要的角色。为确保居民对旅游业的持续支持，全面、深入地了解居民对旅游业及其发展方向的想法，是能否创造双赢局面的关键。

短期措施：

（1）持续深化旅游认知计划，让澳门居民进一步认识及了解澳门旅游业的发展，向居民传递正面的旅游信息；

（2）鼓励民间团体举办有关小区文化、历史等方面的旅游活动，挖掘本地潜在的旅游资源；

（3）强化旅游相关部门、旅游业界、小区居民之间的沟通机制，确保居民生活和旅客体验两者间的协调发展。

2. 策略二：管理旅游业发展并提升城市的接待能力

鼓励培育良好的旅游行为、降低旅游发展引致的负面影响、提升城市的接待能力等均可让居民和旅客同时受益，对于将澳门建设成为宜居城市和世界级旅游目的地，是一项至关重要的策略。

短期措施：

评估不同旅客量增长情况下对社会、居民带来的影响，包括制定承载力的应对措施，建立热门景点旅客人流即时消息发布的机制。

中期措施：

配合城市规划，提升旅游承载力。

3. 策略三：提高旅游行业的环保标准

采用综合和统筹规划，以提高旅游行业整体的环境保护标准，维持旅游业以至澳门的可持续发展。通过各项措施，逐步降低澳门旅游业对环境的影响，将澳门打造为宜居、宜游的绿色城市。

短期措施：

持续推行环保酒店奖，深化推动绿色酒店的发展，并与其他相关部门合作，鼓励酒店业减少光害、污水和垃圾的产生，加强对城市环境的保护。

中期措施：

与相关部门研究提高酒店建筑的环保标准，对新项目产生的光害、污水、垃圾和耗能做更严格的控制。

4. 策略四：区域的无缝连接

香港国际机场拥有连接世界各地多个航点的优势，与香港国际机场的无缝连接可协助吸引更多的中、长途旅客来澳。除了现有的香港海天客运码头外，可利用港珠澳大桥帮助旅客直接抵达澳门。

短期措施：

探讨利用澳门和香港建设港珠澳大桥的机遇，连通香港和澳门两地，为到澳门旅游的中、长途旅客提供便利。

以轨道交通连接珠三角以及全国高铁网络，让旅客体验更方便、安全、快捷的旅游交通模式。

中期措施：

进一步加强香港、澳门、珠海三个机场之间的交通联系。

（二）目标二及策略建议

目标二：发展多元化旅游产品

世界级旅游目的地需要具有多元化的旅游产品、酒店住宿、文化设施、零售和节庆活动，提供凸显澳门多元化和具有吸引力的旅游产品组合与体验。

1. 策略一：打造标志性旅游产品

利用旧城的闲置或零碎空间以及未来在新城设立的旅游空间，构建形象鲜明、具有地方特色的旅游设施及举办活动，例如，设立家庭娱乐中心、标志性文化中心、展览场所以及举办体育比赛或双年展活动等，丰富澳门的旅游产品，提升城市旅游竞争力和拓展高端市场。

短期措施：

全力落实规划中的新旅游产品及品牌活动，包括重整大赛车主题博物馆、举办澳门国际影展暨颁奖典礼、打造美食之都，优化光影表演等措施，并在旅游产品的开发过程中，展现澳门多元文化特色，串联旅游与美食、文化创意及体育等元素，增加城市旅游的吸引力。

持续完善“论区行赏”计划中的步行路线，与居民和企业携手挖掘新的小区旅游元素，探索符合地区特色的新产品，寻找合适的市场定位，为城市树立旅游新形象。

中期措施：

持续探索举办各类新奇有趣的活动，如海上或空中餐饮体验以及其他市区或郊野历险活动，增加澳门动感旅游的总体吸引力。

研究与周边城市共同争取申办国际级体育赛事，充分利用澳门现有的体育设施以及场地，发展体育旅游。鼓励及支持在澳门建设世界知名的主题公园。

2. 策略二：营造滨水空间

澳门作为沿海城市，可利用滨水区域建设滨水公园、公共艺术空间、露天餐饮或标志性文化区域。新建滨水区可成为居民和旅客的亲水空间，强化澳门独特的城市形象。

短期措施：

利用路环荔枝碗船厂工业遗址及邻近棚屋，发展成为休闲的临海地区，开放滨水空间给予居民及旅客做休憩场所。除了可用作造船工艺的工作空间以外，面积较大的船厂亦可改造为演示场地，传承本地传统造船工艺产业。工业遗址可修缮成为工艺展示厅，介绍澳门造船工业的历史。同时，利用现有的路环码头，配合海岛游的发展。

中期措施：

将内港区打造成零售、露天餐饮和具有商业功能的动态滨水区域。内港一带曾是澳门最繁华的地区，是昔日货船、渔船及客船的上下点，如今仍保留部分功能。在内港一带，可以考虑把仓储空间更改为零售及餐饮用途，拓展为更丰富的旅游片区。

长期措施：

以新城A区南区作为文化海滨长廊，以标志性公共建筑作为澳门未来的门户地标，建设符合国际标准的歌剧院、文化中心、表演及展览场地。

新城B区设有政法区、滨海绿廊和展览场地等设施，可发展为宁静的滨水空间，作为居民和旅客的休憩场地。

3. 策略三：拓展海上旅游产品

澳门特别行政区海域面积的确定为澳门开拓海上旅游产品奠定了坚实的基础，可利用澳门沿岸的水域发展与海上旅游相关的娱乐休闲设施，丰富世界旅游休闲中心的内涵，吸引不同兴趣及爱好的旅客；同时，也为本地居民的文娱生活提供多元化的选择。

短期措施：

利用水上观光资源，开展海上旅游航线；推动本地海上游项目连接澳门半岛及离岛。

扩大发展游艇旅游，推动与内地不同城市的游艇自由行发展，链接区域的水上旅游资源，构建区域游艇旅游中心。

中期措施：

进一步发展如龙舟、风帆、划艇和独木舟等水上体育运动以及兴建相关设施，进而举办各项水上体育运动比赛，并与旅游相互结合，吸引邻近地区乃至世界各地的体育运动爱好者访澳。

推动与邻近地区的合作，开发邻近岛屿海岛游项目。

长期措施：

通过完善澳门的海上旅游产品，将澳门建设成珠三角短途海上旅游一程多站的核心城市，国外旅客可以经澳门便利到达周边城市，拉紧区域合作纽带。

（三）目标三及策略建议

目标三：开拓优质客源市场

国际和亚洲旅游客源市场的不断增长，为澳门拓宽市场和实现旅游产品多样化提供了最佳机遇，包括吸引商务旅游、会展和其他高增值的高端旅客；并着重发展智慧旅游，提升旅游的便利。

1. 策略一：将澳门打造成多日旅游目的地

澳门具有独特的世界文化遗产、文化特色、自然环境及世界级设施，可提供综合度假酒店、文化、体育、生态、娱乐、科技和主题游等类旅游产品，透过凸显既有和创新的体验，加强多日旅游目的地的形象，延长旅客在澳门的逗留时间。

短期措施：

（1）提供丰富而具有澳门特色的旅游体验，如各类非物质文化遗产的工作坊以及饮食文化的体验等，鼓励旅客延长逗留时间。

（2）鉴于澳门的会展场地于 2020 年将增至 21 万平方米，利用多个大型会展场地的优势，争取更多国际大型活动定期在澳门举行，如国际电影展、餐饮文化相关的盛事及体育活动等。

（3）利用信息科技与本地合作伙伴制定创新的旅游行程。

（4）利用旅游新产品和计划，与国际和亚洲伙伴共同开拓旅游市场，使澳门成为多日旅游目的地。

2. 策略二：持续开拓具有潜力的目标客群

针对澳门的目标客群，包括年轻客群、银发客群、高消费客群及家庭客群制定相应的推广策略，积极拓展亚洲、欧美等市场，增加留宿旅客数量。

短期措施：

年轻客群：利用本地文化创意产业的发展，引导年轻旅客认识及走访澳门的文化创意区，以市集形式售卖本地设计或制造的产品。各式各样的体验营及工作坊亦可吸引年轻旅客了解澳门文化，满足他们对城市深度旅游的需求。鼓励业界增加经济型住宿场所，亦可延长年轻旅客的逗留时间。在推广方面，可邀请海外的著名博客或作家参与本地活动，并撰写文章做宣传推广之用。

银发客群：结合粤澳中医药科技产业园的发展，将澳门打造成养生旅游目的地，以休闲及养生旅游设施吸引银发客群。

高消费客群：支持国际著名的演艺节目来澳演出，加上澳门多所世界著名的高级餐厅，可吸引高端旅客到澳门享受各类星级服务。同时，以澳门的世界文化遗产及星级设施吸引中东、欧美等地的高端旅客。此外，透过推动游艇自由行，吸引内地的高端旅客访澳。

家庭客群：透过各类型的新旅游产品，包括海上游、体育、生态、娱乐及主题公园等设施，吸引亚洲家庭来澳旅游。在推广方面，可推出家庭套票，串联澳门公营和私营旅游产品，如现有的熊猫馆、海上游、文创亲子体验营及综合度假酒店内的亲子设施等，吸引家庭客群。

中期措施：

年轻客群：举办与澳门相关的比赛或展览，以文化创意等吸引年轻人群来澳旅游。

银发客群：联合亚洲著名的养生旅游城市建立可持续发展战略。

高消费客群：提升服务能力。

家庭客群：通过亲子设施吸引家庭客群。

3. 策略三：利用创新科技发展智慧旅游

针对自由行市场及其快速增长的消费力，通过在线及利用创新科技的营销能力，为旅客提供第一手旅游信息，加深旅客对澳门作为旅游目的地的印象。加强技术基础设施及数据共享，为旅客抵达后提供整合式的旅游资讯，提升旅客在行程中的旅游体验。旅客于行程中及结束后通过社交平台反馈意见及分享游历经验，亦有助于澳门旅游城市形象的推广。

短期措施：

构建一体化网站和应用程序，为旅客在行程规划阶段提供节庆、住宿、预订等信息。

推动扩展无线互联网服务的覆盖范围及效能，配合智慧旅游系统的建立，为旅客带来便利的旅行体验。

中期措施：

研究收集旅客行为数据，配合特区政府大数据的发展规划，构建宜居、宜行的智慧城市。

除以智能旅游向澳门境内旅客提供便利服务外，还可与区域和国际战略合作伙伴共同研发跨区域的智能旅游服务，增加旅游竞争优势。

4. 策略四：与邻近城市联合开拓战略性旅游产品

澳门可与其他有密切联系的城市共同进行宣传推广，利用区域内不同城市的特色组合，产生强大的吸引力。世界文化遗产、传统文化体验及海岛旅游能够成为区域市场营销战略的新方向。

短期措施：

明确并利用澳门世界文化遗产及大型综合旅游度假设施的竞争优势，主动与相邻城市达成战略伙伴关系，推动发展区域旅游。

中期措施：

凭借澳门的文化特色及创意产业的快速发展，巩固澳门国际旅游城市的地位 。

（四）目标四及策略建议

目标四：提高旅游质量

旅游业界的专业人士及相关的从业人员对于旅游业的稳健发展起着关键的作用，澳门需持续地提高旅游服务的质量和效率，为旅客提供世界级标准的服务和便利性，将澳门打造成世界级旅游目的地。

1. 策略一：持续培训本地旅游从业人员

应向不同范畴的旅游从业人员倡导积极向上的理念，通过雇主、企业和政府的合作，增强投身旅游业居民的职业规划意识。通过持续性技能培训，让投身旅游业的居民为把澳门打造成世界级旅游目的地做出贡献。

短期措施：

利用便利的学习方式进一步推动职业规划和技能开发，提高投身旅游业的居民的外语能力。重点突出积极向上的重要性，以及充分肯定其对澳门建设世界级旅游目的地的贡献。

中期措施：

探讨实施与世界著名旅游目的地的国际交流培训计划，扩大投身旅游业居民的国际视野。

2. 策略二：设立综合旅游质量机制

旅游质量服务系统应结合各个相关元素，包括出入境、交通、餐饮、娱乐、酒店住宿等环节，从旅游行程的整体满意度做出考虑。旅游质量机制需考虑软件和硬件的配合。此外，还应考虑澳门的安全保障、生活质量和环境卫生等方面。

短期措施：

梳理旅游相关行业现有的规定及标准，并与业界及政府各部门探讨制定各个旅游行业和其他相关服务应有的服务标准，应优先关注一线工作者及客户服务人员的服务水平。

中期措施：

与业界及政府各部门联手整合及建立综合质量机制。

3. 策略三：提高旅游业服务质量与国际标准接轨

为了继续推动质量旅游，由澳门特别行政区政府旅游局推出的“星级旅游服务认可计划”将进一步延伸至行业的各个层面，让更多本地企业受益。长远而言，将推动旅游业服务标准与世界其他认可体系的整合，鼓励业界时刻提供优质服务，巩固澳门国际旅游城市的形象，配合澳门建设“世界旅游休闲中心”的愿景。

短期措施：

定期与旅游业界、本地及外地培训机构进行沟通，了解行业最新的动态及培训行情；通过课程评估，优化培训内容。

中期措施：

通过可行性研究，逐步把“星级旅游服务认可计划”的覆盖面延伸至更多的旅游相关行业。

长期措施：

推动旅游行业服务标准与国际标准接轨。

纵观上述规划，不妨从服务的概念、服务市场营销的思路，包括服务质量、服务人员和服务过程等方面来思考整个案例。

按照传统可以把国民经济分为农业、工业和服务业三大类。所谓服务可以理解为一种无形但可以为消费者带来某种效益或满足的过程或活动。服务既可以独立呈现，也可以和产品交融共生。旅游大致可以分为吃、住、行、游、娱、购等环节，是一种典型的现代服务业。澳门旅游业发展规划中就大量提及对餐饮、住宿、交通、景点、娱乐和购物的营销。整个规划就是一份对澳门旅游（服务）进行环境分析、战略定位和提出实施建议的旅游市场营销策划书。

市场营销的基本步骤一般体现为，首先进行市场调研和环境分析，然后是制定营销战略，最后是提出实现战略的执行方案和建议。上述规划中的“一、澳门旅游营销环境分析”就是分别从宏观和微观两个领域的十个方面做出了具体的针对澳门旅游特点的环境分析和调研。上述规划的“二、澳门旅游定位及旅游发展指导原则”中明确确定澳门旅游的定位是：建设“世界旅游休闲中心”，同时提出了实现定位的三大原则，这里的“定位”和“原则”可以被看成澳门旅游服务市场营销的战略思想，就是澳门发展旅游的大方向和基本原则。其后的“三、澳门旅游发展目标及策略建议”详细阐述了为实现战略而设定的具体目标及完成方式，这些内容和战略比较起来显得更加具体、细致和具有针对性。在书上这些内容一般被称为营销工具组合，可以理解为实现战略的不同战术的组合。整体来看，这份规划的结构既非常符合传统的市场营销策划书的基本逻辑和格式，又在内容上具体体现出服务或旅游服务的独特之处。所以，这份规划可以作为学习服务市场营销策划书写作的一个范本。

服务是服务营销的基础，服务质量则是服务的核心。服务质量的内涵和有形产品质量的内涵有所区别，消费者对服务质量的评价不仅仅是评价其结果，而且包括评价服务过程和服务人员（服务的参与者包括服务的生产者、享用着、影响者等）。所以，服务质量是服务营销中的一个特殊点，服务质量、服务过程和服务人员紧密相关。在上述规划的第三个部分中，直接提到了“旅游品质”“优质旅游”和“提高旅游质量”等概念，同时也间接提到了服务过程管理、开拓优质客源市场和培训旅游从业人员的问题，这些都是服务质量的重要组成部分。

资料来源

澳门特别行政区政府旅游局. 澳门旅游业发展总体规划［EB/OL］.（2017-09-10）. http://masterplan.macaotourism.gov.

补充阅读

［1］安贺新，张爱玲. 服务营销［M］. 上海：上海交通大学出版社，2010.
［2］李天元，曲颖. 旅游市场营销［M］. 北京：中国人民大学出版社，2013.

分析讨论题

1. 寻找和澳门相关的背景资料进行讨论学习，以帮助理解本案例内容和完成下述题目。

2. 学习服务营销的相关基本知识，重点理解服务的四大基本特征。请仔细阅读上述旅游发展规划，尽量罗列出其中提及的所有具体服务项目，如海岛游、购物、餐饮等。请从服务四大特征的角度来分析、理解它们。

3. 规划报告中的“一、澳门旅游营销环境分析”从十个方面对澳门旅游进行了环境分析，请讨论其中哪些方面属于宏观环境分析？哪些方面属于微观环境分析？

4. 结合服务营销基础理论知识，讨论上述规划中关于澳门旅游服务中有关过程管理的建议和旅游人员培训的举措有哪些？上述规划希望通过过程管理和人员管理怎样提升澳门的旅游品质？

5. “三、澳门旅游发展目标及策略建议”可以看作为实现澳门旅游定位而制定的具体执行方案，请从传统营销4P角度讨论这些营销建议。此外，也可从服务营销独特的服务质量、服务人员、服务过程、服务有形展示等方面领会这些建议所起的作用。

实践实训

√把学生们任意分成若干小组，以小组为单位进行实践实训和评估。

√任选一家当地的旅游企业，如旅行社或酒店，进行走访，重点了解其营销理念、消费者需求、营销战略和促销手段等市场营销的状况。

√对取得的一手资料和二手资料进行分析，理解旅游市场营销的概念和内涵，运用Word、Excel、PPT工具形成文字报告。

√开展课堂陈述或小组之间进行分享，老师进行评估。

第十六章　网络市场营销

知识要点

（1）网络市场营销是指为达到一定的营销目标，以互联网为主的现代信息技术为手段所进行的市场营销活动的统称。它贯穿企业网上经营活动的整个过程。网络营销的常用方法包括搜索引擎营销、Email 营销、病毒式营销、网络广告和微营销等。

（2）精准营销是指在可量化数据的基础上分析消费者个体的消费模式和特点，精准地找到目标顾客，精准地开展市场营销活动，以提高营销成本效益和效率的过程。大数据具有数量大、种类多、处理快和价值高等特征，它可以为企业开展精准营销提供技术基础。

（3）微营销是指通过微博、微信、微电影等特定的带有“微”字的社交媒体所开展的市场营销活动。目前在企业微营销中居于主导地位的是微博营销和微信营销。

案例一

千里眼眼观六路　顺风耳耳听八方
——京东大数据精准营销的应用分析

一、千里眼眼观六路　顺风耳耳听八方

随着计算机网络技术的不断发展，大数据逐渐进入实际应用的阶段。2011 年，世界著名的管理咨询机构麦肯锡公司将“大数据”定义为“无法在一定时间内使用传统数据库软件对其内容进行获取、管理和处理的数据集合”。大数据具有数量大、种类多、处理快和价值高等特征，它可以为企业开展精准营销提供技术基础。

精准营销是指在可量化数据的基础上，分析消费者个体的消费模式和特点，并以此来划分顾客群体，精准地找到目标顾客，精准地开展营销活动，以提高营销成本效益和效率的过程。20 世纪 90 年代，美国的莱斯特·伟门第一次提出了精准营销的概念。Zabin 和 Brebach 2004 年提出了精准营销的 4R 法则，即正确的顾客（right customer）、正确的信息（right message）、正确的渠道（right channel）以及正确的时间（right time）。通过把正确的信息在正确的时间，通过正确的渠道，顺利传递到正确的客户手中，并借此形成对目标客户购买决策的影响力，以促成营销目标的顺利达成。

大数据就如眼观六路的千里眼和耳听八方的顺风耳一样，为企业实施精准营销构建技术平台。大数据时代，技术发展大大超越了企业的想象，搜集非结构化信息已经成为一种可能。通过数据挖掘技术，大数据不仅能了解细分市场的特征，而且能通过真正个性化的洞察，准确掌握每一位顾客有价值的信息，帮助企业发现顾客思维的特点和消费行为模式。从这个意义上说，大数据是企业实施精准营销的技术基础。

大数据技术的应用和发展，使得企业的营销活动进入了一个全新时代，它可以帮助企业更为精准地了解顾客的消费特性，并以此来制定精准营销策略。例如，消费者在互联网上浏览过的网页、关注过的信息以及个人注册信息等都能够被精准地记录下来，商家可以从这些数据中筛选出潜在消费者，并有针对性地进行产品信息推送、定价及营销沟通等。大数据时代的精准营销将实现火眼金睛般的顾客识别、灵犀相通的营销沟通、完美的顾客价值让渡、花在刀刃上的营销投入，这是真正意义上的高效率、高效益和低成本的营销方式。

二、千里眼、顺风耳是怎样炼成的

2013 年年初，京东制定了下一个十年发展规划。其中明确提出：大数据战略将成为公司重点战略方向之一。其实早在这一战略计划宣布之前，京东大数据的应用价值就已经体现在公司业务的各个方面。如用户消费行为深度挖掘、电子邮件营销（Email Direct Marketing，EDM）策略的实施、销量预测与库房自动补货、搜索推荐系统的持续优化、广告的精准投放等。这一系列对公司运营至关重要的项目背后，都是对大数据创新应用的不断探索与研究。

在行政归属上，京东大数据平台直接隶属于京东集团。大数据平台作为基础数据平台，主要为京东商城、拍拍、京东金融及海外事业部提供数据服务，并承担部分对外数据服务的职能。平台致力于电子商务的海量数据处理技术研发与应用，以打造高稳定性、高性能、高安全性的数据治理、数据挖掘、数据分析的基础平台为目标，为京东及电子商务行业挖掘大数据价值提供全过程解决方案以及技术保证。

京东的大数据平台分为四大模块，即客户模块、工具/产品模块、模型模块和技术模块。

在客户模块中，客户大数据来源于普通消费大众、京东的合作伙伴和京东集团内部的客户数据。其中，京东的合作伙伴包括商家、供应商以及其他合作伙伴如腾讯等。而京东集团内部的数据主要来自四个部分：京东商城、京东金融、国际业务和拍拍网。从京东的客户模块中，可以看出京东对大数据的获取，一方面来自外部数据，另一方面来自京东的内部数据。

在工具/产品模块中，通过推荐系统、搜索引擎、京东慧等专业分析的数据罗盘（店铺运营的数据决策工具，可以分为卖家版、行业版等），对客户大数据模块中的普通消费者的数据进行处理和应用。JIMI 是京东自主研发的人工智能系统，它通过自然语言处理、深度神经网络、机器学习、用户画像等技术，能够完成全天候、无限量的用户服务，涵盖售前咨询、售后服务等电子商务环节。

模型模块包括用户画像、销售预测、信用模型、商家评级、配送网络和风控模型六大功能。

用户画像是指在对海量数据进行分析后，由经验丰富的业务人员和工程师结合，对具有同类属性和特征的用户群体或者单个客户进行消费者特征描述的过程，它是实现精准营销最重要的环节。通过用户画像，为用户贴上属性标签。针对同一类标签的用户，推荐系统统一推送相关商品信息。

在商家评级中，通过前台页面及后台系统展示店铺评级的体系内容和评级结果，用户和运营人员能够方便、快捷地找到相应内容，从而形成信息共享。通过丰富、明确的量化信息，用户能够清晰地了解店铺在服务、商品和时效等方面的表现，为其购物决策提供高效、客观的数据支持；同时，评级结果也是运营人员提交的一张成绩单，其中详细记录了店铺运营的各类指标，运营人员可以从中找出自身的优势和不足，继而改善运营服务的薄弱环节。同时又能吸引更多的用户，提升运营效果，进而形成良性循环。

销售预测是指通过对仓储和配送的数据进行分析之后，对每月或一整年的销售额进行预测，以方便下一月或下一年货物仓储、营销活动的筹备和策划。

在技术模块中，主要包括 magpie（实时任务调度框架）、plumber（抽数模块，实现了异构数据库之间的快速数据交换）、storm（大数据开源平台）、spark（大数据开源平台）和京东深度定制版的 hadoop（大数据开源平台）等技术。大数据平台中技术模块是大数据平台的基础构架，而京东在此技术上有多项创新。

三、千里眼如此看　顺风耳这样听

（一）千里眼、顺风耳拥有“三头六臂”

京东基于大数据平台，构建了精准营销的架构，犹如千里眼、顺风耳的“三头六臂”，具体内容如图 16.1 所示。

在京东的大数据精准营销架构中，首先通过收集用户在网上留下的日志数据、相关交易数据和非交易数据，构建精准营销的底层架构。然后进行用户行为建模，包括用户属性识别、用户兴趣建模、用户关系建模、用户生命周期、用户信用模型等。在用户行为建模的基础上，对用户进行画像，以此实现用户营销价值和用户风险等级的评估，并且作为底层数据提供给各营销系统使用。最后以用户画像为依据，采用 EDM、SMS、APP PUSH、商品包装广告等广告形式进行推广，从而实现精准营销。

京东基于大数据平台上的精准营销，其营销方式是跨平台、跨终端和跨渠道的，具有实时、实地、精准和互动的特点。大数据精准营销是一个动态和循环的过程，在实施前、实施中和实施后都会不断地开展精准的营销活动。

（二）千里眼洞若观火　顺风耳明察秋毫

大数据精准营销能够体察用户内心世界，洞若观火，明察秋毫。这主要是通过用户画像得以实现的。用户画像是大数据精准营销得以实现的基本保证。用户画像是对海量数据进行分析之后，用数据对用户进行描述，以此作为商品销售、推荐和预测的依据，这也是实现数据商业价值的解决方案。用户长期的页面浏览、购物等行为积累了以 TB 计量的多维度的庞大数据，构成了用户画像的基础数据。用户画像的数据大致可以分为三大类：一是人口统计类数据。这是用户的基本数据，如年龄、性别、职业、收入、人生阶段等。二是行为偏好数据。这个数据主要来自用户浏览页面时留下的行为轨迹，这代表个人关注的某些领域，系统以此来推断用户偏好。三是购买数据，包括购买的商品、单价、退货率以及评价反馈等。系统通过对用户的基本数据和行为偏好数据进行挖掘分析，然后为用户贴上不同的标签，系统用这些标签来刻画用户的个性化特征。一个用户身上的标签可能超过 3 000 个，能够形成丰富的用户标签库，并且每个标签的权重不同，随着时间的变化和用户行为偏好的变化（比如浏览类型和次数、购买频次的变化），标签库会不断地更新，使得用户画像也处于动态变化之中。系统使用不断完善的用户画像来进行商品和用户之间的匹配，对用户未来的行为进行预测，以此引导用户行为，从而获取商机。图 16. 1 系京东精准营销架构图。

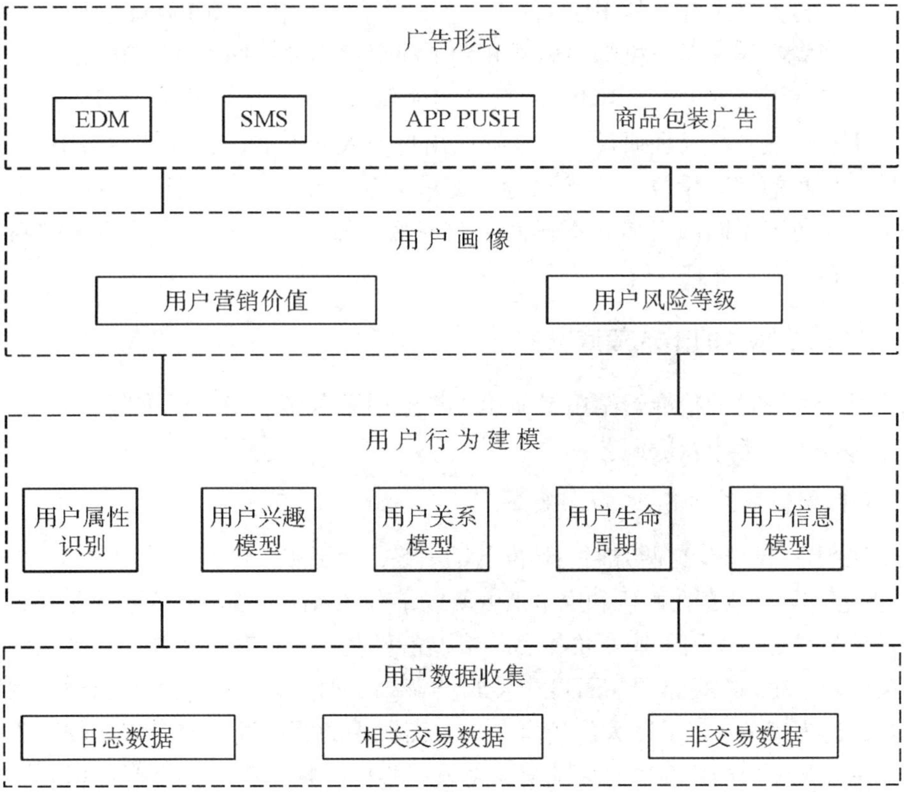

图 16. 1　京东精准营销架构

资料来源：阮利男. 大数据时代精准营销在京东的应用研究［D］. 成都：电子科技大学，2016.

从最初对用户进行商品推荐，到该用户成功购买推荐商品，并对产品进行评价反馈，证明推荐是有效的，得到了这一检验后，再不断地将相同的商品推荐给其他具有相同标签的客户。此外，通过对大量用户的标签分布、比例进行协同过滤等数据挖掘分析后，能够找出相似人群和潜在客户，以人找人。

从逻辑上来说，京东的用户画像主要是根据对海量数据进行挖掘和分析之后，形成有基准的学习方法或者准则，并且通过机器学习法不断迭代[1]，直到形成最优方案，最后将方案予以推广。

在实际应用中，用户画像不仅仅是依靠模型，最终还是要由一线业务人员对用户画像进行校对和补充，这实际上是模型与业务人员经验相结合的过程。业务人员拿到用户画像后，会在现实中反复验证并进行修改，之后宣告这个用户画像成功。工程师也会将此画像推广到京东全站的应用中去。这种从基础数据中提炼和总结出用户画像，经过实际验证后，再推广到全站的应用中去的快速迭代的方式，产生了一大批性能优良的产品，使得京东能够敏捷地应对市场的变化。

得到用户画像后，如何运用大数据实现精准营销呢？京东工作人员将用户画像的使用分为三个阶段：

第一，为解决数据孤岛问题[2]，实现数据协同使用，京东将标准化加工后的用户画像同步并且上传到京东统一的 JDW 平台，这类数据可供很多部门协同使用。

第二，建立直接面向分析师和软件开发工程师的多维数据库（CUBE）。

第三，打通大营销平台（BMP）。这是实现数据最终价值的核心阶段。此阶段主要由采购员工和一线产品经理通过 CUBE 筛选出目标人群之后，直接使用 BMP 对目标人群进行营销信息的精准投放，如优惠券、促销活动信息等。这样就减少了很多烦琐的中间环节，避免因不同部门沟通不畅而引起的低效率，实现京东内部运营的高效率和营销信息的精准投放。

四、千里眼、顺风耳的十八般武艺

京东基于大数据的精准营销主要使用了搜索引擎营销、个性化推荐引擎、Email 营销、京东移动商店等十八般武艺。

（一）搜索引擎营销，即 SEM 和 SEO

京东在 SEM 和 SEO 这两方面的精准营销策略，运用非常恰当，可谓独树一帜。京东依靠 3C 起家，重点业务在手机和家电上，所以京东在这两方面的投入也是最多的。在搜索引擎营销中，京东使用了按竞价排名，按点击付费。京东购买了苹果、华为、富士等品牌的关键词。比如在搜索引擎百度中搜索“苹果”时，京东的信息会出现在第一页的显著位置，这为京东带来了巨大的流量。京东商城中的关键词大多出现在搜索引擎排名中的前三页。具体到产品型号的关键词，输入一些比较热门的产品型号，也会在搜索引擎前三页看到京东。如果消费者对某个产品有购买意向，自然更容易联想到京东。

此外，通过 SEO 站内网页优化，使得京东站内分类更加明确，更容易由浏览转换为购买，提高转化率。比如，在京东站内输入“耳机”，点击搜索后可以从左侧栏看到

---

① 重复反馈的过程，目的通常是为了接近所需目标或结果，每一次对过程的重复称为一次“迭代”，而每一次迭代得到的结果会作为下一次迭代的初始值。

② 数据孤岛分为物理性和逻辑性两种。物理性的数据孤岛指的是数据在不同部门相互独立存储，独立维护，彼此间相互孤立，形成了物理上的孤岛。逻辑性的数据孤岛指的是不同部门站在自己的角度对数据进行理解和定义，使得一些相同的数据被赋予了不同的含义，无形中加大了跨部门数据合作的沟通成本。

分类项目，首先按照品牌分类，品牌名用企业 Logo 呈现，一目了然，方便用户根据自己的品牌偏好选择；然后从耳机的功能用途角度分类，有专业定制、专业游戏、手机耳机、旅行降噪、电脑耳麦等项目；京东根据大数据分析的结果，提供了非常丰富的网络热搜词分类，这是比较有特色的分类方式，更贴近用户的购买需求心理。比如线控、监听、安卓耳机、女生之选等。此外，京东还为消费者提供了更具有个性化的分类搜索方式——“高级选项”，包括佩带方式、连接类型、使用手机品牌、适用等。其中，仅佩带方式就具有入耳式、后绕式、头戴式、耳挂式等八种选项供用户选择。京东采用站内优化后，效果非常显著。用户能够快速找到自己想要的商品，减少用户时间、精力成本的付出，同时也提升了用户的使用体验，增加了网站的黏性。

（二）个性化推荐引擎

个性化推荐引擎的使用最能体现精准营销的精髓，它几乎是每个电商企业都采用的精准营销方式之一。相比较可言，搜索引擎营销是一种被动行为，而推荐引擎营销则是网站的主动出击。并且推荐引擎主要在网站内部应用，属于电子商务平台的站内精准推荐，在增加营销信息推送的针对性和提高客户转化率方面是优于搜索引擎营销的。

京东采用机器学习法进行个性化推荐，通过数据的收集和存储、数据离线和在线分析来实现在线推荐。

首先是进行数据的搜集和存储。数据来源于实时点击流系统以及历史离线数据。京东除了使用自己公司的数据之外，还与腾讯合作，从腾讯的 QQ、微信以及拍拍网、易迅网中获取数据。

其次是进行离线数据分析或在线数据分析。离线数据分析和在线数据分析采用的技术有所不同：离线数据分析主要采用 JDW 平台，在 Hadoop 上运行 Map Reduce，部分计算使用 Mahout、Spark 技术；而在线数据分析主要采用 JRDW 平台，使用 Storm 实时计算技术。

数据分析中包含了对数据的清洗和数据建模。虽然数据海量，但是现实数据中会出现数据残缺、数据重复、数据不一致等情况，而商业数据中更是会有虚假信息，比如点击作弊、订单作弊、交易作弊、评论作弊等。数据清洗就是将这些数据进行预处理，过滤掉那些不符合要求的数据，给数据降噪，将过滤后的结果再进行处理。对数据进行清洗之后，再对数据进行建模。

数据的建模分为对商品画像的建模和用户画像的建模。商品画像的建模数据基础是商品的属性、相关的流量和销售情况。其中，商品的属性包括品牌、产品、颜色、尺码、风格、材质、适用人群、图片；流量包括 PV（页面流量）、UV（不同 IP 访问人数）、CTR（点击量）、Load Time（页面加载时间）、Exit Rate（退出率）；销售情况包括销售额、价格指数、促销类型、评论、退换货率、物流速度、售后服务。通过 LDA、Smash、FP-Growth 等算法对商品进行挖掘建模。

用户画像的基础数据包含网络日志数据、用户行为数据、用户交易数据。其中，网络日志数据包括活跃人数、访问次数、激活率等；用户行为数据包括页面停留时间等；用户交易数据包括贡献率、客单价、连带率、回头率、流失率等。

个性化推荐引擎是基于用户画像和商品画像的结合而进行的。京东个性化推荐引擎会根据用户在网站的不同页面推送不同的信息，进而进行不同的个性化推荐，如图 16. 2 所示。

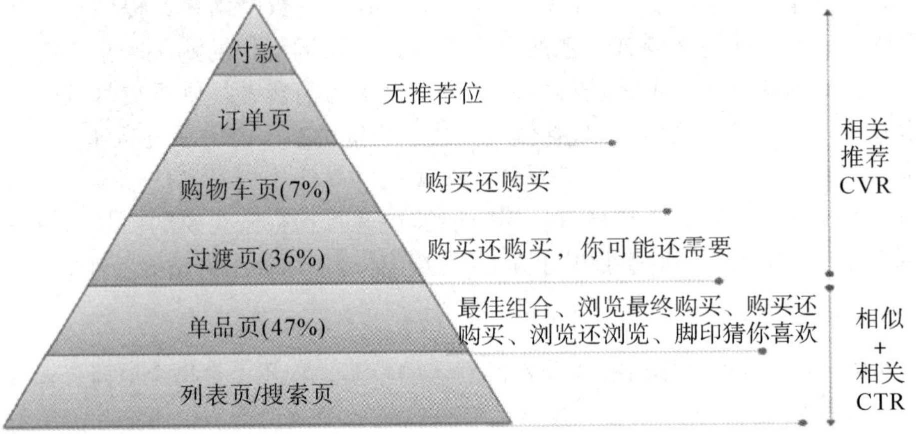

图 16. 2　不同页面位置的推荐内容

资料来源：阮利男. 大数据时代精准营销在京东的应用研究［D］. 成都：电子科技大学，2016.

顾客进入单品页面，表示其已经有了购买意图，京东会有针对性地推出产品的“人气配件”“达人选购”“看了又看”“猜您喜欢”等。而在过渡页面，如购物车页面中，京东会想办法提高客单价，于是推出“购买了该商品的用户还购买了”“您可能还需要”等栏目来进行相关推荐，以此促进用户选购相关产品，如图 16. 3 所示。

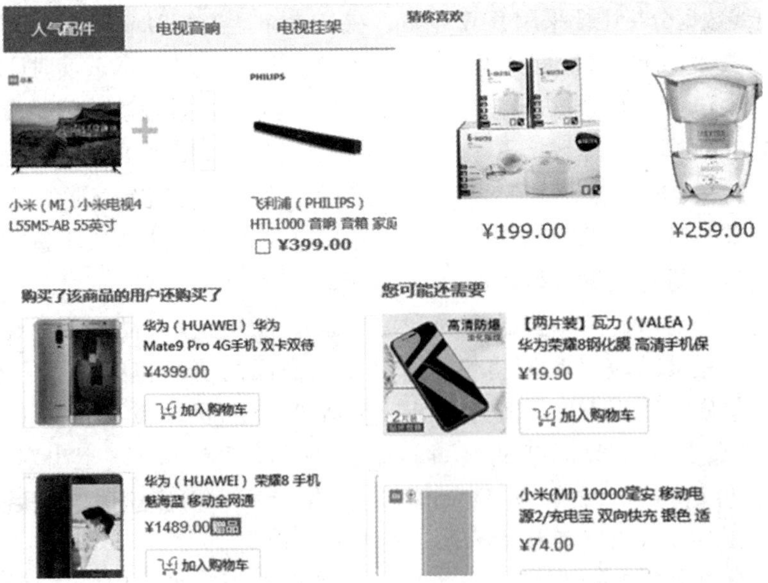

图 16. 3　京东个性化推荐页面

资料来源：京东个性化推荐页面。

此外，京东的推荐系统还利用群体智慧算法，分析用户的群体行为，综合分析用户与用户之间的相似度以及用户对小众商品的个性化需求，从而提高推荐的精准性、多样性与新颖性。比如京东根据搜索日志中的分析，发现用户在搜索过程中并非直接寻找目标商品，而是在搜索时直接表达需求，比如父亲节要送老爸礼物，会直接搜索“送爸爸”，于是，京东推出的“京东帮您挑礼物”，其主动推荐的准确率就比较高。

同时，京东还会持续跟踪用户在购买产品之后的反馈评价，如用户在产品评论中提及“女朋友很喜欢”或者“妈妈、爸爸很喜欢”等，对其进行语义分析后，京东能够更深地理解用户的需求和用意，同时也给相应的商品打上“适合送父母或女朋友”的标签，以方便用户直接搜索和网站的精准推送。

在对商品进行推荐和跨类组合中，并非每类产品都有很好的效果。例如：图书、食品、日用百货更容易产生跨类组合购买；3C、大家电跨类组合具有明显的方向性；奢侈品、礼品箱包等品类不易产生跨类组合购买。京东在了解了这些信息之后，将之运用于推荐引擎精准营销中，大大提高了转化率。比如在图书销售中，京东运用跨类组合进行关联推荐，在一个月内图书品类搜索转化率就从15%提升到21%。随着京东在推荐引擎系统中不断地进行优化，其收益也得到稳步提升。再如京东商城中某家居家纺用品，在列表页、单品页、搜索结果页、购物车页面进行个性化推荐，如出现了“猜您喜欢”“您可能还需要”“购买了该商品的用户还购买了”等推荐。最终效果是：网站的平均购买商品件数上升46.9%，网站的平均客单价上升42.9%。此外，关联推荐有效地提高了商品浏览的数量。可见，推荐引擎的精准效果是非常显著的。

（三）Email营销

为了促进客户的二次购买，京东商城通过商业智能系统对客户进行购买建议。这些建议和推广主要通过Email、短信和相应的优惠券发送等形式进行。之前每人的推送内容完全一样，实施精准推广之后，系统根据用户画像的标签，来确定不同类型的用户，针对不同的用户发送个性化的邮件和短信。其营销效果更好。比如向成都市25岁本科学历以上的男性发送邮件，每个用户邮件中的商品和优惠券都各有不同之处。一直以来，EDM营销方式虽然成本低，但是转化率却不高，在实施精准营销之后，EDM的转化率提高了40%。

另外，京东通过用户画像，有针对性地发送优惠券。比如京东针对购物意向性较强的用户推出的“京东专属价”，用短信方式告知用户可以享受个性化的价格。短信的内容通常会是这样的：“【京东】我是京东自营数码相机小秘书，看您一直在关注××，我悄悄为您设置了专属最低价！京东自营，品质保障，快戳屏带走我吧！”。这让用户会有一种VIP的感觉，能给用户带来良好的购物体验。

同时，当优惠券快到期时，京东还会再次发送邮件提醒用户，这样既能更加有效地实现营销转换，又给了用户一种人性化的关怀，优化用户购物体验，可谓一举两得。

（四）京东移动商店

移动商店是大数据在京东时效创新方面的一个代表性产品。移动商店依托海量的交易数据，对不同社区的消费能力和消费习惯进行分析，描绘出不同小区的具体画像，通过小区画像实现未买先送的精准营销。将库存前置到终端的移动商店，缩短了商品与客户的距离，从而实现一小时送达。

1. 居民小区也能画像

在京东的大数据平台上，通过生产数据（包括主数据与交易数据）可以产生四种派生数据：用户画像、小区画像、商品画像和商家画像，通过分析与预测为销售、运营等业务提供服务。小区画像是京东派生数据中的一种，通过大数据平台对不同小区用户数量、活跃时段、促销敏感度、信用水平、消费能力、商品偏好、品牌偏好、忠诚度等维度的分析，挖掘出居民小区的基本属性和购买属性，可以按人群、品类预测复购率，筛选出以小区为单位的消费族群青睐的产品。

2. 精准定位

京东配送系统（青龙系统）的核心子系统——预分拣系统，采用了深度神经网络、机器学习、搜索引擎技术、地图区域划分、信息抽取与知识挖掘，并利用大数据对地址库、关键字库、特殊配置库、GIS 地图库等数据进行分析与运用，使订单能够快速处理自动分拣，满足各类型订单的接入。移动商店利用青龙预分拣技术，可根据每个移动商店的配送能力在地图中划出一小时送达的配送范围，并基于 LBS（基于位置的服务），快速定位出覆盖范围内距离客户最近的移动商店。

京东的大数据平台经历了一个较长的演变过程，才发展到如今较为成熟的阶段。其应用不仅仅局限于企业的营销领域，在仓储、物流、配送和供应链管理等领域也有着非常广泛的应用与实践。比如，应用大数据分析技术，可以预测商品的热销程度。然后将热销商品存储于距离出库工作台最近的位置，从而降低出库搬运成本，提高出库效率。再如，运用大数据技术分析商品相关度，以此设计商品在货架上的存储规律，将相关度高的商品存储于相同货架，这样就能够实现优化拣货路径，减少货架搬运次数，节省仓储设备资源的目的。

在供应链管理方面，京东建立了基于大数据分析基础的销售预测模型，在库存量达到某个阈值时，系统会自动生成订单发给供货商。此外，京东在物流配送中也广泛运用大数据技术，分析物流人员、仓库、用户三者之间的地理关系，为配送人员选择最优路径，在提高配送效率的同时，还提高了客户的满意度。随着时代的发展和技术的进步，大数据必将在企业运营的各个方面发挥越来越重要的影响和变革性的作用。

参考文献

[1] 阮利男. 大数据时代精准营销在京东的应用研究［D］. 成都：电子科技大学，2016.

[2] 孙慧敏，霍妍妍. 浅析大数据时代的精准营销［J］. 中国商论，2016（2）：10-12.

[3] 杨春华. 大数据在中国 B2C 电子商务精准营销中的应用研究——以京东商城为例［J］. 中小企业管理与科技，2016（3）：104-107.

[4] 孟楠楠，沈占波，陈楠. 大数据分析时代对市场营销的影响研究［J］. 时代

金融，2017（4）：256-257.

［4］李亚曼，崔乐乐. 基于精准画像的京东1小时达——“大数据与智慧物流”连载之四［J］. 物流技术与应用，2017（4）：148-150.

补充阅读

［1］杨东红，时迎健，雷鸣，等. 大数据和企业精准营销相关性分析［J］. 沈阳工业大学学报（社会科学版），2017（7）：1-6.

［2］王天文. 大数据技术在京东仓储中的应用与实践——“大数据与智慧物流”连载之五［J］. 物流技术与应用，2017（5）：148-149.

［3］马松. 解密京东大数据［J］. 软件和集成电路，2016（6）：44-45.

［4］魏兆连，赵晶琴. 网络营销［M］. 2版. 北京：机械工业出版社，2017：146-163.

分析讨论题

1. 大数据的快速发展与应用给企业市场营销带来哪些机遇和挑战？
2. 中小企业如何运用大数据的优势构建自己的核心竞争力？
3. 移动互联网的发展和普及为企业开展精准营销提出了哪些更高的要求？

实训实践

√利用网络收集相关资料，了解企业网络营销的应用现状。

√任选一家当地的企业或组织，进行走访，了解其对网络营销人才的需求。

√在淘宝网开设个人网店，熟悉网上开店的流程，熟悉淘宝网店发布宝贝的流程。

√熟悉淘宝产品推广的流程，了解淘宝“千人千面”是如何实现精准营销的。

√以自己的亲身经历为例，在老师的组织下，全班同学分组进行陈诉，研讨网络营销的应用。

案例二

微力量　大营销

——《美人鱼》的微营销分析

一、影片《美人鱼》概述

《美人鱼》是由周星驰执导的喜剧爱情片，由邓超、林允、罗志祥、张雨绮等领衔出演。该片于2016年2月8日在中国上映，一上映便势如破竹，一口气刷新了30多项内地华语电影票房纪录，包括首日华语片票房最高、单日华语片票房最高、内地春节档票房最高、华语电影票房首周最高、单日票房连续破亿天数最多等。短时间内取得如此成绩，使得周星驰及其周氏喜剧电影再一次成为人们关注的焦点。

《美人鱼》的高票房得益于微营销方面的巨大成功。与一般电影的营销方式不同，《美人鱼》并没有借助过多的传统媒体营销，而是以新媒体技术为基础，在微营销方面下足了功夫。以微博营销为例，《美人鱼》的微博营销最早可以追溯到 2014 年电影女主角的甄选，凭借导演周星驰的粉丝号召力和 360 集团庞大的用户群，在网上引起了极大的关注。此后的一年多时间内，与《美人鱼》有关的消息不断在相关电影机构的微博上出现，并且逐渐开始建立微博粉丝阵地，吸引粉丝持续关注。据统计，《美人鱼》上映当天，#美人鱼大年初一#的微博话题阅读量就达到惊人的 17.1 亿次，讨论数量为 96.2 万条，粉丝数量为 1.4 万人。由此可见微营销的巨大传播能量。因此，《美人鱼》的微营销具有典型性，其模式与经验，能为其他企业提供借鉴。在分析《美人鱼》的微营销策略之前，我们先对微营销相关理论做一简单概述。

二、看似微力量，成就大营销

（一）何谓微营销

网络技术的快速发展推动了社交媒体的不断演变，其触角已经渗透人们生活的每一个角落。社交媒体拥有得天独厚的营销传播载体属性。从狭义上说，微营销是指通过微博、微信、微电影等特定的带有“微”字的社交媒体所开展的营销活动；从广义上说，只要满足“内容由用户主导生成的”这一基本准则并且基于 Web2.0 技术的社交媒体营销都可以被称作微营销。

随着移动互联网的普及，微营销的具体方式也在创新实践中不断发展。目前，企业微营销的方式包括微信、微博、微电影（微视）、二维码、微商城（微店）等方式。从总体上来看，目前企业的微营销处于双寡头时代，微博和微信在微营销中居于主导地位。

（二）微营销的基本特征

1. 社交媒体是微营销的传播平台

社交媒体亦称社会化媒体，国外 Facebook、Twitter、MySpace 与国内微博、微信、开心网等耳熟能详的社交媒体，都基于 Web2.0 技术，提供用户撰写、发布、评论和分享等社交应用，由用户创造内容。社交媒体的出现终结了只有社会、经济地位较高的个人或组织，依托传统媒体独享话语权的历史。社交媒体的广泛应用使其迅速成为用户言论的集散地。赋予普通人话语权被认为是社交媒体的最大贡献。以微博为例，消费者在微博中，通常只对自己感兴趣的事项给予关注，只对自己喜欢的产品信息或品牌信息进行评论或转发。新媒体时代，仅仅依靠在电视、报纸等传统媒体上投放口号式广告，已经不可能再为企业带来巨大的经济效益。企业话语权的强势地位遭受到社交媒体的重度瓦解，消费者在社交媒体语境下变得更加难以掌控，但是也为企业带来了全新的机遇。只要企业能够充分挖掘和利用社交媒体的优势，就能大大增强企业和消费者之间的黏性，从而提高消费者的品牌忠诚度。

2. “基于位置服务”是微营销的优势

微营销突出基于位置服务（Location Based Services，LBS）的运用。它是指通过提供各种定位和签到（Check-In）来开展营销活动。企业或商家为吸引用户到其经营场所签到，采取徽章领取、积分升级等具有象征意义又不失个性化的荣誉激励（如“购物达人”），这样做最直接的好处就是增加了商家或品牌的曝光率。LBS 更深入的运用是将用户导引至实体店内，协助开展产品促销与活动推广，如对拥有一定积分累计或相应徽章的用户提供折扣或其他优惠（如兑换商品）。为产生优质内容以供分享，商家还鼓励用户对其进行评价。可以说，LBS 是通过确定用户所在地理位置来提供各类与该位置相关的生活信息，以达到线上、线下互动整合的目的，这也是目前国内众多社交应用都将 LBS 作为主要营销方式的原因，如大众点评网和微信。

作为微营销最受追捧的平台，微信“查看附近的人”这一功能将微营销本地化的特性予以充分体现。用户点击“附近的人”，除显示相邻的用户名称之外，还包括用户个性签名。企业可以充分利用这个免费的广告位，用简洁、精炼的关键词突出其经营业务或产品特点，使目标消费者对企业或产品迅速形成初步印象。企业还可以主动出击，派驻营销人员前往人流密集度较大的区域，利用微信定位，接受该时段开启定位的微信用户的搜寻。相较于传统媒体，借助微信宣传企业或产品的成本要低得多。

3. 智能手机是微营销的动力引擎

截至 2018 年 6 月 30 日，我国手机网民规模达 7.88 亿，网民通过手机接入互联网的比例高达 98.3%，[①] 用户规模全球最大。究其原因，主要在于移动终端方便快捷，能很好地填补用户的零碎时间，如等候用餐、上下班途中等时间段。移动互联网用户无处不在，这是传统网络终端无法比拟的。

国内移动终端中发展最快的当属智能手机。智能手机以及其他移动设备使用率的增加，意味着企业品牌和消费者之间的互动更加频繁。智能手机的使用势必推动微营销进一步地强劲发展。

人际传播是智能手机的优势所在，传播对象多属亲朋、同事和同学，因此具有较高可信度。智能手机用户往往容易在消费领域充当“意见领袖”。出于对人际圈的信任，通过“意见领袖”进行企业品牌或产品信息传播，目标消费者更易于接受，并且更有可能利用社交应用平台将信息再次分享。如此通过层层辐射，智能手机将完美驱动企业口碑营销的开展，成为企业微营销的动力引擎。

三、《美人鱼》的微信营销

《美人鱼》的微信营销策略主要是主创团队积极利用微信公众平台和朋友圈进行推广。电影主创团队创办了“电影美人鱼”微信公众号，来推送电影预告片、电影拍摄的纪录片以及发布特色鲜明的海报。此外，还利用公众平台策划与影迷的交互性活动。

① CNNIC. 第 42 次《中国互联网络发展状况统计报告》［EB/OL］.（2018-08-20）. http://cnnic.cn/hlwfzyj/hlwxzbg/hlwtjbg/201808/t20180820_70488.htm.

（一）充分激发粉丝观影情怀

情怀，是周星驰电影绕不过去的关键词。电影主创团队利用微信平台和朋友圈发布莫文蔚携手周星驰重新演绎的宣传曲《世间始终你好》，这是精心策划的产物，其目的就是为了唤醒周星驰粉丝对其电影的情怀。粉丝经营对于电影营销来说是极其重要的手段。作为独树一帜的喜剧偶像，周星驰本身就具有粉丝效应，这为营销团队建立粉丝阵地，进行粉丝营销奠定了良好的基础。微信平台发布的三个倒计时视频——《大话西游》《喜剧之王》和《食神》，都是广大观众耳熟能详的作品，不同年龄层次的人都是星爷的受众，这一点非常难得。如何唤醒他们的观影情怀，吸引他们购票观影，这是《美人鱼》营销的重点。而《美人鱼》公众平台充分而完美地诠释了这一点，如微信公众平台发布的据说是星迷自发制作的模仿《喜剧之王》的经典桥段跑龙套的倒计时视频，男主角模仿星爷"冷冻肌肉法"，其神情真是很有几分神似星爷的味道，让粉丝产生一种真的在看星爷电影的错觉，这就是很多年轻人尤其是"80后"和"90后"对周星驰电影的情怀。他们从看周星驰"演"到看他"导演"，昔日的小粉丝，今天变成了撑起星爷票房的中坚力量。

（二）饥饿营销，吊足粉丝胃口

《美人鱼》在营销中"不走寻常路"，完全没有设置任何提前场的观影活动，包括点映场、首映场、媒体场、行业场、影评人场都没有。电影正式上映之前没有人享受到先睹为快的优待。就连预告片也只是在定档发布会当天才放出3段——"兴风作浪""鱼水合欢"和"终极预告"。此举是典型的饥饿营销策略，源于片方对电影过硬质量的绝对信心。

《美人鱼》非常善于利用微信公众平台营造一种紧迫的氛围，持续吸引粉丝的关注。特别是在临近上映的最后十天，剧组在微信公众平台上用十天倒计时的方式，一点点地积累粉丝的迫切情绪。从"猴赛雷（粤语：好厉害、好犀利）！距《美人鱼》上映还有十天!"，到"贴窗花咯，《美人鱼》倒计时第6天"，再到"宝宝等得好辛苦，《美人鱼》倒计时3天"，最后"倒计时1天，美人鱼即将靠岸"。文案风格活泼、风趣幽默、富有情趣。最终促使粉丝们在电影上映后集中爆发出惊人的消费力，首日票房预售过亿元，刷新国产电影新纪录。同时，在电影上映期间，微信公众平台持续推出电影的热门话题，以持续保持电影的热度。如"细数《美人鱼》五大看点""【精彩影评】笑中带泪的成人童话"等，尤其是公众平台上对电影票房持续攀升的报道，让已经观看电影的观众觉得不虚此行，同时还增加了对电影潜在观众的吸引力，可谓一举两得。

（三）组织活动，加强与粉丝互动

在电影营销中，最有效的信息传播方式是让观众主动参与到信息的传播活动之中，而微信公众号和朋友圈都具备较强的互动性。通过组织相关活动，加强与电影粉丝的互动，能够带给粉丝强烈的信息传播参与感和主动性。为此，《美人鱼》策划、组织了许多活动，在微信公众平台和朋友圈吸引粉丝的积极参与。如图16.4所示，微信公众平台开展了“【活动专区】村会玩！《美人鱼》方言配音大赛，你也来亮一嗓子呗！”活动。

图 16.4 《美人鱼》微信公众号活动专区

《美人鱼》的微信营销并非只在自家平台上发布信息与组织活动。在热点公众号“爱电影”“毒舌电影”“车小贱”等也都有《美人鱼：世间始终你好》《说美人鱼是烂片，我绝不同意》《周星驰，昨晚我为你泪流满面》等文章推送。同时，电影主创团队还建立微信群吸引粉丝对电影的讨论，让粉丝对电影的宣传出谋划策，提高电影热度。值得注意的是，《美人鱼》的微信营销与微博营销并非完全隔离，而是注重相互关联，在微信平台也会引导用户去关注电影的官方微博。相对于微信营销，《美人鱼》的微博营销做得更加有声有色。

四、《美人鱼》的微博营销

（一）电影微博营销的主要方式

电影的微博营销，是指把影片作为产品对其进行的一系列营销推广活动。开展营销活动的主体是电影界的相关企业或机构。在新媒体时代下，微博信息传播的及时性与广泛性以及成本低廉等优势为电影营销带来了极大的便利。但是，怎样利用这些优势，以达到对电影的宣传，在大众中提高知名度并保持关注度，是电影制片方营销工作的重中之重。

影片官方微博主要采用口碑营销的方式，通过树立电影的良好口碑，利用微博进行裂变式信息传播。电影官微通过策划各种活动鼓励电影观看者写影评，并挑选优秀的影评进行转发。通过观影者对电影良好评价的传播，从而让人们通过口碑了解电影，以此增强对电影的认知度。在口碑营销中，人际传播发挥了重要作用。微博的低门槛使得人人都是信息的发布者，微博上信息繁杂，受众在做出决策时会慎重选择信息。微博上好友对某一事物的讨论会激发受众对其的关注，通过人际传播方式，借助新媒体更大范围地传播信息，促使受众亲自消费和体验。

在电影微博营销中，通常有以下几种营销模式：

1. 塑造口碑效应，以情动人

电影微博营销可以在营销过程中始终秉承“传播感情卖点”，无论是在影片拍摄期间还是在上映期间，都在微博上发布一些感人至深的图片、文字，或者容易引起情感共鸣的短视频。例如，爱情主题的电影，早期阶段可以在影片官方微博发布许多精辟动人且富有深意的爱情絮语，促使粉丝对恋情的遐想和回忆，使其产生情感共鸣，激发其购买欲望。

2. 善用意见领袖，一呼百应

所谓意见领袖也可以理解为舆论权威，是指那些活跃在网络上，拥有一定粉丝数量的能够及时发布信息并积极解答他人问题，会产生很大影响力的微博用户。微博的意见领袖通常是指那些被高度关注的人，他们利用微博这个开放性平台来表达自己的观点、见解以及感想。一般而言，名人的微博比普通人的微博更具有关注性，也具有更大的影响力。由于他们自身的知名度，他们所发布的内容易于引起大范围的关注，从而产生巨大影响。他们在微博上传播的言论以及关于电影的文字、图片、视频信息，一经粉丝在微博平台圈内快速评论、转发和私信，便形成一种病毒式的传播方式，其速度之快是传统媒体难以想象的。而这些被疯狂转发的信息直接影响粉丝们的思想和行为。

3. 创意别具匠心，制造话题

独具心裁的创意能够让宣传事半功倍，使受众更积极参与话题的讨论，更易于达到宣传的目的。发布内容的相似性是传统媒体宣传的一大弊端，与之相反的是微博营销更注重内容创意。电影微博宣传的创新素材比比皆是，就像漫画、诗歌、微小说、微电影等，都是制片方在营销期间进行创意宣传的材料，并且它的花费成本几乎可以忽略不计。

（二）《美人鱼》微博营销的方式

《中国微博元年市场白皮书》的数据显示：有 59. 79% 的微博关注者听说过新浪微博，有 60. 9%的微博用户使用过新浪微博；在用户使用的满意程度方面，新浪为 4. 7 分（满分为 5 分），用户满意度最高。因此，作为国内知名度、满意率、使用率最高的微博平台，新浪微博在研究电影的微博营销方面具有代表性，故本案例仅分析《美人鱼》在新浪微博上开展的营销活动。

1. 互动营销

电影微博营销中最重要的一种模式是互动营销，它能让观众参与到电影的前期演员遴选、电影拍摄、后期制作和影片上映等环节之中，与制片方平等交流，使他们觉得自己是电影的一部分，从而更好地宣传电影。

《美人鱼》官方对互动话题的定位非常准确，话题运营个性化，互动性较强。据统计，《美人鱼》上映当天，#美人鱼大年初一#的话题阅读量达到 17. 1 亿次，讨论数量达到 96. 2 万条，以及官方话题#周星驰美人鱼#话题阅读量达到 9. 9 亿次，讨论数量达到 106. 3 万条。由此可见，增强互动性是电影微博营销的必要营销手段。

2. 情感营销

“动之以情”的影响力是巨大的。作为最直观的营销模式，情感营销得到了众多企业和品牌的青睐。微博情感营销能够抓住目标受众的心理特点，增加与粉丝在情感上的沟通，以情感影响消费者的购买决策。

《美人鱼》的导演周星驰，对于大众来说，他是具有时代意义的人物，他的作品更是值得期待。影片宣传正是瞄准了这一点。虽然剧组始终否认打“情怀”牌，但通过数据，不得不承认“情怀”是大多数人选择观看《美人鱼》的理由。据统计，话题关键词#星爷来了#阅读量为 2 004 万次，讨论数量为 1 万条，# 一代人的周星驰# 阅读量为 2. 7 亿次，讨论数量为 21. 2 万条。可见，对于电影微博营销，情感营销是必不可少的。

3. 粉丝营销

粉丝营销是指基于粉丝对品牌的情感和价值认同而形成的营销活动形态。微博是连接品牌与粉丝的工具。影片制作方可以通过在微博上发布信息，或者举行相关活动来吸引粉丝关注，粉丝可以利用微博向微博意见领袖反馈信息，从而实现制作方与粉丝的深度互动。

《美人鱼》微博营销的成功离不开粉丝营销。电影上映前，主演邓超、罗志祥等人频繁地在微博上与粉丝进行话题互动，吊足粉丝的胃口。电影上映后，姚晨、何炅等人都大力推荐该片，称星爷的电影值得观看，这些本身就有众多粉丝的明星，在微博上进行二次传播，使得电影在短时间内扩大了知名度和关注度。

除了演员本身的粉丝效益之外，导演的号召力也不容小觑。与同期上映的电影刘伟强与王晶执导的《澳门风云 3》相比，二者演员阵容不相上下，但两部电影的实际票房却有着很大的差距。通过微博关键字搜索，发现周星驰的讨论数量远远超过另外两位导演之和。由此可见，导演的知名度和影响力对电影票房的高低也有着相当大的影响。

4. 口碑营销

《美人鱼》在宣传时号称是周星驰耗时三年打磨出的力作。除开情怀以外，好作品、好电影也是促使受众口碑传播的重要因素。不少影迷为了追寻记忆中的“星爷”风格，奔着周星驰的品牌走进了电影院，为《美人鱼》贡献了票房。据统计，微博#星爷#的话题互动量达到 5 692 万条，#周星驰电影#的话题互动量达到 106. 3 万条。因此，口碑营销是这次影片营销成功的关键之一。此外，媒体也为《美人鱼》票房爆棚贡献了不少力量，从口诛笔伐到一片好评。并且随着受众口碑趋向一致、票房不断刷出新高之后，《美人鱼》自然而然地登上了各大媒体的头版头条，获得了非常不错的口碑效应。

（三）《美人鱼》微博营销的内容与风格

1. 微博营销的主体

《美人鱼》微博营销的主体包括官方微博以及主创人员邓超、罗志祥、张雨绮、林允、吴亦凡共六个微博，截至 2016 年 3 月 8 日 24：00，共发相关博文 1 067 条，这六个微博粉丝数量、微博数量、原创微博数量以及转发量统计如表 16.1 所示。

表 16.1 《美人鱼》微博营销主体相关数据统计

营销主体	粉丝数量	微博数量（条）	原创数量（条）	原创率（%）	转发量（次）	平均转发量（次）
官微	135 787	931	475	49.08	293 696	315.46
邓超	47 186 821	22	22	100	425 166	19 325.73
罗志祥	44 392 501	27	17	62.96	173 931	6 441.88
张雨绮	4 746 233	16	10	62.5	19 148	1 196.75
林允	2 615 313	67	34	50.75	35 968	536.84
吴亦凡	17 619 056	4	1	25.00	270 191	67 547.75

注：数据统计截至 2016 年 3 月 8 日 24：00。

资料来源：李倩. 电影的微博营销研究——基于电影《美人鱼》的内容分析［J］. 东南传播，2017（8）：116-119.

由表 16.1 可知，首先，在粉丝数量上，官方微博的粉丝数量要远远低于各位主创人员，但是发送微博的数量要高于各位主创人员；其次，从微博原创率来看，主创人员明显高于官方微博，尤其是主演邓超、罗志祥的微博；最后，从平均转发量来看，主创人员的微博转发量均高于官方微博，其中尤以演员吴亦凡最具有代表性。从粉丝数量、原创率、平均转发量来看，主创人员在其中起的作用最为明显，因此，在利用微博进行电影营销时，要充分发挥主创人员在观众群体中的号召作用。

2. 微博内容分析

电影微博营销的内容一般包括电影制作、电影宣传、电影内容、主创人员、互动营销和观众原创等方面，具体内容见表 16.2。

表 16.2 电影微博营销文本内容分类

内容	含义
电影制作	有关电影开机、拍摄、杀青、后期制作、电影花絮、拍摄揭秘的微博
电影宣传	有关电影上映、预告片、主题曲、海报、活动的微博
电影内容	有关电影台词、角色、情节、场景、插曲的微博
主创人员	有关电影的宣传、拍摄记录、心情感悟的微博
互动营销	有关有奖转发、有奖征文征图、发起观众创作的微博
观众原创	有关观众原创的影评、手绘作品、对电影内容二次创作的微博

资料来源：李倩. 电影的微博营销研究——基于电影《美人鱼》的内容分析［J］. 东南传播，2017（8）：116-119.

《美人鱼》微博营销的内容统计如表 16.3 所示。其中，关于电影宣传，如电影的上映时间、预告片、主题曲、海报等的发布以及有关全国路演活动的微博占的数目最多，占总博文数 1 067 条的 40.49%，说明在电影营销过程中，有关电影宣传的内容应放在重要位置。同时，有关主创人员的微博内容所占比重也较高，在营销过程中也不可忽视此类微博的设置发布，并且在电影的营销过程中，也要重视与受众的互动反馈。

表 16.3　《美人鱼》微博内容分类统计

		官方微博	邓超	罗志祥	张雨绮	林允	吴亦凡	总数
电影制作	数量（条）	7	0	0	0	3	0	7
	百分比（%）	0.75	0	0	0	4.49	0	0.66
电影宣传	数量（条）	337	14	15	8	21	3	398
	百分比（%）	36.20	63.64	55.56	50.00	31.34	75	37.30
电影内容	数量（条）	26	0	0	0	1	0	27
	百分比（%）	2.79	0	0	0	1.49	0	2.53
主创人员	数量（条）	280	2	10	6	39	1	338
	百分比（%）	30.07	9.10	37.03	37.5	58.20	25	31.68
互动营销	数量（条）	39	6	2	0	1	0	48
	百分比（%）	4.19	27.27	7.41	0	1.49	0	4.50
观众原创	数量（条）	242	0	0	2	2	0	246
	百分比（%）	26.00	0	0	12.5	2.99	0	23.10
总数		931	22	27	16	67	4	1 067

注：数据统计截至 2016 年 3 月 8 日 24：00。

资料来源：李倩. 电影的微博营销研究——基于电影《美人鱼》的内容分析［J］. 东南传播，2017（8）：116-119.

此外，《美人鱼》在不同时段，对博文内容也有所侧重。2015 年 12 月 6 日电影官方微博开通至 2016 年 2 月 7 日电影上映前夕，营销的重点在于发布与电影宣传和主创人员相关的微博内容，而在电影上映后，营销的重点在于发布与受众原创相关的微博。

（四）主创人员原创微博的内容和风格分析

1. 原创微博的内容分析

主创人员原创微博的内容包括工作记录、生活状态和情感体悟等方面，具体如表 16.4 所示。

表 16.4　电影主创人员原创微博内容分类

内容	含义
工作记录	有关宣传情景、工作状态的微博
生态状态	有个人生活或与电影相关的个人生活的微博
情感体悟	有关个人心情、想法和感情的微博

资料来源：李倩. 电影的微博营销研究——基于电影《美人鱼》的内容分析［J］. 东南传播，2017（8）：116-119.

电影《美人鱼》的主创人员邓超、罗志祥、张雨绮、林允、吴亦凡五人，共计发布 84 条原创微博。由表 16.5 可知，主创人员原创微博在工作记录、生活状态、情感体悟三个分类方面所占的比重分别为 36.9%、25% 和 38.1%。可见，主创人员的原创微博在内容上偏重于表达个人情感、想法和体悟，虽然此类微博转发量和评论量都高于其他两个分类，但从平均转发量和平均评论量来看，受众更关注的是主创人员的个人生活，因而会积极地参与转发评论。因此，在电影的营销过程中，应把此类微博的发布放在重点位置。

表 16.5 《美人鱼》主创人员原创微博内容统计

	数量（条）	百分比（%）	转发量（次）	平均转发量（次）	评论量（条）	平均评论量（条）
工作记录	31	36.90	156 755	5 056.61	35 265	1 137.58
生活状态	21	25.00	265 392	12 637.71	531 113	25 291.10
情感体悟	32	38.10	314 096	9 815.00	576 943	18 029.47
总数	84	100	736 243	27 509.82	1 143 321	44 638.15

注：数据统计截至 2016 年 3 月 8 日 24：00。

资料来源：李倩. 电影的微博营销研究——基于电影《美人鱼》的内容分析［J］. 东南传播，2017（8）：116-119.

2. 原创微博的风格分析

一般从官方正式、平淡朴实、感情真挚和调侃戏谑四个方面来分析主创人员原创微博的风格，具体内容如表 16.6 所示。

表 16.6 电影主创人员原创微博风格分类

风格	含义
官方正式	通过官方正式的语言发布与电影有关的内容
平淡朴实	通过平实简朴、言简意赅的语言发布与电影有关的内容
感情真挚	一种情感的表露，通常为表达感谢或是个人感悟的内容
调侃戏谑	通过幽默搞怪的语言、自嘲或是主创人员相互调侃发布与电影相关的内容

资料来源：李倩. 电影的微博营销研究——基于电影《美人鱼》的内容分析［J］. 东南传播，2017（8）：116-119.

《美人鱼》主创人员以上四种语言风格所占比重分别为 29.76%、22.62%、21.43%、26.19%，如表 16.7 所示。主创人员发送的微博内容在四种风格上官方正式的语言特征所占比重最高，但受众对此类微博的关注度并不高，平均转发量和平均评论量都位于末位；感情真挚类的微博所占比例最少，但此类微博最能打动受众引起受众的评论；平淡朴实类的微博一般是以平铺直叙的语言发布与电影相关的内容，虽然较简单无趣，但是也能引起受众的转发评论；官方正式类的微博因是发布与电影相关的消息，相比较而言，受众的参与度比较低。

表 16.7　《美人鱼》主创人员原创微博风格统计

	数量（条）	百分比（%）	转发量（条）	平均转发量（条）	评论量（条）	平均评论量（条）
官方正式	25	29.76	42 922	1 716.88	91 997	3 679.88
平淡朴实	19	22.62	39 109	2 058.37	270 011	14 211.11
感情真挚	18	21.43	352 067	19 559.28	529 200	29 400
调侃戏谑	22	26.19	300 507	13 659.41	431 728	19 624
总数	84	100	734 605	36 993.94	1 322 936	66 914.99

注：数据统计截至 2016 年 3 月 8 日 24：00。

资料来源：李倩. 电影的微博营销研究——基于电影《美人鱼》的内容分析［J］. 东南传播，2017（8）：116-119.

五、《美人鱼》微营销的他山之石

（一）以主创人员和著名导演为主体

从微博粉丝数量、微博原创率、微博转发量和评论量来看，电影《美人鱼》的主创人员邓超、罗志祥、张雨绮、林允、吴亦凡，包括导演周星驰都是微博营销的主力军。他们拥有庞大的粉丝群，很多粉丝不是为了电影本身，而是奔着崇拜的主创人员而来的。所以，在电影微营销的过程中，要充分发挥主创人员的“明星效应”，借助粉丝的力量来进行更大范围的微营销。如本片导演周星驰，不仅是广大普通观众追逐的对象，而且在众多当红明星之中也具有很大的号召力，在微博上发起的#一代人的周星驰#话题讨论阅读量高达 2.7 亿次。这只是在其粉丝之间进行的第一轮的营销传播，而这些粉丝包括当红明星、主持人、网络红人、微博大 V 等，他们利用其影响力在社交媒体上掀起了新一轮的话题讨论，进行了第二轮强势传播，营销效果因之而实现倍增。

（二）文案内容以生活和感悟为主

受众比较关注主创人员的个人生活。微营销在文案中应该将主创人员生活的真实情况展示给受众，并且以生活记录和情感体悟为主。这样，能够引起更多受众的关注，而有关情感感悟的内容则更能引起受众的共鸣。

（三）语言风格以真实的情感为主

从语言风格上来看，感情真挚和调侃戏谑的语言比较受观众的喜爱，从《美人鱼》主创人员的微博来看，感情真挚和调侃戏谑的语言风格平均转发量和平均评论量都较高，真情实感的流露会拉近与受众之间的距离，而调侃戏谑的语言会使受众在浏览主创的微博时感到喜悦，这会进一步提升受众对主创人员的喜爱度和关注度，这对于电影营销来说是大有裨益的。

（四）营销重点务必体现前后有别

电影的微营销分为前期与后期即电影上映前与电影上映后。电影上映前营销的重点在于利用社会化媒体发布和电影与主创人员相关的信息，比如电影的上映日期、主题曲、预告片以及主创人员的工作状态与电影相关的生活记录、心灵的感悟等。

后期的重点在于及时转发观众对电影内容进行的二次创作，如受众原创的电影影评、观后感，根据剧中角色创作的手绘作品或是对剧中角色的模仿等。此时发布该类推文，一方面会使还未观看此片的观众对电影情节内容有初步的了解，激发其去影院观看的欲望；另一方面还会吸引更多已观看电影的观众参与互动，甚至还能引发更大的讨论话题，在社会化媒体上形成热议。

网络营销风起云涌，网络营销中的微营销更是势如破竹，对于消费者喜闻乐见的电影进行微营销可谓是一种崭新的尝试。

参考文献

[1] 李倩. 电影的微博营销研究——基于电影《美人鱼》的内容分析 [J]. 东南传播，2017 (8)：116-119.

[2] 刘苏瑶. 新媒体时代的电影微博营销——以《美人鱼》为例 [J]. 新媒体研究，2016 (9)：81-82.

[3] 刘志坚，张辉. 微营销内涵、特征及发展——以微博、微信为例 [J]. 对外经贸，2014 (11)：118-120.

[4] 李林林，刘成学. 新媒体时代下的电影微博营销策略分析 [J]. 时代文学，2015 (5)：124.

[5] 陈莹. 破解《美人鱼》营销组合拳：“情怀+饥饿+口碑”[EB/OL]. (2016-02-19). https://www.meihua.info/a/66086.

[6] 崔雨. 微博时代下的电影营销策略 [J]. 合作经济与技术，2015 (6)：74-75.

[7] 韩芳.青春电影的微博营销——以《左耳》为例[J].新闻世界,2015(11):77-78.

[8] 王钦芝，金玉萍. 融媒体时代的国产电影营销——以《美人鱼》为例 [J]. 中国电影市场，2017 (6)：14-15.

补充阅读

[1] 夏琳. 社交新媒体时代电影微信营销策略探析 [J]. 中外企业家，2016 (25)：248-249.

[2] 司若. 大数据与“微”营销——社交媒体大数据对电影营销的若干新拓展 [J]. 当代电影，2014 (6)：14-19.

[3] 新浪微博数据中心. 2013 新浪媒体微博报告 [EB/OL]. (2014-01-01). https://wenku.baidu.com/view/1454f6e2360cba1aa811da58.html.

[4] 魏兆连，赵晶琴. 网络营销 [M]. 2 版. 北京：机械工业出版社，2017：146-163.

分析讨论题

1. 传统媒体和网络媒体在市场营销中各有什么优势和劣势？
2. 电影微营销的特点与趋势是什么？
3. 在新媒体与自媒体环境下，电影营销中能够采取哪些微营销策略？
4. 微信营销与微博营销的相同点和不同点是什么？

实训实践

√利用网络收集相关资料，了解相关企业微营销的应用现状。
√注册微信账号，创建微信公众号并为自己的网店设计微信营销方案。
√注册新浪微博账号，尝试利用微博平台开展营销活动。
√就微营销主题，开展课堂陈述或小组之间进行分享，老师进行评估。